UNIVERSIDADES CORPORATIVAS

Eleonora Jorge Ricardo
Doutora em educação e presidente da Anitec

UNIVERSIDADES CORPORATIVAS

PRÁTICAS E TECNOLOGIAS INOVADORAS PARA A TRANSFORMAÇÃO DA APRENDIZAGEM

ALTA BOOKS
GRUPO EDITORIAL
Rio de Janeiro, 2025

Universidades Corporativas

ISBN: 978-85-508-2531-1

Impresso no Brasil — 1ª Edição, 2025 — Edição revisada conforme o Acordo Ortográfico da Língua Portuguesa de 2009.

Dados Internacionais de Catalogação na Publicação (CIP)
(BENITEZ Catalogação Ass. Editorial, MS, Brasil)

R876u
1.ed. Ricardo, Eleonora Jorge
Universidades corporativas : práticas e tecnologias inovadoras para a transformação da aprendizagem / Eleonora Jorge Ricardo. – 1.ed. – Rio de Janeiro : Alta Books, 2025.
256 p.; 15,7 x 23 cm.

ISBN 978-85-508-2531-1

1. Educação a distância. 2. Inteligência artificial – Aplicações educacionais. 3. Internet (Educação). 4. Tecnologia educacionais. 5. Universidades corporativas – Aprendizagem. I. Título.

10-2024/187 CDD 378

Índice para catálogo sistemático:
1. Universidades corporativas : Educação a distância 378

Aline Graziele Benitez – Bibliotecária – CRB-1/3129

Grupo Editorial Alta Books

Produção Editorial: Grupo Editorial Alta Books
Diretor Editorial: Anderson Vieira
Editor da Obra: J. A. Ruggeri
Vendas Governamentais: Cristiane Mutüs
Gerência Comercial: Claudio Lima

Produtora Editorial: Ana Clara Tambasco
Revisão: Denise Himpel e Leandro Menegaz
Diagramação: Rita Motta
Capa: Karma Brandão

ALTA BOOKS
GRUPO EDITORIAL

Rua Viúva Cláudio, 291 — Bairro Industrial do Jacaré
CEP: 20.970-031 — Rio de Janeiro (RJ)
Tels.: (21) 3278-8069 / 3278-8419
www.altabooks.com.br — altabooks@altabooks.com.br
Ouvidoria: ouvidoria@altabooks.com.br

Editora **afiliada à:**
ASSOCIADO

In memorian
Arlete Jorge Ricardo
Euler Ricardo
Márcia Gomes Vidal Ricardo
Domenico de Masi

AGRADECIMENTOS

Agradeço ao bom Deus! Ele é!

À minha tia Elen Ricardo!

Aos meus irmãos Enzo Ricardo e Enzio Jorge Ricardo, sobrinhos Marcos e Thiago, cunhada Cristina e a toda minha linda família!

A todos os meus amigos e amigas que construí ao longo de minha jornada e que contribuíram para que esta obra se tornasse realidade — e continuam a me ajudar na caminhada. Obrigada por suas orações!

Meu agradecimento aos autores e às autoras que se dedicaram ao exercício da escrita, os quais compuseram harmonicamente os textos em um momento desafiador da Covid-19.

À Editora Alta Books meu agradecimento especial pela realização fantástica de materialização desta nova obra! Ao meu editor, pela parceria!

A ORGANIZADORA

Eleonora Jorge Ricardo é graduada pela UERJ em letras — licenciatura em letras e pedagogia. Tem pós-graduação *lato sensu* pela UFRJ em letras — espanhol e respectivas literaturas. É doutora e mestre em educação pela Universidade Estácio de Sá.

Atua como professora universitária e como convidada no curso de gestão estratégica de recursos humanos da Universidade Estácio de Sá. É professora em cursos relacionados à pedagogia empresarial, educação corporativa, tecnologias digitais aplicadas à educação, produção de materiais didáticos para EAD e docência online e mediação pedagógica pela Anitec.

Contribuiu para a estruturação da Universidade Corporativa da Educação – UniverSeeduc/Secretaria de Educação do Estado do Rio de Janeiro. Criou projetos de Universidades Corporativas e orientou muitas iniciativas de implantação.

É idealizadora do curso Tecnologias e Metodologias Inovadoras Aplicadas à Educação Corporativa, da FGV. Também é autora e coautora de obras sobre educação corporativa, educação a distância, gestão da educação corporativa, aprendizagem e educação corporativa. Além disso, lidera o Conselho Editorial da Revista Científica Criativos da Anitec.

O Prêmio Jabuti faz parte de sua carreira por ter participado como uma das autoras da obra coletiva denominada *O Estado da Arte da Educação a Distância no Brasil* organizada pelos Professores Frederico Litto e Marcos Formiga.

É líder e criadora do Ecossistema de Educação Corporativa – Hub70, uma plataforma online que congrega universidades corporativas, gestores e fornecedores.

É coordenadora de uma pesquisa sobre educação corporativa e transformação digital durante e pós pandemia da Covid-19.

Criadora de soluções educacionais inovadoras, possui um histórico de concepção de plataformas digitais, sendo uma das pioneiras no Brasil no desenvolvimento de ambientes virtuais de aprendizagem. Criou a sala de aula inteligente na UERJ para capacitação de professores, além de metodologias de ensino, adotadas em universidades e escolas, inclusive na Unati/UERJ.

É presidente da Associação Nacional de Inovação de Trabalho e Educação Corporativa, demonstrando seu comprometimento com a inovação na educação e no mundo corporativo.

Eleonora também atua como membro do Comitê Científico na empresa Cooperativa del Magisterio – CODEMA/Colombia.

SUMÁRIO

PREFÁCIO 1

Patrícia Castro de Santana Silva[1]

A velocidade da transformação digital é avassaladora, e vem moldando a maneira como vivemos, trabalhamos e, crucialmente, aprendemos. Em um mundo cada vez mais interconectado e orientado pela tecnologia, as organizações enfrentam a necessidade constante de se adaptar e inovar. Nesse cenário dinâmico, as Universidades Corporativas emergem como um farol de conhecimento, fornecendo orientação e recursos para navegar nas águas turbulentas da era digital.

No cenário em constante transformação da sociedade contemporânea, a aprendizagem tornou-se uma necessidade constante. É um processo que transcende a sala de aula tradicional, estendendo-se a todos os aspectos da vida — especialmente no ambiente corporativo. Hoje, apresentamos uma obra que não apenas celebra essa transformação, mas também aprofunda nossa compreensão das Universidades Corporativas como catalisadoras de inovação, diversidade e inclusão.

Universidades Corporativas: Práticas e Tecnologias Inovadoras para a Transformação da Aprendizagem na Era Digital, organizado por Eleonora Jorge Ricardo, é um livro que captura a essência dessa transformação. Esta coletânea de artigos reúne uma diversidade de vozes, cada uma contribuindo com seu conhecimento e experiência únicos para mapear o terreno complexo da educação corporativa no contexto digital.

A obra, que nos conduz por uma jornada fascinante no mundo da educação corporativa, apresenta um olhar humanizado

[1] Gerente de Desenvolvimento de Competências na Universidade Petrobras. Engenheira de produção, especialista em gestão de conhecimento e inteligência empresarial, além de marketing digital e inteligência de negócios digitais. Certificada em gestão da mudança pela HUCMI. Atua há mais de 25 na Petrobras.

sobre o tema e explora a importância vital da diversidade e inclusão nesse contexto. Sob a perspicaz organização de Eleonora Jorge Ricardo, são reveladas as bases, as práticas e as transformações que moldam o cenário das Universidades Corporativas impactadas tanto pela pandemia da Covid-19, como pela transformação digital.

As reflexões e insights tecidos nos artigos por seus autores nos remetem a explorar o papel indispensável das Universidades Corporativas na sociedade contemporânea. À medida que as mudanças impactam rapidamente as Universidades Corporativas, e que as tecnologias digitais adentram as empresas como reflexo das transformações que estão impactando o nosso mundo, este livro oferece uma bússola valiosa para navegar nas águas turbulentas da aprendizagem corporativa.

O olhar multidimensional de Eleonora Jorge Ricardo na organização do livro é um exercício de construção de uma trama lógica para dar fluidez e sentido à obra, convidando o leitor para uma experiência inesquecível.

A **Parte 1** do livro nos apresenta fundamentos.

No Capítulo 1 — **Transformação Digital e Universidades Corporativas: ecossistemas e novas abordagens para a aprendizagem** — a autora Eleonora Jorge Ricardo nos leva a uma exploração profunda dos fundamentos que moldam o cenário em constante evolução das Universidades Corporativas. Ela nos convida a refletir sobre como essas instituições se tornaram ecossistemas vitais de aprendizagem.

Em seguida, Ana Paula Mundim, no Capítulo 2 — **Transformação Cultural: o potencial da universidade corporativa** —, aborda a importância de uma mudança cultural em organizações que buscam transformar a aprendizagem, ressaltando como as Universidades Corporativas podem ser catalisadoras desse processo.

No Capítulo 3 — **A Transformação da Educação Corporativa pela Era Digital e Seus Impactos no Bem-Estar do Trabalho** —, Walter Teixeira da Cunha examina os impactos humanos dessa transformação. Como Domenico de Masi afirmou, "O bem-estar no trabalho é a base do bem-estar social". O capítulo de Walter destaca a necessidade premente de garantir que a transformação digital não apenas melhore o desempenho, mas também promova o bem-estar dos trabalhadores.

Já no Capítulo 4 — **Mentoria: conhecimento para ir mais longe** —, o autor Thiago Correia explora o valor da mentoria como uma ferramenta fundamental no desenvolvimento pessoal e profissional no mundo contemporâneo. Ele destaca a diferença entre mentoria e coaching, explicando que ambos são válidos, mas enquanto o coaching segue uma metodologia certificada, a mentoria é mais livre e assertiva, baseada na experiência do mentor. Finalmente, o texto faz um chamado para a ação, encorajando organizações e indivíduos a abraçarem as mudanças, investirem em programas de mentoria e a moldarem um futuro em que a orientação e o desenvolvimento contínuo sejam acessíveis a todos.

No Capítulo 5 — **Novos Interlocutores na Educação Corporativa em Tempos de Transformação Digital no Mundo VUCA** —, Ana Cláudia Freire explora as diferentes facetas da aprendizagem corporativa na era digital. Ela nos lembra da necessidade de compreender os diversos estilos de aprendizagem dos colaboradores, adaptando as tecnologias e metodologias para atender às demandas específicas. Essa abordagem híbrida, combinando diversas modalidades de aprendizado, oferece uma visão mais rica da educação corporativa contemporânea.

As práticas são o tema central da **Parte 2** da coletânea.

Escrito por Paloma Rocha Reis e Edmilson Silva Balbino, o Capítulo 6 — **Universidade Corporativa no Mercado Privado de Saúde: desafios e diferencial estratégico para o desempenho assistencial e institucional** —, mostra como a pandemia trouxe à tona o valor da educação corporativa. Ele nos lembra que a transformação digital é uma oportunidade para consolidar a aprendizagem nas organizações e promover a governança dos ecossistemas.

No Capítulo 7 — **UnIBP – A Universidade Setorial de Petróleo e Gás: educação que gera energia** —, Karen Kubas e Joanna Vignoli destacam a importância da adaptação contínua da educação corporativa para atender às rápidas mudanças do mercado. Elas enfatizam a necessidade de soluções de aprendizagem que sejam ágeis e flexíveis, proporcionando acesso sob demanda ao conhecimento.

Já no Capítulo 8 — **Programa de Mentoria e Carreira: desenvolvimento de sucessores em formato digital** –, Aline Vargas, Ana Flávia Briceño, Jefferson Silva e Marly Vidal apresentam um estudo de caso instigante sobre o desenvolvimento de líderes e a inclusão de talentos diversos. A experiência retratada na área da saúde é enriquecedora para aqueles que buscam inspiração para sua implementação em um segmento vital.

A **Parte 3** do livro aborda a transformação digital e tecnologias inovadoras: impactos e seus desdobramentos para as universidades corporativas,

O Capítulo 9 — **Educação para Todos: da construção à gestão de soluções educacionais online (síncronas e assíncronas) – Um Estudo de Caso da VLI Logística** — de Greidson Almeida detalha a transição da Universidade VLI para a educação online, abordando desafios, soluções e resultados. Explora a necessidade de adaptar-se ao modelo digital, destacando a digitalização das ações educacionais, a customização de um LMS e os impactos em mais de 7.500 colaboradores. O texto enfatiza a transformação cultural na VLI, oferecendo uma visão abrangente das estratégias, tecnologias adotadas e resultados obtidos com essa transição educacional.

No Capítulo 10 — **A Transformação Digital e as Universidades Corporativas: entrevista com ChatGPT** —, Eleonora Jorge Ricardo trata do uso da inteligência artificial pelas Universidades Corporativas. A autora resolveu testar a tecnologia interagindo com o *ChatGPT* e apontar seus pontos fortes e fracos e os benefícios de seu uso pelas Universidades Corporativas.

Em **Metodologias Ativas e Tecnologias em Tempos de Transformação Digital na Educação Corporativa**, Capítulo 13 do livro, Débora Duran destaca a necessidade de uma abordagem pedagógica que vá além das tecnologias e metodologias em si. Ela nos lembra que a inovação pedagógica deve estar alinhada com os objetivos e motivações que orientam a educação corporativa.

A **Parte 4** traz questões importantes sobre a transformação da aprendizagem na era digital.

No Capítulo 12, denominado **Universidades Corporativas, Trilhas e Aprendizagem na Era Digital da Inteligência Artificial**, Eleonora Jorge Ricardo discorre sobre os fundamentos da aprendizagem/educação ao longo da vida, traçando um paralelo entre temas como propósito, cultura da aprendizagem, inteligência artificial e a importância do alinhamento entre conceitos e práticas.

A Cultura da Aprendizagem em Tempos de Transformações, de Richard Uchoa, é o título do Capítulo 13 que enfatiza a importância da cultura do erro, da análise de dados, da obsessão pelo cliente e do contínuo aprendizado. Ele nos lembra que uma cultura de aprendizagem eficaz é essencial para enfrentar os desafios da transformação digital.

E, finalizando a obra, Mário Rondon no Capítulo 14 — **Liderança Ágil no século XXI: a importância do *learning agility* para o sucesso na entrega de resultados** — explora a necessidade de líderes ágeis e do *learning* *agility* em ambientes empresariais complexos (BANI e VUCA). Destaca a Metodologia STAR como uma abordagem inovadora para transformar líderes e práticas organizacionais, enquanto o *learning agility*, baseado em estudos da Korn Ferry, destaca cinco elementos cruciais para capacitar líderes. Enfatiza a importância de uma abordagem inovadora na construção de conteúdo para Universidades Corporativas e destaca como a falta de desenvolvimento do *learning agility* prejudica a adaptação e inovação das empresas.

Portanto, neste livro, cada capítulo oferece uma perspectiva única sobre a educação corporativa na era digital, destacando as melhores práticas, os desafios e as oportunidades. À medida que exploramos estas páginas, somos lembrados de que a aprendizagem é uma jornada contínua e que a transformação digital é uma oportunidade emocionante para moldar o presente e o futuro da educação corporativa.

Complementando a perspectiva tecnológica, mas trazendo a humanização das empresas por meio também dos processos de aprendizagem, reporto a Domenico de Masi, que nos remete à importância da mudança como algo constante e cujo processo de adaptação é essencial para prosperar na sociedade em constante evolução. Assim, entendo que essa visão de Domenico se aplica à educação corporativa na era digital. À medida que navegamos por este livro, é evidente que as Universidades Corporativas desempenham um papel fundamental na capacitação de colaboradores e na sustentabilidade das organizações.

É importante salientar a necessidade de discutirmos sobre a diversidade e inclusão como pilares essenciais em nossa busca pela excelência na aprendizagem corporativa. A pluralidade de perspectivas e experiências enriquece nosso ambiente de aprendizado, permitindo-nos abraçar a complexidade do mundo digital com empatia e compreensão.

Em suma, *Universidades Corporativas: Práticas e Tecnologias Inovadoras para a Transformação da Aprendizagem na Era Digital* nos lembra que a educação corporativa não é um simples processo, mas uma jornada de crescimento contínuo. Este livro é um recurso inestimável para líderes, educadores e todos os interessados em moldar o futuro da aprendizagem nas organizações, promovendo a inovação, a diversidade e a inclusão em um mundo em constante transformação. Aproveite esta oportunidade para navegar nesta jornada de descobertas e insights, e que ela o inspire a liderar a mudança em sua própria caminhada educacional.

Was this response better or worse?
BetterWorseSame

PREFÁCIO 2

Avançar: A Ascensão da Educação a Distância

GAMALIEL CHERRY, PH.D.

No cenário dinâmico da educação corporativa, onde a busca pelo conhecimento se alinha aos imperativos do sucesso empresarial, o papel da educação a distância evoluiu para uma força transformadora para as organizações. Este livro, uma exploração abrangente da educação corporativa — e que inclui a educação a distância para empresas —, se desenrola no contexto de um cenário de desenvolvimento profissional em rápida evolução. À medida que exploramos os meios de salas de aula virtuais, em que usamos o *microlearning*[1], superamos as fronteiras geográficas e restrições temporais.

O ímpeto por detrás do aumento da educação a distância para as empresas está enraizado na mudança monumental para o trabalho remoto e na transformação digital das indústrias. De acordo com estatísticas recentes, o mercado global de *e-learning* corporativo deverá atingir US$38 bilhões até 2027, com uma taxa composta de crescimento anual (CAGR) de 9,0% de 2020 a 2027. Isso ressalta não apenas a onipresença do *e-learning*, mas também seu papel indispensável ao moldar o futuro da educação corporativa.

1 N. da R.: O termo, também chamado de *microaprendizagem*, refere-se à metodologia que consiste em fragmentar o conteúdo educacional de forma a converter conceitos complexos em pequenas unidades de conhecimento, mais fáceis de serem entendidas e assimiladas.

O advento da EAD democratizou o acesso às oportunidades de desenvolvimento profissional, rompendo as barreiras de tempo e espaço. As empresas que utilizam a educação a distância não estão apenas alinhando-se com as tendências de trabalho contemporâneas, mas também investindo na melhoria contínua das competências da sua força de trabalho, fortalecendo a sua competitividade num cenário empresarial em constante evolução.

Conforme exploramos o impacto da EAD nas empresas, é imperativo sublinhar os benefícios tangíveis que resultam para as organizações que investem no desenvolvimento profissional e no crescimento dos seus funcionários. A investigação indica que as empresas com programas de formação abrangentes têm um rendimento por funcionário 218% superior ao das empresas que não os têm. Além disso, um estudo da Associação para o Desenvolvimento de Talentos (ATD) descobriu que as organizações com uma forte cultura de aprendizagem têm 46% mais probabilidade de serem as primeiras no mercado e apresentam uma produtividade dos funcionários 37% maior.

Estas estatísticas ressaltam a relação simbiótica entre iniciativas de desenvolvimento profissional e sucesso organizacional. Ao promover uma cultura de aprendizagem contínua, as empresas não só melhoram as aptidões e competências da sua força de trabalho, mas também cultivam um ambiente ágil, inovador e preparado para um crescimento sustentado.

Microlearning: uma mudança de paradigma na dinâmica de aprendizagem

O ponto central a ser explorado nessa discussão é o conceito de *microlearning*, que representa uma mudança de paradigma. À medida que a capacidade de atenção diminui na nossa era digital acelerada, a eficácia dos métodos de formação tradicionais está diminuindo. O *microlearning*, com ênfase em conteúdo direcionado e pequeno, oferece uma solução para isso. Um estudo do *Journal of Applied Psychology* descobriu que os módulos de *microlearning* resultam em uma taxa de desempenho 17% melhor do que os métodos tradicionais de aprendizagem. Essa revelação consolida o *microlearning* como a pedra angular da educação corporativa eficaz, permitindo que os funcionários adquiram e retenham conhecimento de forma eficiente.

Em essência, o *microlearning* não é apenas uma tendência, mas uma abordagem estratégica que se harmoniza com as demandas da vida profissional moderna. Sua versatilidade permite que as organizações ofereçam experiências de aprendizagem personalizadas e *just in time* que se alinham de maneira precisa às necessidades dinâmicas de sua força de trabalho.

O papel da inteligência artificial no ecossistema de aprendizagem

A integração da inteligência artificial surge como o eixo que eleva a experiência de aprendizagem a níveis sem precedentes. A inteligência artificial, com a sua capacidade de analisar vastos conjuntos de dados, personalizar percursos de aprendizagem e fornecer informações em tempo real, está revolucionando a educação corporativa.

Estudos recentes preveem que a IA no mercado da educação deverá atingir US$20 bilhões até 2026, significando o reconhecimento crescente do potencial transformador da IA nos ambientes de aprendizagem. Desde avaliações adaptativas até recomendações inteligentes, a IA não é apenas um complemento tecnológico, mas um aliado inteligente que aumenta a eficácia das iniciativas da educação a distância. As organizações que compreendem a sua posição no mercado — no que diz respeito à compreensão de como aproveitar a IA — certamente colherão os frutos da adoção antecipada.

Na terceira e quarta partes do livro, o leitor é convidado a uma leitura ampla do terreno da educação corporativa, onde a EAD, o desenvolvimento profissional, o *microlearning* e a inteligência artificial convergem para moldar o futuro da capacitação da força de trabalho. Ao reconhecermos as estatísticas que sublinham a adoção crescente do ensino à distância, o impacto transformador do desenvolvimento profissional nas empresas e a eficácia do *microlearning* na aquisição de competências, abraçamos um futuro em que a inteligência artificial melhora a educação corporativa.

Que este livro sirva como uma bússola para as corporações que navegam pelos mares da educação moderna, guiando-as em direção a um futuro em que o aprendizado não é uma empreitada estática, mas uma força dinâmica que impulsiona organizações e indivíduos em direção a um sucesso sustentado.

FORWARD

The Rise of Distance Learning

GAMALIEL CHERRY, PH.D.

In the dynamic landscape of corporate education, where the pursuit of knowledge aligns with the imperatives of business success, the role of distance learning has evolved into a transformative force for organizations. This book, a comprehensive exploration of distance learning for corporations, unfolds against the backdrop of a rapidly evolving professional development landscape. As we explore the mediums of virtual classrooms, microlearning, and the integration of artificial intelligence, we embark on a journey that transcends geographical boundaries and temporal constraints.

The impetus behind the surge in distance learning for corporations is rooted in the monumental shift towards remote work and the digital transformation of industries. According to recent statistics, the global corporate eLearning market is projected to reach $38 billion by 2027, with a compound annual growth rate (CAGR) of 9.0% from 2020 to 2027. This underscores not only the ubiquity of eLearning but also its indispensable role in shaping the future of corporate education.

The advent of distance learning has democratized access to professional development opportunities, breaking down the barriers of time and space. Companies leveraging distance learning are not only aligning with contemporary work trends but are also investing in the continuous upskilling of their workforce, fortifying their competitiveness in an ever-evolving business landscape.

As we explore the impact of distance learning on corporations, it is imperative to underscore the tangible benefits that accrue to businesses investing in the professional development and growth of their employees. Research indicates that companies with comprehensive training programs have a 218% higher income per employee than those without. Moreover, a study by the Association for Talent Development (ATD) found that organizations with a strong learning culture are 46% more likely to be first to market and have a 37% greater employee productivity.

These statistics underscore the symbiotic relationship between professional development initiatives and organizational success. By fostering a culture of continuous learning, companies not only enhance the skills and competencies of their workforce but also cultivate an environment that is agile, innovative, and poised for sustained growth.

Microlearning: A Paradigm Shift in Learning Dynamics

Central to this exploration is the paradigm-shifting concept of microlearning. As attention spans dwindle in our fast-paced digital age, the efficacy of traditional training methods is diminishing. Microlearning, with its emphasis on bite-sized, targeted content, offers a solution. A study by the Journal of Applied Psychology found that microlearning modules result in a 17% better performance rate than traditional learning methods. This revelation cements microlearning as a cornerstone of effective corporate education, enabling employees to acquire and retain knowledge efficiently.

In essence, Microlearning is not just a trend but a strategic approach that harmonizes with the demands of modern work life. Its versatility allows organizations to deliver tailored, just-in-time learning experiences that align precisely with the dynamic needs of their workforce.

The Role of Artificial Intelligence in the Learning Ecosystem

The integration of artificial intelligence emerges as the linchpin that elevates the learning experience to unprecedented heights. Artificial intelligence, with its ability to analyze vast datasets, personalize learning pathways, and provide real-time insights, is revolutionizing corporate education.

Recent studies predict that the AI in the education market is poised to reach $20 billion by 2026, signifying the growing recognition of AI's transformative potential in learning environments. From adaptive assessments to intelligent recommendations, AI is not merely a technological adjunct but an intelligent ally that enhances the efficacy of distance learning initiatives. Organizations that understand their position in the marketplace with regard to understanding how to leverage AI will certainly reap the rewards for early adoption.

In the culmination of these pages, the reader is invited to dive into the expansive terrain of corporate education, where distance learning, professional development, microlearning, and artificial intelligence converge to shape the future of workforce empowerment. As we acknowledge the statistics that underscore the surging adoption of distance learning, the transformative impact of professional development on businesses, and the efficacy of microlearning in skill acquisition, we embrace a future where artificial intelligence enhances corporate education.

May this book serve as a compass for corporations navigating the seas of modern education, guiding them toward a future where learning is not a static endeavor but a dynamic force that propels organizations and individuals toward sustained success.

Happy reading, and here is to the limitless possibilities of corporate education!

A Multivisão da Organizadora

Eleonora Jorge Ricardo[1]

Neste sexto livro de minha carreira como autora e organizadora de livros sobre universidades corporativas, tive o desafio de tentar traduzir as práticas, transformações e experiências vivenciadas pelas universidades corporativas. Na verdade, esta edição é fruto das descobertas, inovações e reinvenções que a aprendizagem nas organizações está sofrendo a partir da Covid-19. Com certeza, até a entrega do livro à Alta Books muitas mudanças aconteceram. Houve uma tentativa de trazer ao máximo uma imagem da revolução que a sociedade está enfrentando, principalmente com o advento da evolução da inteligência artificial.

Com o desafio que o vírus da Covid-19 trouxe para as organizações, mudando os espaços e as formas de trabalho — o *home office* — consequentemente os programas educacionais das Universidades Corporativas foram transmutados, e a lógica das capacitações presenciais cedeu mais espaço para a educação a distância e os formatos híbridos. Logo, foi possível perceber, em primeiro lugar, a necessidade de reavaliação de tecnologias, metodologias e até mesmo do processo de gestão da aprendizagem nas corporações. Atualmente, com o apelo das redes sociais — principalmente, TikTok e soluções similares — há um esforço para tentar engajar o colaborador por mais tempo diante das

[1] Doutora em educação. Presidente da Associação Nacional de Inovação, Trabalho e Educação Corporativa. Criadora e líder do Ecossistema de Educação Corporativa/Hub70.

telas dos celulares ou dos computadores. Existe, ainda, uma dedicação inesgotável em despertar o interesse de jovens colaboradores para o desenvolvimento de competências em função das atividades cotidianas laborais, ou seja, pelo próprio autodesenvolvimento.

Os textos, os vídeos e os áudios tiveram uma redução significativa na cultura pandêmica. Não temos tempo a perder, a geração da urgência zapeia entre as múltiplas janelas dos celulares, dos notebooks e das Smart TVs. Músicas entre um e dois minutos no Spotify e Podcasts ditam uma lógica para novas metodologias e tecnologias que estão sendo aplicadas como recursos didáticos para as capacitações.

As plataformas de *streaming* com seus algoritmos foram descobrindo como lidar com as novas gerações para tentar atrair a atenção de seus usuários que não têm tempo a perder. Estes rapidamente degustam de alguma forma esses produtos e logo se desconectam após o fim e já buscam novas experiências.

A Netflix reinventou as séries e filmes — e continua revolucionando com histórias abertas, trazendo a audiência para o engajamento. Na verdade, temos aí uma proposta de coautoria como um dos braços da interatividade — quesito tão almejado pelos usuários das tecnologias de informação e comunicação — e dos recursos digitais hoje disponíveis. O importante desta história é a forma como as narrativas são construídas para tão pouco tempo de atenção do usuário, o qual deseja consumir conteúdos e entretenimentos em minutos.

Hoje as empresas estão lidando com gerações distintas que convivem em um mesmo ambiente laboral, com diferenças significativas de comportamento, consumo, aprendizagem e, até mesmo, em relação ao que significa tempo e espaço. Enquanto as gerações entre os 40+, 50+ e 60+ buscam a estabilidade e permanência em um mesmo emprego, as gerações mais jovens buscam as melhores condições de trabalho, ao mesmo tempo que procuram atuar em organizações com propósitos com os quais se identifiquem. O salário não é suficiente, pois os benefícios e as causas com as quais se conectam influenciam na condução e permanência nos postos de trabalho.

O que é possível observar a partir dos inúmeros encontros de gestores de Universidades Corporativas promovidos pela Associação Nacional de Inovação, Trabalho e Educação Corporativa (Anitec) em distintas capitais em 2019 e entre 2021 e 2023, além do estudo realizado sobre a transformação digital durante e pós-pandemia, é que a Covid-19 acelerou mudanças que estavam latentes. E elas se referem não só à transformação digital, mas também a uma mudança cultural que a sociedade sofreu — e que ainda está alcançando as empresas —, tais como a inserção de temas como a diversidade, inclusão, meio ambiente, sustentabilidade e ética.

Continua nas Universidades Corporativas a discussão em torno das competências básicas e competências técnicas, e cresceu o consumo de conteúdo, o número de plataformas oferecidas no mercado para dar conta das crescentes demandas de capacitação e das tentativas de contrapor o apagão de talentos. Questões como a qualidade da educação entraram na agenda das empresas como um dos pontos para discussão e intervenção. Novas vozes surgiram para debater sobre a educação no Brasil, o seu papel no século XXI e a importância do combate à desinformação.

Também surgiram expressões e "novos costumes", com certeza frutos de uma sociedade mais acelerada, líquida e em ponto de mutação. Tais transformações provocam as Universidades Corporativas para exercerem funções que transcendem a simples oferta de seus programas de capacitação — um esforço exaustivo para responder a dilemas de formação que iniciam na educação básica e que também são frutos de uma nova realidade que está se forjando.

Essa múltipla visão dos cenários tecidos ao longo da obra acabou por me impulsionar como autora e organizadora. Busquei integrar cada artigo e cada realidade, compondo um livro cuja lógica gira em torno das construções e desafios de Universidades Corporativas que enfrentaram e, ainda, lidam com a ameaça do vírus. Tais estruturas agora precisam cada vez mais alinhar suas estratégias e definir melhor seus propósitos, declará-los de forma legível a ponto de moverem seus colaboradores para um verdadeiro engajamento, buscando revolucionar a aprendizagem corporativa — de forma a manter uma cultura da aprendizagem permanente nas organizações.

Tive a oportunidade de assistir a uma palestra de José "Pepe" Mujica na UERJ em 2023, no evento "Cartografias das culturas: encontro latino-americano sobre memória, território e identidades" que aconteceu de 4 a 7 de dezembro no Teatro Odylo Costa Filho, em que ele abordou o tema da inteligência artificial. Sem medo, declarou a importância dos trabalhadores do conhecimento, da criatividade, da capacidade de pensar e de inovar, da necessidade da educação e declarou que a transformação tecnológica já aconteceu. Mas a mudança cultural, essa sim, seria mais longa. Uma fala curta e breve que mostra a lucidez de um homem de 88 anos que entendeu que o mundo mudou. Simples e objetivo, deixou um recado para as gerações presentes e futuras sobre a coragem de mudar e enfrentar o medo que às vezes construímos quando não entendemos ou conhecemos algo novo!

Boa Leitura!

PARTE 1

Fundamentos

CAPÍTULO 1

Transformação Digital e Universidades Corporativas:

ecossistemas e novas abordagens para a aprendizagem

Eleonora Jorge Ricardo[1]

Em plena propagação da Covid-19 vivenciamos a paralisação do mundo e do Brasil. O tempo parou em meio ao avanço acelerado da doença. Ainda não conhecíamos o vírus e o seu comportamento, e enquanto isso perdemos amigos, artistas, intelectuais, profissionais de saúde, e tantas outras pessoas, até que pesquisadores — depois de uma busca sem descanso — descobrissem como usar medicamentos existentes para combater as consequências da enfermidade e vacinas para ministrar, de forma a paralisar o seu avanço.

Enquanto a solução não chegava para deter a pandemia, todo o nosso entorno era afetado — comércios, escolas, empresas de diferentes portes, cinemas, teatros... — tudo absolutamente paralisado!

Princípios de higienização foram propagados, o álcool 70% virou o companheiro de todos para a limpeza. Máscaras e isolamento social para deter o vírus mortal. Estar com o outro poderia

1 Eleonora Jorge Ricardo é doutora em educação; presidente da Associação Nacional de Inovação, Trabalho e Educação Corporativa; criadora e líder do Ecossistema de Educação Corporativa/Hub70.

ser uma sentença de morte — fosse jovem ou idoso. A morte alcançou uma dimensão planetária.

Como sobreviver em um cenário mórbido e continuar a fazer a economia rodar em pleno estado de emergência sanitária? Produzir alimentos, medicamentos e avançar com os serviços essenciais foi um desafio. A indústria funcionava em ritmo lento. A economia pausada. Um conto de fadas como o da Bela Adormecida. Quando a princesa dormiu após ferir o dedo na roca de tear, todos dormiram juntos! Mas, na vida real, enquanto uns estavam doentes, isolados ou morriam, outros continuavam a produzir e prosseguiam — a máquina girava lentamente.

Os anos entre 2019 e 2021 foram marcados pelo afastamento e pela busca frenética por descobertas científicas para sobrevivermos. Também durante esses anos esperamos o momento de voltarmos ao "normal". Mas seria isso possível? O normal que muitas propagandas difundiram não foi possível, não teríamos como voltar ao ponto antes do isolamento social, regressar para um tempo antes dos acontecimentos! Anônimos e famosos foram atingidos, perdemos amigos, familiares — o mundo fora sacudido. Como nosso planeta pode ser o mesmo sem as vidas que são tão valiosas? Os impactos dessas perdas são irreparáveis.

Se, por exemplo, citarmos alguns nomes de pesquisadores ou artistas que também se foram, teremos um pequeno retrato dos efeitos da pandemia que alcançou todos os segmentos da sociedade. Que mundo é esse sem o Paulo Gustavo, sem seus risos, sem suas piadas; sem Aldir Blanc e sua musicalidade; sem Nilton "Barreto dos Santos, biomédico que estudava os efeitos da Covid-19 no sistema nervoso central e que, mesmo morto, tecidos de parte de seu corpo puderam contribuir para o avanço da pesquisa sobre o vírus.

Que falta faz a querida atriz Nicete Bruno, ou Tarcísio Meira. As presenças desses artistas contam a história de uma geração e também da teledramaturgia, teatro e cinema brasileiros. A pandemia impactou em cheio a cultura brasileira.

Não podemos ser os mesmos! Temos que ser melhores do que éramos, e aprender juntos a nossa competência para aprender a aprender — aprender a aprender colaborativamente, coletivamente. Se aprendermos a cooperar, significará que entendemos quem somos. Aprender a não resistir também fez parte de nosso processo de transformação. Enquanto algumas pessoas resistiram ao uso de máscaras, aprendemos que usá-las era vital para nossa sobrevivência, aprendemos que era essencial para a autoproteção (e a do outro também). Sem as máscaras, nos infectaríamos com o vírus.

Aprendemos o quanto era importante nos vacinarmos em massa — quando eu me protegia, estava protegendo o outro. Enfim, o resultado desses cuidados acontecia em cadeia! Era preciso entender que estávamos conectados, e que cada pessoa (e seu comportamento) definiria o retrocesso da contaminação. É importante relatar sobre isso, ou alguém no futuro pode tentar dizer que isso não aconteceu no Brasil ou no mundo.

Estamos aprendendo a duras penas o que é um ecossistema e o que são redes e sistemas. Fomos tão incentivados a olhar para nós mesmos e a manter um individualismo exacerbado que pensar coletivamente e entender que dependemos uns dos outros, às vezes, pode parecer algo impossível.

É fácil compreender que somos seres interligados, somos interdependentes, somos sociais, e que, além disso, interagimos com o meio ambiente e que ele também interage conosco; fazemos parte de um ecossistema (figura 1). Podemos aprender mais sobre ecossistemas — o que eles são e o que não são. Uma das coisas que posso dizer é que usar um conjunto de tecnologias ou soluções, simplesmente, não forma um ecossistema digital — termo esse usado agora com força por determinadas empresas para impressionar consumidores e alavancar vendas. Nada contra as vendas e nem o marketing, mas é preciso explicar claramente, e quem quiser comprar pode fazer o negócio sabendo o que o produto é.

Figura 1 Ecossistema

Fonte: Freepik

Como já sinalizei, para haver um ecossistema é necessário interdependência, conexões e formação de uma rede integrada. Os estudos de Capra (2005, 1997 e 1986) sobre esse tema esclarecem pontos importantes sobre a visão das redes e nós, humanos.

Quando iniciei minhas leituras no mestrado em educação, uma das obras que usei para entender sistemas foi *A Teia da Vida*. Essa obra de Capra (1997) é fundamental para aqueles que atuam em ou pretendem estudar o valor das redes e, inclusive, suas relações, as redes online, internet, redes de aprendizagem, sistemas complexos, pensamento complexo e conceitos essenciais para projetos de educação corporativa online e híbridos.

O pesquisador explica que os organismos vivos, sociedades e ecossistemas são sistemas. Os estudos em torno da vida, pontos de energia e de flutuação, equilíbrio e ritmo do universo que fazem parte da filosofia chinesa abordam a visão integrada da vida — o *yin* e o *yang*:

> A terminologia *yin/yang* é especialmente útil na análise do desequilíbrio cultural que adota um amplo ponto de vista ecológico, um ponto de vista que também poderia ser chamado de concepção sistêmica, no sentido da teoria geral dos sistemas. Essa teoria considera o mundo em função da inter-relação e interdependência de todos os fenômenos; nessa estrutura, chama-se

Figura 2 Rede Interconectada

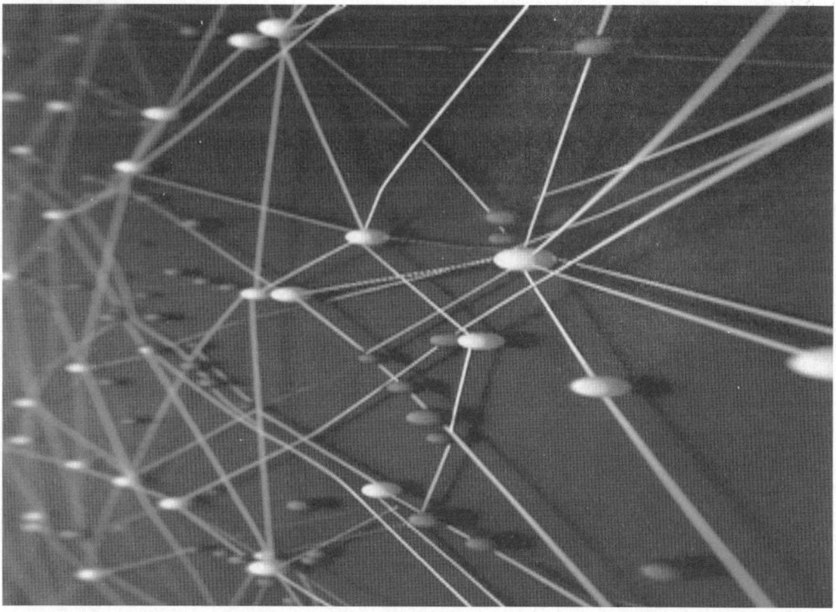

Fonte: Freepik

> sistema a um todo integrado cujas propriedades não podem ser reduzidas às de suas partes. Organismos vivos, sociedades e ecossistemas são sistemas (Capra, 1986, p. 32).

Essas questões são importantes quando pensamos na elaboração de ecossistemas de aprendizagem nas/para as organizações e Universidades Corporativas. Tratar desse tema é fundamental para a discussão em torno do engajamento em ambientes virtuais de aprendizagem e do acesso aos conteúdos digitais.

Durante o auge da pandemia — e depois da fase crítica — havia uma expectativa de que bastava a tecnologia para resolver as questões de acesso de colaboradores aos sistemas online (*e-learning*). No entanto, hoje se fala cada vez mais em engajamento e como atrair a atenção de colaboradores para que apreendam conteúdos e desenvolvam competências estratégicas, ou as chamadas *soft skills*. Volumes de conteúdos foram adquiridos, a gamificação se tornou uma febre e a transformação digital veio com toda a força. Mas, mesmo assim, os profissionais não se interessam pelos conteúdos ou ações de capacitação — ainda que a gamificação dê bons resultados em comparação às outras estratégias. Mas, afinal, o que está faltando?

No período da pandemia realizei uma pesquisa com Universidades Corporativas e fornecedores para entender como estavam lidando com ela e suas expectativas em torno da transformação digital. Importante dizer que apliquei o questionário entre maio e julho de 2020 e que, posteriormente, realizei encontros com as unidades de educação corporativa e os fornecedores para apresentar os resultados.

No que se refere às Universidades Corporativas, é preciso dizer que a maioria das empresas envolvidas no estudo declarou ter uma Universidade Corporativa. Todavia, as respostas com suas contradições apontaram que algumas não a tinham implementado ainda. Foram analisadas as respostas de 64 corporações. Mantive o anonimato dos pesquisados, como nos recomenda a ética em pesquisa, pautada na segurança dos investigados; também validei o questionário antes de ser aplicado. O estudo foi realizado por meio da Anitec[2] e sem financiamento público ou privado.

---

[2] Associação Nacional de Inovação, Trabalho e Educação Corporativa. Fundada em 2009 para disseminar as Universidades Corporativas e a inovação, além de apoiar a manutenção dos postos de trabalho.

O perfil dos respondentes

Os dados iniciais de caracterização dos respondentes apresentados ajudarão o leitor a compreender as análises que fluíram em torno do estudo. A maioria das empresas estudadas eram dos setores de serviços (39,34%) e indústria (31,15%). As demais participantes eram oriundas dos segmentos de tecnologia (11,48%), saúde (8,2%), energia e alimentícia (4,92% cada), e do agronegócio (3,1%).

Quadro 1 Segmento das empresas

Resposta	Respostas	Ratio
Indústria	21	32,8 %
Serviços	25	39,1 %
Saúde	5	7,8 %
Energia	3	4,7 %
Alimentícia	3	4,7 %
Agronegócio	2	3,1 %
Tecnologia	7	10,9 %

Fonte: Pesquisa Anitec (2020)

Quanto ao porte das empresas participantes do estudo, 76,6% eram empresas de grande porte, 18,8% de médio porte, e 4,7% de pequeno. Sendo que 78,1% eram de origem nacional e 21,9% estrangeiras.

Quadro 2 Porte das empresas

Resposta	Respostas	Ratio
MEI	0	0%
Pequena	3	4,7%
Média	12	18,8%
Grande	49	76,6%

Fonte: Pesquisa Anitec (2020)

Entre as empresas pesquisadas, 79,7% eram pertencentes à iniciativa privada, 9,45% públicas, e 10,9% mistas.

Quadro 3 Origem

Resposta	Respostas	Ratio
Pública	6	9,4%
Privada	51	79,7%
Mista	7	10,9%

Fonte: Pesquisa Anitec (2020)

Com relação ao número de colaboradores, 22 empresas (34,4%) tinham mais de 6.000 colaboradores à época — na verdade, algumas delas contavam com mais de 20.000 colaboradores —,7 (10,9%) entre as respondentes tinham entre 3.000 e 6.000 colaboradores, e 15 (23,4%) empresas tinham entre 1.000 e 3.000. Nas demais, esses números variavam entre 1.000 e 10.

Quando perguntei aos gestores se a empresa de fato tinha uma Universidade Corporativa, 54,7% (35) responderam que sim, 23,4% (15) responderam que não e 21,9% (14) sinalizaram que estavam em processo de criação. Além disso, em relação à vinculação das Universidades Corporativas que já existiam e as que estavam em processo, 48,4% eram hierarquicamente desvinculadas das diretorias de gestão de pessoas. Destas, 7,8% estavam ligadas à **presidência**, 6,3% subordinadas à **vice-presidência**, 4,7% a **superintendências, 9,4% a diretorias de negócios** e 20,03% vinculadas a outras áreas.

Quadro 4 Colaboradores

Resposta	Respostas	Ratio
1-10	0	0%
11-50	1	1,6%
50-100	2	3,1%
100-200	5	7,8%
201-500	6	9,4%
500-1.000	5	7,8%
1.000-3.000	15	23,4%
3.000-6.000	7	10,9%
6.000 +	22	34,4%
Resposta	1	1,6%

Fonte: Pesquisa Anitec (2020)

Gráfico 1 Universidades Corporativas

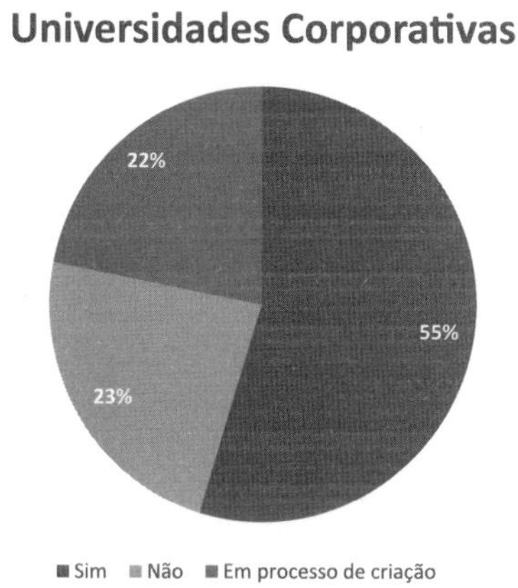

Fonte: Anitec (2020)

Uma das questões que procurei pesquisar foi se as ações de educação corporativa, seus serviços e produtos estavam vinculadas aos indicadores de impacto nos resultados das organizações. As respostas indicaram que 60,9% (39) estão relacionadas, enquanto 39,1% (25) não estão.

Apesar de a maioria das respostas — ou seja, 60,9% — afirmarem que sim, quando perguntamos sobre seus *gaps* e dificuldades, vemos que uma das fragilidades dessas unidades de educação corporativa — e das que também não adotam indicadores para verificar o impacto de suas ações nos negócios — envolvem o *gap* de formação de suas equipes.

Gráfico 2 Indicadores e impacto das ações de educação corporativa

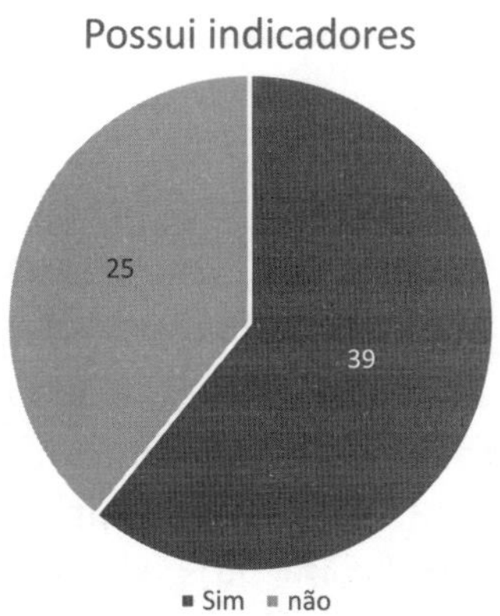

Fonte: Pesquisa Anitec (2020)

Equipes de educação corporativa

No que diz respeito ao quantitativo de profissionais, 45 equipes de educação corporativa contavam com 1 até 10 colaboradores (70,03%), já 13 (20,03%) tinham entre 10 e 20 colaboradores. Um número pequeno de empresas possuía equipes mais numerosas: 2 (3,1%) contavam com equipes entre 20 e 30 membros e somente 4 (6,3%) tinham mais de 30.

A maioria das empresas, sejam Universidades Corporativas ou em processo de mudança para o novo modelo — ou mesmo unidades de treinamento —, contam com equipes reduzidas, o que as mobiliza cada vez mais para a terceirização de serviços e a contratação de fornecedores.

Quando pensamos na composição de equipes, por exemplo, para dar conta do desenvolvimento de materiais didáticos e da gestão de ambientes virtuais, no mínimo já são envolvidos cinco profissionais para um trabalho básico — sem contar tutoria, suporte e outras ações necessárias. Portanto, para realmente desenvolver um trabalho consolidado são necessárias equipes mais estruturadas, além de fornecedores para apoio e complementação de tarefas com soluções de qualidade.

Quadro 5 Equipes

Resposta	Respostas	Ratio
1-10	43	69,4%
10-20	13	21,0%
20-30	2	3,2%
30+	4	6,5%

Fonte: Pesquisa Anitec (2020)

A pesquisa conseguiu levantar os *gaps* dos membros das equipes envolvidas na educação corporativa e, também, nos setores de treinamento. Esses *gaps* envolvem o domínio das tecnologias (46,9%), o conhecimento sobre avaliação e indicadores (42,2%), o desenvolvimento de soluções (32,8%) e materiais didáticos (21,9%). O mapeamento de *gaps* também envolveu planejamento (18,8%), treinamento (17,2%), desenvolvimento de trilhas de aprendizagem (15,6%) e mapeamento de competências (10,9%).

Essas lacunas de conhecimentos apontadas pela pesquisa envolvem questões importantes para as Universidades Corporativas, unidades em processo de transformação de treinamento para a educação corporativa e também atingem os departamentos ou setores de treinamento, seja no que se refere ao **domínio das tecnologias ou de técnicas, fundamentos e práticas de planejamento.** Sem **planejamento, a criação e análise de indicadores de desempenho, indicadores de impacto nos resultados** e, consequentemente, **dos mapeamentos de competências e *gaps* de desenvolvimento são inviabilizados.** Planejamento é a base até mesmo para o desenvolvimento de trilhas e produção de materiais didáticos. Sem planejamento ninguém caminha para lugar algum.

Quadro 6 *Gaps* dos membros da equipe de educação a partir do advento da Covid-19

Resposta	Respostas	Ratio
Desenvolvimento de soluções	21	32,8%
Desenvolvimento de materiais didáticos	14	21,9%
Mapeamento de competências	7	10,9%
Mapeamento de *gaps* de treinamento	11	17,2%
Conhecimentos sobre avaliação e indicadores	27	42,2%
Domínio de tecnologias	30	46,9%
Desenvolvimento de trilhas de aprendizagem	10	15,6%
Planejamento	12	18,8%
Outra...	5	7,8%

Fonte: Pesquisa Anitec (2020)

A partir dos resultados analisados, pode-se intuir que as Universidades Corporativas tiveram dificuldades em relação às suas equipes no que se refere às atribuições mais básicas e importantes para o desenvolvimento de programas de capacitação e suas respectivas soluções, acompanhamentos e avaliações. Essa questão não é uma que tem origem na formação inicial desses profissionais, o que dificulta o desempenho das Universidades Corporativas já instaladas e em desenvolvimento e, até mesmo dos setores e departamentos de treinamento. Esse problema ainda perdura nas organizações que precisam lidar com o apagão de talentos e que acabam por canibalizar colaboradores.

A transformação digital

A pesquisa tratou do tema da transformação digital em uma questão específica. A maioria dos respondentes (90,6%) confirmou que estava em processo de transformação digital, enquanto a minoria (9,4%) sinalizou ainda não a ter iniciado.

Quadro 7 Transformação digital

Resposta	Respostas	Ratio
Sim	58	90,6%
Não	6	9,4%

Fonte: Pesquisa Anitec (2020)

As empresas informaram que esperavam ao final da pandemia implementar tecnologias para a transformação digital e metodologias para a continuidade das capacitações. Podemos observar no Quadro 7 uma grande tendência para adoção da inteligência artificial, seguida pela realidade virtual e a gamificação, e na sequência, a realidade aumentada e as metodologias ativas, soluções híbridas, ambientes virtuais de aprendizagem, EAD, podcasts, e por fim, as websséries e outras soluções. Portanto, pode-se intuir, quando comparamos os resultados dos Quadros 5, 6 e 7, que há dificuldades de implementação tanto da transformação digital quanto de metodologias — inclusive para seguir as novas tendências durante e pós-Covid-19.

Quando perguntadas sobre quais eram as expectativas pós-Covid-19 para prosseguimento de suas atividades, as respostas indicaram que 64% das organizações investiriam mais em EAD, em segundo lugar em modelos híbridos de aprendizagem (56,3%), em terceiro, adquiririam mais tecnologias (53,1%) e, em quarto lugar, a expectativa era compor equipes multifuncionais (31,3%). Como podemos perceber inicialmente, as empresas se preocuparam primeiramente em criar estruturas mais compatíveis com a nova realidade que se apresentava durante a pandemia — ou seja, mudanças em relação à modalidade de aprendizagem com planos para investir mais na educação a distância, privilegiando também os modelos híbridos para as capacitações, uma vez que havia a incerteza sobre o retorno ao trabalho presencial e a manutenção do *home office*.

Quadro 8 Novas tendências para serem implementadas

Resposta	Respostas	Ratio
Inteligência Artificial	34	53,1%
Realidade Virtual	30	46,9 %
Realidade Aumentada	22	34,4 %
Gamificação	28	43,8 %
Metodologias Ativas	20	31,3 %
EAD	17	26,6 %
Podcasts	15	23,4 %
Webséries	11	17,2 %
Ambientes Virtuais de Aprendizagem	18	28,1 %
Soluções híbridas	20	31,3 %
Outra...	3	4,7 %

Fonte: Pesquisa Anitec (2020)

Por outro lado, para dar conta dos desafios das Universidades Corporativas e dos setores de treinamento em processo de migração para o modelo de educação corporativa, os departamentos de treinamento entenderam que, para esse novo padrão de desenvolvimento de capacitações, as equipes multifuncionais se tornaram essenciais para as múltiplas tarefas — incluindo-se aí a criação de materiais didáticos e outras soluções destinadas à aprendizagem corporativa

Nenhuma das empresas respondentes planejou extinguir suas equipes. No entanto, a intenção de 12,5% dos participantes era diminuir o número de fornecedores, enquanto 10,9% planejavam aumentar o número destes. Já 12,5% tinham a intenção de criar suas próprias equipes de produção.

Cabe ressaltar a necessidade de capacitação das equipes de educação corporativa. Como são compostas por profissionais de diferentes áreas do conhecimento com formações tão distintas, certamente é preciso capacitar e alinhar os componentes deste time tão valioso. É preciso conhecer, no mínimo, **fundamentos de administração, design instrucional, pedagogia empresarial, fundamentos da educação corporativa e Universidades Corporativas, tecnologias educacionais e metodologias de aprendizagem.** Minha experiência na capacitação e aperfeiçoamento em pedagogia empresarial e educação corporativa tem me indicado que cada vez mais as equipes precisam estar conectadas com as novidades que estão surgindo em relação à **aprendizagem nas empresas, tecnologias e metodologias.**

Os profissionais que querem construir carreira em Universidades Corporativas precisam buscar além dos simples manuais, já que carecem de informações estratégicas e de fontes seguras de informação para que possam realizar um trabalho edificante nas organizações, a fim de potencializar os resultados tão esperados.

Nesse cenário das empresas em relação às suas equipes, é importante sinalizar que **somente duas empresas tinham a intenção de continuar com o modelo de educação presencial após o fim da pandemia.**

As dificuldades enfrentadas pelas empresas antes da Covid-19 com certeza ficaram mais evidenciadas durante a pandemia, uma vez que tanto a necessidade de equipes mais preparadas como a de tecnologias passaram a fazer parte dos desafios durante o isolamento social.

Quadro 9 Expectativas

Resposta	Respostas	Ratio
Migrar para modelos híbridos de aprendizagem	36	56,3 %
Investir mais em EAD	41%	64,1 %
Continuar com o modelo anterior de educação presencial	2	3,1 %
Equipes mais reduzidas	10	15,6 %
Extinguir equipe	0	0 %
Equipes multifuncionais	20	31,3 %
Criação de equipes de produção	8	12,5 %
Adquirir mais tecnologia	34	53,1 %
Contratar menos fornecedores	8	12,5 %
Contratar mais fornecedores	7	10,9 %

Fonte: Pesquisa Anitec (2020)

Como não bastasse os efeitos da pandemia nas estruturas de capacitação — seja nas Universidades Corporativas ou departamentos de treinamento, e mesmo naquelas que tinham a intenção de migrar para uma cultura de aprendizagem —, as instituições tiveram que lidar com os anseios das novas gerações, que estão sempre em busca de novas oportunidades de colocação, melhores condições de trabalho e alinhamento com suas próprias expectativas e propósitos.

São muitos os desafios pela frente com as mudanças que o mundo está enfrentando — seja em relação às pessoas, às tecnologias, aos costumes, à economia, às leis, há um novo cenário para nos adaptarmos. Empresas e profissionais mais maduros entenderam que um novo mundo surgiu.

A transformação digital está impactando as organizações. Isso significa que também uma metamorfose cultural é essencial, pois as práticas de gestão terão que mudar em diversos segmentos, inclusive na educação. A transformação digital é um processo de mutação e podemos intuir que

> as tecnologias digitais têm impactado de incontáveis maneiras a criação de um clima veloz de mudança de dinâmicas competitivas e de consumo, aumentado a imprevisibilidade e o número de novos atores de mercado com características disruptivas e, no entanto, muitos negócios continuam empacados em modos de trabalho ultrapassados que os impedem de andar mais rápido; estruturas que nasceram numa era diferente e são um obstáculo ativo à agilidade e à colaboração horizontal; em processos que dificultam uma inovação ousada; em culturas que recompensam a conformidade e o status em detrimento do empreendedorismo e da originalidade; em abordagens que celebram a eficiência em vez do aprendizado[...] Mesmo após vários anos de foco corporativo na transformação digital, muitas organizações ainda seguem programas de gestão de mudança rígidos, lineares e condenados a fracassar[...] Muitas apoiam e aprovam da boca para fora as novas maneiras de operar, mas sem mudar de fato a trama de como a organização funciona, sem construir uma cultura genuinamente que sustente transformações (Perkin, 2022, p. 13-14).

A resistência às mudanças dificulta a transição pela qual muitas organizações precisam passar. É verdade que a nossa sociedade enfrentou diferentes modificações. Se transitamos da sociedade feudal para a era industrial e depois ingressamos na sociedade do conhecimento, é possível perceber que estamos em um novo momento — a inteligência artificial avança a passos largos, substituindo profissionais e agilizando processos e produções. Se antes não percebíamos a sua presença, agora, com tantos avanços, chegamos a um ponto que é impossível negar sua existência.

Qual o papel das Universidades Corporativas neste novo tempo? Como elas poderão ajudar as organizações a enfrentar tantas mudanças e a preparar lideranças para inspirarem colaboradores para esse novo mundo que estamos vislumbrando, transmutando toda insegurança em certeza de que há algo imediato que deverá ser realizado?

Se temos junto com a transformação digital a implantação de modelos ágeis de gestão nas organizações, as Universidades Corporativas também terão que se adaptar. Além disso, terão que quebrar padrões ultrapassados de capacitação, transitando da era industrial para um tempo em que dados, informações e a inteligência artificial estarão presentes em qualquer área produtiva e nos processos de aprendizagem — que sofrerão grande revolução.

Neste momento da sociedade global será essencial inaugurar novas práticas para as Universidades Corporativas. Em um mundo em que tanto se fala sobre sustentabilidade e ESG, olhar para si mesma sem olhar o cenário, o contexto planetário é o mesmo que condenar a aprendizagem corporativa a um isolamento que só promoverá a obsolescência de conteúdos, tecnologias, metodologias e práticas.

Temas que já deveriam fazer parte do cotidiano das organizações estão sendo trazidos com atraso no tempo. Falar sobre o tema **etarismo** agora, na verdade, é tempo passado, já que desde na **década de 1990** estudos diziam que o Brasil estava envelhecendo, e iniciativas em prol da educação de idosos já existiam, mas muitos não queriam ver, da mesma forma que a questão do ***lifelong learning***, que não é um tema novo, e nem uma prática inovadora. **Enquanto achávamos que éramos o eterno país da juventude,**

Figura 3 Inteligência artificial e aprendizagem

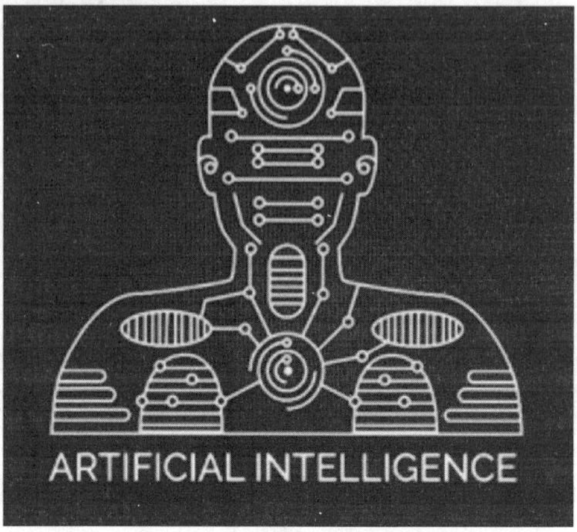

Fonte: Freepik

os países da Europa já propagavam a educação continuada ou a educação ao longo da vida para que pudessem sobreviver e manter a sociedade ativa, sadia e atualizada. E nós? Ainda enfrentamos dificuldades contra o preconceito em relação ao etarismo e à inserção de temas sobre inclusão — muitos ainda com discurso aparentemente inclusivo, mas veladamente ainda reproduzem o discurso da exclusão.

Da mesma forma, a questão da transformação digital e da mudança de cultura se torna tão emergencial como a inclusão digital ou letramento digital. Temos que ir além do ensino da programação para pequenos grupos. É preciso democratizar e dar direito ao domínio das tecnologias e sua cultura em todas as instâncias da sociedade. Diante disso, qual o papel das Universidades Corporativas? Romper muros, barreiras e abrir suas portas para o novo, além de criar experiências de aprendizagem socializáveis.

Assim, a participação em ecossistemas de aprendizagem é onde a união de forças ajuda a superar as fraquezas coletivas e individuais, gera espaços para o enfrentamento de *gaps* de competências básicas. Também é uma chance de alinhar oportunidades coletivas de desenvolvimento para desafios maiores.

O isolamento é fatal, pois condena organizações ao enfrentamento de problemas que poderiam ser resolvidos no coletivo, e repercute gerando efeitos que dificultarão a sobrevivência de sistema egocêntricos.

Quando desenhei o **ecossistema de educação corporativa** para as Universidades Corporativas, busquei unir e apoiar os departamentos de treinamento em transição de modelo de treinamento para o de Universidade Corporativa — até mesmo criando espaço para que estes setores pudessem compreender a importância do desenvolvimento de uma cultura de aprendizagem. A pesquisa que realizei pela Anitec e mais os **Encontros de Gestores de Universidades Corporativas** teceram um cenário que mostra a necessidade real do ecossistema, da integração e do fortalecimento da educação corporativa para enfrentar os desafios que estão acontecendo nas empresas e nas escolas e universidades.

É fácil entender a importância de um ecossistema de aprendizagem coletiva que fortalece as práticas e experiências das organizações e que cria oportunidades de interações e de apoio mútuo. Na verdade, é um desenho para a sobrevivência em tempos de tantas transformações e seus apagões de talentos — os quais já perduram por muitos anos. Pensar **soluções conjuntas e motivar a aprendizagem social** e **coletiva é também fomentar** uma inteligência coletiva para tratar os desafios de uma geração de trabalhadores que lida com a impermanência e que ainda precisa **construir**

propósitos de vida e uma visão de futuro, ou seja, uma visão para o seu presente. O desinteresse pelos estudos e, também, pelos empregos e a falta de identidade com os projetos corporativos os movimenta de forma fluida entre empresas sem que se fixem em um projeto de médio e longo prazo.

Mais cursos e mais tecnologias não serão suficientes para responder aos desafios de forma a despertar os **desalentados — ou a geração nem--nem.** É preciso uma sociedade que esteja conectada por propósitos e ações de impacto que façam sentido e ajudem no desenvolvimento de colaboradores, organizações, instituições de ensino, fornecedores e cidadãos. É necessário colocar na pauta a transformação e adaptação dos modelos de gestão empresarial para os novos tempos e, consequentemente, uma nova abordagem para a gestão da aprendizagem que seja organizacional.

O que temos pela frente?

> Com a explosão da conexão entre coisas e pessoas, a dinâmica de rede tem mudado algumas das maneiras fundamentais pelas quais pensamos a criação de valor. Isso fica claro num conjunto diversificado de impactos sobre o desenvolvimento de modelos de plataformas de negócios e ecossistemas, mudando consideravelmente a dinâmica competitiva em alguns setores,

Figura 4 Aprendizagem coletiva

Fonte: Designed by Freepik

> com crescimento exponencial no fluxo de dados por meio de APIs, ganhos de eficiência operacional que podem ser derivados de máquinas conectadas, a rapidez com que ideias e conteúdos se disseminam pelas redes, a erosão de barreiras tradicionais como as fronteiras geográficas e de mercados, e a facilidade com que a colaboração pode ocorrer (Perkin, 2020, p. 27).

Se entendermos que estamos numa relação de interdependência e que a rede consegue buscar soluções no coletivo, podemos apreender a importância que os ecossistemas têm para a sobrevivência da sociedade diante dos desafios que se apresentam a cada tempo. **Ecossistemas e subsistemas de aprendizagem são fundamentais para as organizações de distintas naturezas**, inclusive, para as empresas se tornarem mais inovadoras e sustentáveis.

Conforme Jannuzzi (2020, p. 17),

> não basta pensar em uma comunidade em termos de conteúdo, é preciso estabelecer um ambiente de compartilhamento e colaboração que demonstre empatia por seus membros, que seja diversa e inclusiva, oferecendo acolhimento para todos, que tenha uma liderança, onde prevaleça a

Figura 5 Novos modelos de gestão da aprendizagem

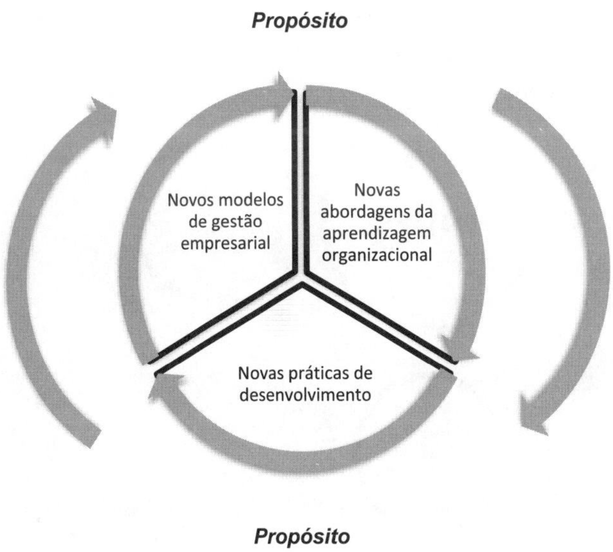

Fonte: produzido pela autora a partir de suas leituras

ética e a transparência e onde todos os seus membros demonstrem comprometimento e paixão.

As Universidades Corporativas são essenciais no contexto deste novo cenário que surgiu e, ainda, está por despertar. Descobrir novas formas de interação com outras Universidades Corporativas e ecossistemas de educação corporativa torna-se imperativo, e a integração e o apoio mútuo se tornarão cada vez mais práticas usuais da nova sociedade e prerrogativa da cultura de aprendizagem das organizações.

Compreendendo a importância da inteligência coletiva e das inovações tecnológicas — como a inteligência artificial — possibilitou à Anitec a construção de um sistema online de (inter)relação de Universidades Corporativas, fornecedores, instituições de ensino e outros atores em uma integração e interdependência capaz de complementar e evoluir para novas abordagens e parâmetros de aprendizagem, redefinição de estratégias e conscientização de seus integrantes, criando laços e vínculos que facilitarão a coexistência entre atores.

Figura 6 Ecossistema de Educação Corporativa – Anitec

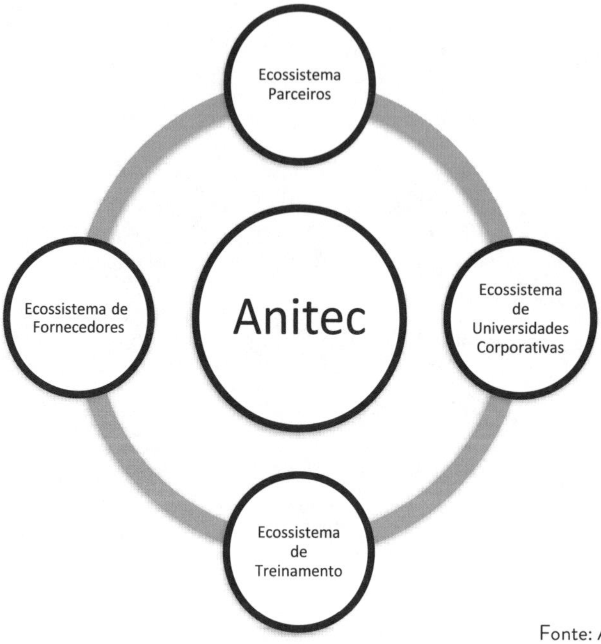

Fonte: A autora

Imaginar que um ecossistema é apenas a conexão entre tecnologias é falta de clareza sobre o que ele representa, e o mesmo acontece quando se tem a pretensão de colocar pessoas numa lista de e-mails ou numa sala online e "achar" que formou um ecossistema.

A visão e a tendência presentes e futuras influenciam a formação de ecossistemas em diversas áreas para a solução de problemas diversificados. O desafio, por exemplo, da mudança climática e suas consequências não será resolvido enquanto os distintos países signatários de acordos passam pela falta de entendimento da interdependência — ainda que culturas, línguas, políticas e economias sejam diferentes.

Para nós, que militamos pela EDUCAÇÃO e pela EDUCAÇÃO CORPORATIVA, resta trabalhar por um ecossistema que integre atores e projetos distintos em um mesmo propósito para levar uma aprendizagem transformadora a todos os espaços possíveis — uma aprendizagem social, compartilhada e colaborativa.

Referências Bibliográficas

CAPRA, F. **As conexões ocultas:** ciência para uma vida sustentável. São Paulo: Cultrix, 2005.

_____ **A Teia da Vida:** uma nova compreensão científica dos sistemas vivos. São Paulo: Cultrix, 1997.

_____ **O Ponto de Mutação:** a ciência, a sociedade e a cultura emergente. São Paulo: Cultrix, 1986.

JANNUZZI, G. **O Poder do Peoplechain.** Rio de Janeiro: Alta Books, 2020.

PERKIN, N. **Transformação digital com metodologias ágeis.** São Paulo: Autêntica, 2022.

CAPÍTULO 2

Transformação Cultural:

o potencial da universidade corporativa

DRA. ANA PAULA MUNDIM[1]

Há uma crescente urgência em adquirir novas competências e adaptar as capacidades internas de uma organização hoje em dia, seja devido à demanda de inovação tecnológica e pressão por soluções sustentáveis pelos consumidores, como também pela constante volatilidade econômica e política dos mercados mundiais. Embora o valor potencial dessa adaptação a mudanças constantes seja real e necessária, o caminho entre intenção e impacto é complexo. O processo de implementação de tal mudança cultural e a aquisição das competências necessárias não está totalmente dominado, e há muitos desafios operacionais e comportamentais a serem enfrentados.

As organizações devem orquestrar uma jornada para adaptar suas capacidades organizacionais, acompanhada de uma

1 Ana Paula Mundim é uma catalisadora de transformação em negócios, com mais de vinte anos de experiência global trabalhando com consultoria de estratégias organizacionais a operações em vários setores industriais — incluindo o desenvolvimento de serviços globais, metodologias e pesquisas para impulsionar a inovação e o crescimento do mercado. Sua carreira abrange empresas multinacionais de consultoria (BCG, Accenture e Deloitte), startups (dss+ – DuPont spin off; Axia Consulting – adquirida pela EY) e escolas de negócios, desenvolvendo e implementando projetos de transformação em cadeia de suprimentos, pesquisa e desenvolvimento e sustentabilidade. Seu foco reside nas mudanças estratégicas e transformadoras, reunindo tecnologias digitais, inovações, parcerias e capacidades de pessoas para impulsionar resultados de negócios sustentáveis. Ana reside no Reino Unido atuando como consultora de negócios na BCG e professora na Universidade de Kent.

transformação cultural holística — um pré-requisito para o sucesso de qualquer processo de mudança. Nesse sentido, o potencial da Universidade Corporativa é imenso, pois funciona como um catalisador de novas competências, comportamentos e mentalidades para uma força de trabalho ágil e flexível ao ambiente em constante mudança.

Cultura em transformação: uma constante agora

No mundo atual — digital, ágil e em constante mudança — as expectativas de empregados e stakeholders são maiores do que nunca. A execução de estratégias de negócios, muitas das quais em escopo regional ou global, torna-se cada vez mais complexa, e a adaptação à mudança e à inovação se fazem críticas ao sucesso do negócio.

Nesse contexto de mudança constante, toda a força de trabalho de uma organização precisa se adaptar e continuamente evoluir. Segundo Bersin (2022), "nós precisamos mudar nosso paradigma e mover nosso foco de gerenciamento para um que facilite a mudança e suporte os funcionários em sua jornada". Mais importante do que aprender uma nova técnica, processo ou novo sistema de informação, é incorporar uma mentalidade de evolução — aberta à constante melhoria. Muitos dos sistemas de educação tradicionais mundiais se baseiam na aquisição de competências técnicas, que necessitam de constante atualização. Porém, esquecem-se de incentivar não somente a curiosidade pelo novo, mas de desenvolver a habilidade da força de trabalho de entender os vetores de mudança e como se adaptar a eles. O quão antes os funcionários conseguem identificar e entender esses vetores, mais chance de sucesso eles terão em desenvolver novas competências e comportamentos para a mudança requerida.

As transformações digitais recentes são um exemplo. Normalmente estas transformações são estruturadas ao redor da solução tecnológica, dos processos que serão automatizados e/ou otimizados e das pessoas que executarão e/ou gerenciarão os processos/sistema. Na maioria das vezes, entretanto, este último componente é subestimado.

Considere o caso das recentes implementações de solução de gerenciamento empresarias em duas gigantes alemães: Haribo (indústria de doces) e Lidl (rede varejista). Ambas incorreram em altos custos de implementação e impacto nas operações como atrasos de entrega ou falta de mercadorias (Sanders, 2019). Um dos motivos identificados nos dois casos foi a falta de habilidades e ou interesse dos funcionários em adotar os novos softwares, acompanhado da mentalidade de ameaça pela perspectiva de automação. Ou seja, o público-alvo dessas implementações não estava devidamente preparado para compreender e enfrentar a mudança necessária para alcançar os benefícios da transformação digital.

Nesta linha de transformação digital, o exemplo das novas práticas de trabalho virtuais sendo adotadas após a pandemia de Covid-19 também mostra a importância da consideração do engajamento cultural para a adoção das novas ferramentas e métodos. Hobsbawm (2022) enfatiza a revolução atual do mundo do trabalho, seus processos, ferramentas, e a autonomia sendo conquistada por inúmeros empregados de decidir quando e onde trabalhar, estudar e colaborar. Esse novo contexto requer não somente novas regras explícitas de gerenciamento de pessoas e novas habilidades para trabalhar com novas tecnologias digitais, mas também demandará o desenvolvimento de novos comportamentos para balancear o mundo virtual e o escritório tradicional — tais como a compreensão e a aceitação das necessidades particulares de cada colega de trabalho, mantendo, ao mesmo tempo, a agilidade a fim de preservar o equilíbrio da equipe de trabalho para fomentar uma colaboração efetiva.

Um outro caso se formando é o potencial gargalo de trabalhadores qualificados para acelerar os novos negócios de energia renovável em todo o mundo (Naschert, 2022). A escassez de profissionais treinados pode dificultar a capacidade do mundo de alcançar as metas de emissões zero. Devido a essa urgência, as Universidades Corporativas e estratégias de recrutamento das empresas terão um papel fundamental em adaptar e proporcionar a recapacitação dos profissionais — não só trabalhando as novas competências técnicas, mas também construindo a mentalidade de adaptação à mudança —, já que os casos de mudança serão inúmeros, como por exemplo, a requalificação de um engenheiro em uma tecnologia mais avançada ou mesmo a preparação de funcionários para se relocarem a outros postos de trabalho, já que seus papéis iniciais serão eliminados.

A menos que crenças sejam alteradas, a transformação não será alcançada

Como sobreviver quando a mudança se torna a norma? Uma organização só poderá sobreviver se conseguir não somente melhorar constantemente suas operações, mas, sobretudo, ser capaz de usar o comportamento de seus funcionários como catalizadores das transformações requiridas (Hiatt; Creasey, 2012).

Do tradicional método de gerenciamento de mudança de Kotter e Cohen (2002) ao modelo ADKAR de Hiatt (2006), a base de capacitação para a transformação está fundamentada nas pessoas. Kotter e Cohen (idem*)* reforçam quão importante é criar um senso de urgência para a mudança, por meio não só do entendimento da necessidade de mudança, mas também do sentimento de que é necessário mudar. Hiatt (2006) corrobora essa hipótese, enfatizando a importante etapa de desejo para suportar e participar da mudança. Este desejo ou sentimento de urgência pela mudança é baseado em fatores intrínsecos de motivação de cada indivíduo.

A neurociência avançada e os progressos recentes em psicologia afetiva provam que as pessoas são frequentemente levadas por emoções e processos subconscientes que contribuem para que elas usem atalhos mentais a fim de tomar decisões rápidas (Daum, 2012). Um exemplo é que a maioria dos trabalhadores é incapaz de explicar ou recordar grande parte das decisões que toma diariamente. Isso ocorre não apenas porque os processos cognitivos ficam sobrecarregados, mas também porque seres humanos frequentemente relegam certas tarefas ao subconsciente, e ações — nem sempre confiáveis — vêm em seguida. Como cerca de 80% das decisões diárias são tomadas inconscientemente, é importante que as organizações tenham sistemas que permitam aos funcionários desenvolverem as crenças necessárias às novas demandas de trabalho e adotarem novos hábitos mais seguros (Haber, 2016).

Uma metodologia comprovada por várias consultorias é a curva de *performance*, que demonstra que uma cultura de alta performance, baseada na capacitação e comportamentos das pessoas, leva ao melhor desempenho dos negócios e causa um impacto positivo em suas operações (Whitmore, 1992). Em uma cultura de desempenho madura (estágio interdependente e mais avançado), a *performance* é verdadeiramente sustentável, com times que se autogovernam. Nesse estágio, as pessoas se sentem capacitadas a agir conforme necessário para trabalhar em alto desempenho. Elas se apoiam e se desafiam. As decisões são tomadas no nível apropriado e as pessoas refletem e aprendem sobre as decisões. Isso não é tudo: a organização percebe significativos benefícios na *performance* do negócio por meio de maior qualidade — um impacto positivo na sociedade e nos resultados de negócios.

Muitos são os exemplos de fracasso na implementação de novas estratégias, processos ou sistemas. Tais casos trazem em comum o foco no treinamento de novas rotinas, sem muitas das vezes explicar e ganhar emocionalmente o envolvimento da força de trabalho. Este envolvimento emocional pode ser acionado de várias maneiras, seja pelo patrocínio enfático de um líder, por meio de exemplos de comportamentos que devem ser propagados pela organização por seus líderes ou pelo desenvolvimento de valores e crenças na cultura empresarial.

Organizações ágeis e resilientes a constantes mudanças e riscos normalmente são suportadas por funcionários engajados e comunicados de maneira que tocam as suas emoções. A liderança, nesses casos, atua como catalisador de uma cultura ágil e impactante.

Assim, o escopo e abordagem da Universidade Corporativa tem se tornado cada vez mais abrangente e multifacetado. As modernas e mais eficientes universidades de negócio atualmente focam não somente as competências técnicas, mas também tendem a fomentar comportamentos e crenças para sedimentar a cultura e estratégia da empresa — por meio de um amplo ecossistema de educação, com múltiplas abordagens e ferramentas de aprendizagem adequadas às necessidades de cada colaborador e ao objetivo a ser alcançado. Por exemplo, as Universidades Corporativas não focam somente cursos presenciais e online para treinamento. As melhores práticas, na verdade, buscam uma mistura adequada de métodos e ferramentas para formar uma experiência de aprendizagem única para o respectivo colaborador de uma certa área e cargo na empresa, agregando *on the job training*, coaching, cursos online, visitas a competidores/fornecedores, jogos de simulação etc.

O potencial da Universidade Corporativa como catalizador da transformação cultural

Apesar de, em muitos casos, executivos decidirem cortar programas de treinamento e desenvolvimento pessoal quando suas empresas passam por crises, tais programas podem se tornar grandes catalisadores da transformação que o negócio precisa para superar as adversidades do momento, ou mesmo se preparar para futuros riscos ou simplesmente inovar e buscar mais competitividade.

Veja o caso global da inovadora empresa de mobilidade em transporte — Uber. A empresa atravessou uma dura crise de credibilidade de sua gestão de pessoal e cultura de liderança entre 2017–2018. Naquele período, executivos foram trocados e uma nova e persistente dedicação a "educar" gestores e funcionários foi implementada (Carson, 2018). Para resolver os problemas fundamentais em larga escala de cultura da empresa, a Uber decidiu implementar um programa piloto de educação corporativa — um movimento raro para uma empresa em crise.

Em três meses, mais de 6 mil dos 15 mil funcionários da Uber globalmente se inscreveram para fazer as aulas de liderança e estratégia ministradas por professores de Harvard. Em um momento em que a empresa precisava de uma mudança cultural para alavancar o negócio, a Uber apostou que um programa de educação corporativa poderia acelerar seus esforços para se refazer e transformar a empresa em um lugar cuja cultura é celebrada, não temida (Carson, 2018).

O sucesso alcançado pela Universidade Corporativa da Uber baseou-se na tecnologia inovadora proporcionada pela Universidade de Harvard, que permite aulas virtuais por intermédio de uma experiência similar a uma aula presencial, por meio do "mural de alunos". Além disso, a Uber foi capaz de engajar seus gestores globais no processo de treinamento, não pela participação mandatária, mas, ao contrário, pelo patrocínio dos líderes ao programa e a possibilidade de aplicação imediata do aprendizado no trabalho. Isso significa que a Universidade Corporativa é alavancada pelo empoderamento dos profissionais e seus aprendizados.

Outro exemplo interessante é o de uma empresa de alimentos global, com foco no desenvolvimento de soluções alimentícias nutritivas e sustentáveis. Com o objetivo de alcançar suas metas de nutrição e sustentabilidade, a empresa desenvolveu e lançou um modelo de nutrição sustentável na sua já consolidada Universidade Corporativa. O programa foi desenvolvido em dois grandes módulos — conhecimentos básicos e avançados — suportado por um detalhado programa de engajamento e gerenciamento da mudança. Os 40 mil colaboradores globais não somente estão realizando os treinamentos online, mas também contam com atividades de comunicação por *microlearning* (vídeos) e também palestras presenciais com patrocinadores locais, que ajudam a fomentar a cultura de nutrição sustentável alvo da empresa.

O programa tem sido muito bem recebido não somente em termos da sua eficiência técnica (correta agregação de diferentes métodos de aprendizagem), mas também tem originado e fortalecido novos comportamentos e crenças de orgulho e engajamento dos funcionários em relação à estratégia de sustentabilidade da empresa no mercado — a qual está intrinsecamente relacionada com a estratégica de negócio de diferenciação no mercado por meio de produtos mais sustentáveis e nutritivos para o consumidor. Ou seja, a Universidade Corporativa, neste caso, se tornou um catalisador das competências e comportamentos organizacionais necessários para impulsionar a estratégia da empresa.

Mais um exemplo de transformação organizacional foi o monstruoso programa de desenvolvimento de competências digitais desenvolvido pela gigante mundial em consultoria Accenture (Accenture, 2021). A série de aprendizado TQ (*Technology Quotient*) é uma maneira simples e eficaz de aprender sobre tecnologia, como ela é aplicada, por que é importante e como funciona com outras tecnologias. A série é baseada em vídeos iterativos, contando não só com experts globais da empresa, como também entrevistas com clientes e fornecedores. Estar familiarizado com a tecnologia é tão vital para a empresa focada em suportar clientes a transformar suas operações para o mundo digital, que todos os mais de 699 mil profissionais da Accenture fazem parte do programa de cursos de TQ, independentemente de sua área de especialização. A participação é mandatória, mas existe em paralelo um intenso programa de patrocínio e engajamento, a fim de buscar o entendimento e *buy-in* dos funcionários para a importância do programa — que é, em geral, bem aceito.

Uma cultura organizacional bem delineada e desenvolvida tem o poder não só de atrair e reter talentos, mas pode realmente fazer a diferença na agilidade e inovação dos produtos ou serviços que uma empresa traz para o mercado. Nesse sentido, a Universidade Corporativa tem o poder de se tornar o catalizador de valores, comportamentos e mentalidades adequados aos objetivos estratégicos das empresas.

Vale lembrar que uma Universidade Corporativa não se resume somente a cursos online e presenciais. Pelo contrário, os programas atuais são baseados em experiências de aprendizado holísticas e no envolvimento em um ecossistema de educação — incluindo, por exemplo, jogos de simulação, *coaching*, visitas e discussões com outras empresas, fornecedores e clientes. Tais meios de aprendizado e desenvolvimento servem como veículos não somente para a promoção dos valores e comportamentos da cultura esperada pela empresa, mas também do seu contínuo aprimoramento.

O modelo da Universidade Corporativa deve nutrir o talento que já existe nos colaboradores da empresa. Além disso, deve focar também o desenvolvimento de capacidades técnicas e o desenvolvimento pessoal, de comportamentos e mentalidades que forjarão a capacidade de transformação tão necessária às empresas no mundo atual de constante mudança.

Planejar a jornada: coordenação, experiência e aperfeiçoamento constante

O conceito de mudança é um processo (Hiatt; Creasey, 2012). Mudança não acontece em uma única reunião e ou em uma única série de treinamentos. Uma organização que passa por uma grande transformação sairá no fim do processo mudada de dentro para fora. Novas capacidades organizacionais — de papéis a governança, processos e até sistemas — estarão em vigor, o desenvolvimento da força de trabalho estará em andamento e uma mudança cultural deverá ocorrer em paralelo. Nada menos permitirá que a empresa incorpore a mudança em cada função e processos de negócios existentes.

As organizações aprendem, evoluem e mudam. É parte de como elas permanecem relevantes e competitivas. Um novo líder pode mudar a estratégia e anunciar um novo modelo de negócio, ou começar um novo processo de tomada de decisão. O desafio, quando se trata de transformação, é que a abordagem não pode ser fragmentada. Ela precisa ser coordenada, organizando as atividades requeridas para desenvolver as novas competências e engajar os colaboradores nos novos comportamentos.

O papel da Universidade Corporativa deve ser revisto dentro deste planejamento da jornada de mudança. A universidade pode se tornar o catalisador das capacidades organizacionais e pessoais, e deve ser ancorado por outros pilares fundamentais para o sucesso do processo de mudança de cada organização (Figura 1).

Por exemplo, a Universidade Corporativa poderá proporcionar cursos técnicos para alavancar a integração de novas competências nos processos funcionais ou sistemas de trabalho. Ao mesmo tempo, a transformação deve ser patrocinada por líderes ativos, empoderando toda a empresa ao aprendizado e desenvolvimento necessários, por meio de canais de comunicação claros e coordenados.

Um processo de gerenciamento da mudança que seja ágil e flexível é essencial para navegar os obstáculos inerentes à complexidade do processo. Incentivos devem ser bem desenhados e implementados para motivar e engajar os trabalhadores, ao contrário de forçar ou punir — como nos casos da Uber e Accenture mencionados anteriormente. No primeiro, a participação nos treinamentos não era mandatória, mas o incentivo era claro e as métricas a serem cobradas na performance do trabalho dependiam das competências adquiridas nos cursos. No caso da Accenture, devido à sua escala, os cursos eram mandatórios, mas incorporavam práticas efetivas de como completá-los e eram constantemente encorajados pelas lideranças globais e locais, por meio de uma cultura benéfica de gamificação.

Por fim, rituais devem ser utilizados para reforçar os comportamentos e mentalidades da nova cultura — por exemplo, se a Universidade Corporativa está sendo montada ou expandida por meio de ferramentas digitais de aprendizagem e colaboração, essas ferramentas devem ser promovidas e usadas pelas lideranças em todos os seus níveis, a fim de demonstrar a mudança que está sendo almejada. Ou seja, líderes são os catalisadores daquilo que fazem e ou utilizam.

A implementação desta complexa jornada de mudança contará com muitos desafios operacionais e comportamentais a serem enfrentados. As organizações que estão tendo sucesso são aquelas com propósito estratégico claro, buscando impacto no negócio e na sociedade, por meio do desenvolvimento de capacidades organizacionais ágeis e flexíveis.

A busca constante de aprendizado e adaptação, além da identificação e entendimento de futuras vulnerabilidades e oportunidades, são competências primordiais que a Universidade Corporativa pode alavancar. Além de uma cultura aberta e preparada para as inúmeras mudanças que todos nós estamos a enfrentar e ainda iremos nos defrontar.

Figura 1 Pilares de suporte ao processo de mudança

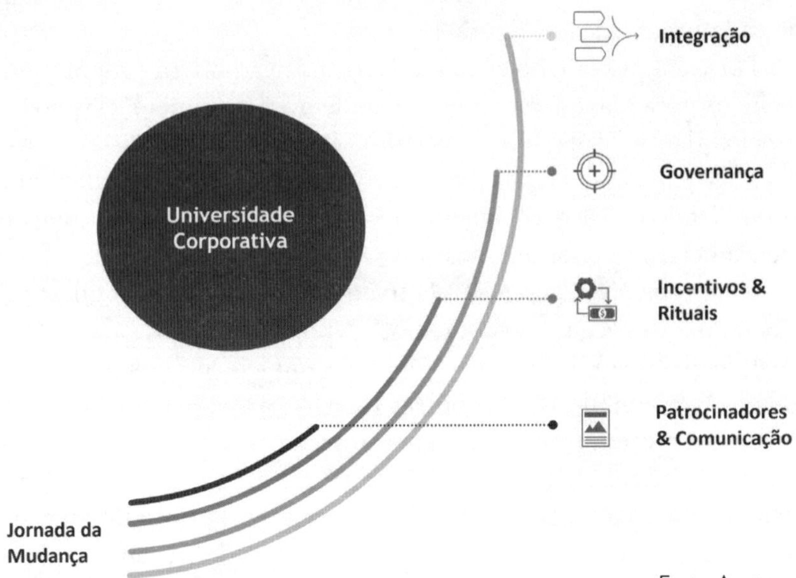

Fonte: A autora, a partir de suas leituras

Referências Bibliográficas

Accenture. Technology quotient training program: grow your cloud knowledge and career. *Accenture*, 2021. Disponível em: https://www.accenture.com. Acesso em: 10 dez. 2021.

BERSIN, J. Rethinking change: moving from management to agility. 2022. Disponível em: https://www.chandlerinstitute.org/governancematters/rethinking-change-moving-from-management-to-agility. Acesso em: 10 dez. 2022.

CARSON, B. Inside Uber's effort to fix its culture through a Harvard-inspired "niversity". *Forbes*, 2018. Disponível em: https://www.forbes.com/sites/bizcarson/2018/02/03/inside-ubers-effort-to-fix-its-culture-through-a-harvard-inspired-university/?sh=81a6a9316954. Acesso em: 01 dez. 2018.

DSS+. Curva de Bradley. 2022. Disponível em: https://www.consultdss.com.br/bradley-curva/. Acesso em: 10 dez. 2022.

DAUM, K. How to Make Great Decisions (Most of the Time). *Inc Magazine*, 2012. Disponível em: http://www.inc.com/kevin-daum/how-to-make-great-decisions-most-of-the-time.htm. Acesso em: 10 dez. 2012.

HABER, G. O impacto do subconsciente na tomada de decisão baseada em riscos. *EHS Today*, 2016. Disponível em: https://www.consultdss.com.br/bradley-curva/. Acesso em: 10 dez 2016.

HIATT, J. **ADKAR.** How to implement successful change in personal lives and professional careers. Prosci, Inc: Fort Collins, 2006.

HIATT, J.; CREASEY, T. **Change management**: the people side of change. Prosci, Inc: Fort Collins, 2012.

HOBSBAWM, J. **The nowhere office**: reinventing work and the workplace of the future. Basic Books: Nova York, 2022.

KOTTER, J.; COHEN, D. **The heart of change**. Harvard Business School Press: Boston, 2002.

NASCHERT, C. Skills shortage imperils global energy transition. *S&P Global Market Intelligence*. 2022. Disponível em: https://www.spglobal.com/marketintelligence/en/news-insights/latest-news-headlines/skills-shortage-imperils-global-energy-transition-71565735. Acesso em: 10 dez. 2022.

SANDERS, J. How a troubled SAP S/4HANA migration caused a gummy bear shortage in Germany. *TechRepublic*, 2019. Disponível em: https://www.techrepublic.com/article/how-a-troubled-sap-s4hana-migration-caused-a-gummy-bear-shortage-in-germany/. Acesso em: 10 dez. 2019.

WITHMORE, J. **Coaching for performance:** a practical guide to growing your own skills. Nicholas Brealey Publishing: Londres, 1992.

CAPÍTULO 3

A Transformação da Educação Corporativa pela Era Digital e Seus Impactos no Bem-Estar do Trabalho

WALTER TEIXEIRA DA CUNHA[1]

Introdução

As estratégias corporativas de educação, com a inclusão de tecnologias, e o desenvolvimento de ações voltadas ao bem-estar no ambiente de trabalho impactam positivamente na saúde do trabalhador e, consequentemente, em sua produtividade e no crescimento da própria empresa. Esses elementos contribuem para a melhoria da qualidade de vida dos empregados, sendo também uma forma de promover a produtividade e o desenvolvimento da empresa.

No ambiente de trabalho existem diversos aspectos que podem contribuir com a sensação de mal-estar, oriundos das condições adversas de trabalho e do acúmulo de atividades. Ter a

1 Walter Teixeira da Cunha é administrador, bacharel em direito e pós-graduado em engenharia de produção pela UFRJ. É membro da ANITEC e sócio do escritório Carvalho Advogados.

sensação positiva, por outro lado, está relacionada ao grau de satisfação das necessidades do colaborador no ambiente laboral.

Um programa de educação corporativa bem-sucedido procura fortalecer as relações de trabalho, reconhecer os empregados que contribuem de forma destacada para o sucesso da empresa e, também, disseminar os valores éticos.

O programa deve contemplar o desenvolvimento do potencial criativo e as habilidades dos colaboradores, com vistas a criar um ambiente organizacional favorável à motivação e ao comprometimento das pessoas com a excelência do trabalho.

A análise das atuais mudanças nas atividades empresariais considera que vivemos em uma sociedade digital. A ***educação corporativa***, neste contexto, inclui a literacia digital — a capacidade do indivíduo de utilizar as ferramentas tecnológicas de modo eficaz.

Segundo a UNESCO, a literacia digital se caracteriza como competência do indivíduo relativa à utilização de computadores com mídias digitais, informações, participação ativa em redes, compartilhando conhecimentos somados às habilidades profissionais de computação (Karpati, 2011).

É interessante que as organizações invistam em tecnologia digital e em educação corporativa visando ao bem-estar do colaborador, inclusive, em medidas que reduzam seu estresse. O ambiente fica mais leve e as equipes têm vontade de continuar desempenhando suas funções com mais empenho e se esforçam para manter a boa qualidade das entregas.

No contexto deste capítulo, a princípio é essencial a compreensão dos elementos dos três temas aqui discutidos, quais sejam **educação *corporativa, transformação digital e bem-estar no ambiente profissional,*** considerando que esses elementos — quando juntos — têm um relevante impacto na entrega de ***vantagens competitivas*** para as organizações atentas a eles.

A educação corporativa

A educação corporativa deve ampliar o conhecimento em todos os níveis hierárquicos de uma organização, promovendo, por conseguinte, ***o desenvolvimento dos colaboradores.***

Os colaboradores de uma organização necessitam de qualificação para realizar suas atividades diárias. Para tanto, recorre-se ao treinamento constante para a aquisição de novos conhecimentos, atitudes e habilidades no intuito de aprimorar o trabalho executado. Esses procedimentos são indispensáveis para a construção de empresas inovadoras e dispostas a um crescimento contínuo. Para Meister (1999), a educação corporativa busca estruturar o processo de aprendizagem em íntima correlação com os objetivos estratégicos da organização. A autora também amplia a ideia ao afirmar que a educação corporativa é um catalisador estratégico para cultivar o desenvolvimento e a instrução de colaboradores, clientes, fornecedores e comunidade, visando alinhar-se às estratégias organizacionais.

Em organizações bem-sucedidas no processo de aquisição e aplicação do conhecimento adquirido, a aprendizagem individual é contínua, o conhecimento é compartilhado e a cultura organizacional apoia todo esse processo à aprendizagem. Nesses casos os colaboradores são encorajados a pensar criticamente e a assumir riscos com novas ideias, sendo as suas contribuições devidamente valorizadas. (Tarapanoff, 2006).

Seguindo o raciocínio desses autores, podemos afirmar que colaboradores bem-preparados desenvolvem suas atividades com muito mais qualidade, pois se sentem seguros quanto à sua capacidade de execução. Além disso, aprimoram habilidades, desenvolvendo então suas atividades com mais rapidez e segurança, sem interrupções para dirimir dúvidas na execução do trabalho e minimizando falhas na execução da atividade.

Colaboradores mais seguros com relação ao desempenho na atividade são mais engajados, pois se sentem valorizados com o investimento que a empresa oferece em treinamento e desenvolvimento. Um dos objetivos das empresas atualmente é fazer com que os colaboradores utilizem o conhecimento obtido em seus mais variados aspectos para terem condições intelectuais de contribuir na melhoria dos processos e conseguirem identificar problemas e solucioná-los.

Fazendo uma retrospectiva sobre a organização do trabalho e o treinamento dos trabalhadores, não podemos deixar de mencionar que na administração científica de Frederick Taylor, o trabalhador era apenas um executor mecânico, desprovido de opinião própria e de iniciativa. O treinamento que era ministrado visava melhorar a produtividade, maximizando seu potencial.

Os trabalhadores eram selecionados de acordo com seu potencial e treinados com técnicas e metodologias para o seu aperfeiçoamento. Cada funcionário desempenhava uma função específica, recebia treinamento também específico e ficava alheio ao resultado. O trabalhador executava a tarefa e de modo algum opinava sobre ela.

O trabalhador não possui capacidade, formação ou conhecimento exigidos para analisar suas tarefas de maneira científica e estabelecer de maneira lógica o método ou processo mais otimizado. O supervisor habitualmente concedia a cada trabalhador a liberdade de escolher o método ou processo para realizar suas tarefas, promovendo ativamente e valorizando a iniciativa de cada um. Contudo, essa abordagem, embora fomentasse a liberdade, às vezes carecia de direcionamento para atingir o ápice da produtividade (Taylor, 2020).

O Taylorismo — ou administração científica — tinha por intuito garantir o melhor custo/benefício aos sistemas produtivos e, atingir o aumento da produtividade dos empregados. Ou seja, os empregados eram treinados para serem uma engrenagem do sistema produtivo. Os superiores desconsideravam as ideias e sugestões dos trabalhadores por serem considerados desinformados.

Aplicava-se o treinamento sempre que era constatada a necessidade de melhorias, adaptações ou, ainda, instituir novas capacidades dentro do processo produtivo.

Considerando o momento atual, a implantação de um sistema de educação corporativa requer firmeza de propósito, pois é um processo efetivo de constante aprimoramento das ferramentas de desenvolvimento do colaborador, para atingir a eficiência no meio produtivo. A educação corporativa foca o desenvolvimento dos colaboradores olhando para o futuro — no médio e no longo prazos.

A realidade vivenciada no século XXI nos chama atenção sobre como aplicar a educação corporativa. Nesse contexto é fundamental definir as ferramentas que a empresa precisa se apropriar, considerando a melhor estratégia para disseminação do conhecimento e enfatizando o melhor custo-benefício para a organização. Isso porque a educação corporativa tem que proporcionar benefícios para ambas as partes.

Treinamento constitui um processo de imersão na cultura organizacional, buscando transmitir ou reatualizar conhecimentos, habilidades e atitudes voltados diretamente para a execução otimizada das tarefas no ambiente laboral (Marras, 2016).

Do exposto depreende-se que investir em qualificação do colaborador por meio de treinamento sinaliza um aspecto positivo para o desenvolvimento da organização e de seus profissionais. As instituições de trabalho já perceberam que tecnologia e mercado vivem em constantes transformações, sabem que precisam acompanhar tais mudanças e sabem também que o fator primordial é o capital humano, pois este pode sustentar e criar as novas realidades — a mudança — que as empresas precisam acompanhar.

Como principais vantagens da educação corporativa temos: conectar a atuação dos colaboradores com a cadeia de negócios da organização, possibilitar a qualificação contínua dos colaboradores de modo a mantê-los alinhados com a evolução do mercado e de suas funções e viabilizar o aprimoramento ou o desenvolvimento dos empregados, colocando-os em condições de empregabilidade e de desenvolvimento de competências técnicas e socioemocionais.

O bem-estar no trabalho

Este tema estimula o leitor a refletir sobre a evolução das empresas no que se refere a investimentos em satisfação e bem-estar dos colaboradores em seus diversos ambientes de trabalho.

O elemento fundamental das organizações são as pessoas. Portanto, é crucial que as organizações estejam mais conscientes e atentas às necessidades de seus colaboradores. As organizações de sucesso reconhecem que seu crescimento, prosperidade e sustentabilidade dependem da otimização do retorno sobre os investimentos de todos os parceiros, especialmente dos funcionários. Quando uma organização prioriza as pessoas, sua filosofia global e cultura organizacional passam a refletir essa convicção (Chiavenato, 2008).

Um olhar mais atento permite concluir que CEOs e acionistas ainda não se deram conta que reter talentos vai muito além da mera retribuição financeira. Faz-se necessário contextualizar sob um novo enfoque esse conceito já discutido, mas nunca totalmente implementado: o bem-estar no trabalho. Ao longo de nossa vida profissional muitas perguntas são autoformuladas. Apenas para citar algumas:

- Qual a importância do empregado para a empresa?
- Como ele efetivamente contribui?
- Sua posição o deixa satisfeito?
- Os gestores e colegas percebem seu engajamento ou a falta dele?
- Os desafios que lhes são atribuídos o motivam?
- Seus sentimentos positivos — tais como sentido de pertencimento, orgulho, entusiasmo, confiança ou dedicação —, afloram?

Se as respostas à maioria dessas perguntas forem negativas, convém abdicarmos de nossas crenças superficiais e passarmos todas a limpo.

As organizações estão repensando a gestão, priorizando o desenvolvimento das pessoas envolvidas na criação e oferta de produtos e serviços. Agora, além de investir em produtos e serviços, elas estão privilegiando o desenvolvimento das pessoas que compõem sua força de trabalho. Esse investimento abrange desde a criação até a melhoria contínua dos elementos produzidos. Em vez de simplesmente atender aos clientes, há um foco maior em capacitar os funcionários responsáveis por esse atendimento, visando não apenas satisfazê-los, mas surpreendê-los positivamente. Essa mudança coloca as pessoas no centro das estratégias corporativas, reconhecendo-as como o elemento-chave para o sucesso duradouro das organizações (Chiavenato, 2008).

Se for considerado que a força de trabalho mundial está concentrada na faixa dos mais jovens, é preciso que se entenda o que essas pessoas valorizam quando buscam um emprego. A missão dessa empresa precisa estar alinhada aos seus valores. Estes jovens apreciam líderes dispostos a investir em suas forças e minimizar suas fraquezas, são imediatistas e querem respostas rápidas, principalmente no que diz respeito ao seu futuro dentro da empresa. Priorizam empresas desafiadoras e anseiam por participar ativamente do negócio como se fosse seu próprio.

Mas o que as empresas estão fazendo em prol dessa nova forma de encarar o trabalho? Revolucione a cultura, o propósito e enfatize o desenvolvimento humano e terá empregados engajados e totalmente comprometidos com sua missão!

Nessa respectiva, as empresas devem pensar em como revolucionar esses constructos para valorizar cada vez mais esse ativo tão valioso chamado "capital psicológico". Devem buscar o melhor entendimento sobre como priorizar o fator humano — ou seja, as características físicas, fisiológicas e sociais que afetam a interação humana com equipamentos, sistemas, processos e outros indivíduos ou equipes de trabalho, em todas as suas nuances, reforçando seu potencial de aprendizado, dedicação e contribuições para a organização.

Os empregados, mais recentemente, são identificados como capital social (quem você conhece — networks, conexões, amigos), capital psicológico positivo (quem você é — autoeficácia, resiliência, esperança e otimismo) e, ainda mais importante, quem você pode se tornar (Luthans, 2011).

A geração internet, ou milênio, entende qualidade de vida no trabalho como a possibilidade de se desenvolver e ser reconhecida individual e coletivamente. Ou seja, entende o bem-estar no trabalho como a possibilidade de desenvolver seu potencial humano repleto de forças e virtudes.

Engajamento do ponto de vista tecnológico

O 5G — quinta geração das comunicações digitais — multiplica por diversas vezes a velocidade de transmissão de dados, propiciando ao treinamento/desenvolvimento experiências em laboratórios 3D e imersivas, além de recursos como vídeos e áudios que serão carregados instantaneamente. Com certeza os empregados terão a oportunidade de vivenciar uma experiência mais atrativa do conhecimento que a empresa queira solidificar. Esse acesso rápido às informações permite que as plataformas de educação corporativa entreguem cada vez mais experiência em diferentes níveis de treinamento.

Por outro lado, esta moderna ferramenta tecnológica gera discrepância entre as gerações no mercado de trabalho. Uma vez que as mais antigas terão mais dificuldade para absorver e entender mais informações em curto espaço de tempo, as gerações mais novas já se habituaram muito rapidamente com esse tipo de tecnologia por serem alfabetizadas nela.

A era digital está sendo vivenciada de forma inédita pelos empregados das gerações anteriores, diferentemente dos jovens que vivenciam esta tecnologia desde os primeiros anos de vida.

Tal discrepância é resultado da ausência de um projeto de formação desenvolvido pela empresa. Logo, é preciso "institucionalizar uma cultura de aprendizagem contínua, proporcionando a aquisição de novas competências vinculadas às estratégias empresariais" (Quartiero; Cerny, 2005, p. 24).

Esses mecanismos precisam estar bem adaptados para que os mais velhos possam compreender os processos realizados com tecnologia digital com menos dificuldade.

A transformação digital

Trata-se, no contexto da educação corporativa, de uma ferramenta tecnológica que apresenta vantagem competitiva para as empresas, pois muda paradigmas e facilita as mudanças necessárias.

As plataformas digitais de trabalho são produtos dos avanços tecnológicos. O uso de tecnologia possibilitou a criação de experiências de ensino mais personalizadas, conforme as facilidades ou dificuldades do usuário. Toda essa nova realidade abriu espaço para um maior dinamismo e criatividade, o que permitiu, ainda, o desenvolvimento de habilidades, potencialidades e novas atitudes frente ao mundo empresarial. Aqueles que não tinham familiaridade com o mundo digital precisaram realizar uma imersão nesse universo para não ficarem defasados — ou até mesmo excluídos. E as vantagens da transformação digital no contexto da educação corporativa indicam maior bem-estar no trabalho: colaboradores motivados, mais produtivos, mais integrados e, por conseguinte, mais colaborativos, criam um ambiente onde se permite a expansão da criatividade, da aprendizagem mútua e, consequentemente, de uma comunicação mais fluida.

A era digital, a educação corporativa e seus reflexos no bem-estar dos trabalhadores

Os recursos e ferramentas da tecnologia digital permitem potencializar as atividades de treinamento/desenvolvimento no ambiente corporativo por meio da internet na modalidade a distância ou híbrida, por exemplo. Porém, as empresas de modo geral enfrentam um problema: como motivar os colaboradores no sentido de que estes queiram adquirir novos conhecimentos para aplicar como vantagem competitiva da organização em seus processos?

Assim, as empresas de todos os portes têm esse importante desafio: motivar os seus colaboradores a buscarem conhecimento e aplicarem em suas atividades diárias. Elas também precisam atender às suas demandas de qualificação profissional, ou seja, promover treinamentos focados em suas necessidades de mercado, mas de forma que possam abranger vários colaboradores, a partir dos seguintes pressupostos:

1. aplicar a educação corporativa para promover o bem-estar no ambiente de trabalho como uma ferramenta que desperte a conscientização e desenvolvimento pessoal;
2. colaborar com a redução das doenças do trabalho e, ainda, com um bom programa de desenvolvimento; e
3. ser um ponto focal, atraindo bons profissionais identificados com a cultura da empresa.

Vantagem competitiva para a empresa a partir da transformação da educação corporativa

Para melhor explorar estes conceitos, será contada uma experiência ocorrida em uma empresa brasileira que abordará como a era digital transformou a educação corporativa e trouxe importantes reflexos para o bem-estar do trabalhador.

Em 2019, a área de desenvolvimento de pessoas da referida empresa mapeou algumas unidades que estavam apresentando problemas relacionados à produtividade visando promover um ambiente de bem-estar. Naquele contexto, entendeu-se bem-estar como uma dimensão de felicidade no trabalho que representava o quanto um indivíduo conseguia demonstrar suas habilidades pessoais para o enfrentamento de situações de estresse.

Uma determinada unidade apresentou queixas recorrentes relativas a desgaste físico e falta de reconhecimento. Tais elementos, juntos, acarretavam, segundo os gestores, queda de produtividade, tendo sido, portanto, a escolhida para uma intervenção mais direcionada.

A intervenção foi dirigida a 32 empregados da mesma unidade divididos em dois grupos. Essa divisão ocorreu após terem participado de uma anamnese ocupacional composta por perguntas relacionadas:

1. ao trabalho;
2. a treinamentos recebidos para melhor execução das atividades do setor;
3. à organização do trabalho;
4. às exigências físicas, mentais e psicológicas sofridas;
5. às condições de trabalho e de vida fora do trabalho;
6. à trajetória profissional na empresa; e
7. como a inserção de novas tecnologias estava interferindo em todo esse contexto.

Numa segunda etapa, todos passaram pela técnica da observação *in locus*, quando foram observadas as condições de trabalho naquele ambiente. Foram fornecidos treinamentos de situações desencadeadoras de estresse, exposição a agentes considerados tóxicos, momentos de relaxamento grupal, conversas entre pares, tipo de relacionamento estabelecido entre os colegas e os contextos em que as fragilidades emocionais surgiam.

Chamaremos de Grupo A aquele composto por dezenove empregados cujas respostas evidenciaram indícios de adoecimento intimamente relacionado ao trabalho.

Em função das respostas colhidas nessa etapa e informações individuais posteriores, concluiu-se pela adoção de um modelo multiprograma com a duração de seis meses, composto por:

1. inclusão digital;
2. programa de treinamento para as tarefas identificadas como mais vulneráveis;
3. atividades físicas em espaço destinado a esse fim custeado pela empresa;
4. atividades culturais e de lazer mensais com a participação da família;
5. terapia cognitivo-comportamental por três meses focada na queixa principal de cada um;
6. mais participação nas decisões relativas às tarefas por eles executadas;
7. feedbacks de gestores e pares, e
8. técnicas de relaxamento.

Após esse período observou-se em 80% dos colaboradores uma significativa mudança comportamental, privilegiando a própria saúde no ambiente de trabalho, tendo como resultados: relações mais harmônicas entre pares, respeito às diferenças, comunicação não violenta, menores índices de atestados médicos, maior engajamento nas tarefas. Isso se refletiu nos aspectos cognitivos de atenção, memória e engajamento.

Por sugestão deles foram também incrementadas ações para gestores com vistas a reconhecerem no trabalho situações que pudessem comprometer de maneira significativa o bem-estar desses trabalhadores.

Uma análise que merece destaque foi a realizada após comparar o desempenho no trabalho dos empregados dos dois grupos depois da participação do Grupo A no multiprograma. Segundo os gestores, o Grupo B — composto por 13 empregados que não haviam evidenciado sinais de adoecimento em ambiente de trabalho — demonstrou sentir-se "pouco à vontade" com os demais colegas.

Por força das impressões desses gestores, a área de desenvolvimento de pessoas decidiu realizar uma abordagem com ambos os grupos com vistas a entender melhor a questão apresentada pelos gestores.

O resultado foi surpreendente. O Grupo A repercutiu tão positivamente a sujeição ao multiprograma que acabou por evidenciar ao Grupo B que habilidades sociais, pessoais e um programa de treinamento bem dimensionado é algo que precisa ser reconhecido e estimulado se queremos investir no capital humano.

Essa experiência evidenciou, ainda, que empresas que priorizam a educação corporativa como diretriz estratégica e atribuem alto valor às considerações de seus empregados relativas ao trabalho tendem a apresentar escores de produtividade maiores que as demais. Esse tipo de empresa considera que empregados cujo potencial humano é fortalecido e valorizado possuem uma tendência maior ao engajamento.

Considerações finais

As empresas que buscam consolidar-se em seu setor de atuação precisam aplicar novas tecnologias, adotando uma postura inovadora com a implementação de programas de educação corporativa contínuos para o desenvolvimento dos colaboradores e gestores.

Com o advento da inclusão digital, urge o desenvolvimento de programas de educação corporativa que visem encontrar soluções para a gestão do conhecimento, fomentar novas habilidades e atitudes para os seus colaboradores. A educação corporativa, com uso de ferramentas digitais, é um meio de aprimorar o processo de treinamento de colaboradores e gestores, de todas as suas áreas.

Este capítulo permitiu concluir que o bem-estar no trabalho e o clima organizacional positivo facilitam as relações no trabalho, promovem o engajamento e facilitam os ganhos de produtividade — o que é fator fundamental para o sucesso da organização.

Referências Bibliográficas

CHIAVENATO, Idalberto. **Administração Geral e Pública.** Rio de Janeiro: Elsevier, 2008.

KARPATI, Andrea. **Digital literacy in education.** Moscou: UNESCO, 2011.

LUTHANS, Fred. **Organizational Behavior.** Nova York: McGraw-Hill/Irwin, 2011.

MARRAS, Jean Pierre. **Administração de Recursos Humanos.** São Paulo: Saraiva, 2016.

MEISTER, Jeanne. **Educação corporativa.** São Paulo: Makron Books, 1999.

QUARTIERO, E. M. & CERNY, R. Z. **Universidade Corporativa**: uma nova face da relação entre mundo do trabalho e mundo da educação. São Paulo: Cortez, 2005.

TARAPANOFF, Kira. **Inteligência, Informação e Conhecimento.** Edições Unesco, 2006.

TAYLOR, Frederick. **Princípios de Administração Científica.** 9. ed. Rio de Janeiro: LTC, 2020.

CAPÍTULO 4

Mentoria:

conhecimento para ir mais longe

Thiago Correia[1]

Introdução

A humanidade vem aprendendo há milênios por meio de conversas. E isso acontece no mundo todo, independentemente da cultura e geografia, pois resolve uma necessidade de todas as pessoas: aprender com o outro, trocar experiências com alguém mais experiente — o mentor — para se inspirar, gerar insights e fazer melhores escolhas.

Sabemos que conversas encurtam distâncias, principalmente quando é com alguém que já percorreu um caminho que você quer trilhar.

A mentoria, vem se tornando também uma ferramenta essencial no desenvolvimento pessoal e profissional no mundo contemporâneo. O mundo vem se transformando cada vez mais rápido. Aprender, desaprender e continuar aprendendo se tornou a habilidade mais importante e valorizada nos dias de hoje. A inteligência artificial (IA) já faz parte do nosso dia a dia. A possibilidade de conhecimento ágil e personalizado ganha cada vez mais relevância.

1 Thiago Correia é CEO e cofundador Top2You.

Diferença entre Mentoria e Coaching

Primeiramente, vale destacar que tanto **coaching** quanto **mentoria** fazem parte de um mesmo guarda-chuva de desenvolvimento humano e, por esse motivo, ambos são válidos.

Coaching envolve uma metodologia e uma certificação. Logo, para alguém atuar como coach, precisa se certificar — independentemente de sua formação e experiência profissional (engenheiro, advogado ou professor de educação física).

Em uma sessão de coaching, se o coachee perguntar ao coach: "Estou em dúvida se devo tomar a decisão A ou B. O que você acha?", o coach, por metodologia, só pode responder com outra pergunta: "O que você acha que deveria fazer, uma vez que a resposta está dentro de você".

Mentoria não necessita de uma certificação em uma metodologia, pois envolve uma dinâmica mais livre e assertiva.

Em uma sessão de mentoria, se o mentorado perguntar ao mentor: "Estou em dúvida se devo tomar a decisão A ou B. O que você acha?", o mentor, baseado em sua experiência pode dar uma resposta direta: "Nem A nem B. Você já considerou o caminho C?"

As necessidades são complementares. Para quem busca autoconhecimento, o **coaching** pode ser mais apropriado. Para quem busca conversas mais assertivas e direto ao ponto, a **mentoria** é a melhor opção para gerar insights e tomadas de decisão.

Papéis e responsabilidades do mentor e mentorado

O **mentorado** é o protagonista no processo de mentoria. Essa pessoa é responsável por iniciar o contato com o mentor, estabelecendo o escopo da interação (*briefing*), preparando-se adequadamente para cada sessão e formulando perguntas pertinentes. Após o encontro, cabe ao mentorado avaliar sua utilidade e aplicar os insights e conhecimentos adquiridos na prática. O sucesso do processo depende do seu comprometimento com a aprendizagem, da disposição para acolher feedbacks e ideias novas, da habilidade de comunicar claramente seus objetivos, expectativas e inquietações, e da proatividade em capitalizar as oportunidades de aprendizado que surgem.

O **mentor** atua como uma fonte de inspiração e estímulo para a ação. Sua função é prover orientação e conselhos fundamentados em sua experiência pessoal e profissional. Ele tem o papel de encorajar e apoiar o mentorado ao longo de seu desenvolvimento, fornecendo feedback construtivo que promove o crescimento. Além disso, o mentor auxilia na ampliação da rede de contatos do mentorado, abrindo portas para novas oportunidades e conexões.

Programas de mentoria

A mentoria é um acelerador de gente e de resultados de uma organização. Isso acontece quando um programa é criado considerando os desafios reais da organização, os objetivos e o que será definido como sucesso. Questões sobre talentos, sucessão, cultura são alguns exemplos, e definir os KPIs antes mesmo do início do programa é prática fundamental a ser considerada.

Por exemplo, uma grande mineradora brasileira usou a mentoria para um desafio específico: dobrar o percentual de mulheres em posições de liderança de 15% para 30% até 2030. Foi construído um programa a partir desse objetivo real — um compromisso público dessa empresa frente ao mercado e à sociedade.

Após um planejamento sobre como acelerar esse resultado, o programa em um ano rodou mais de 2 mil sessões de mentoria para mulheres e aumentou em sete pontos percentuais o indicador definido como sucesso. O CEO dessa empresa, em uma reunião para o mercado, reconheceu o avanço e disse que estavam antecipando em cinco anos esse compromisso. Não mais em 2030; atingiriam o resultado em 2025.

Assim como esse exemplo, há diversos *cases* interessantes a partir de desafios reais. Isso faz com que os programas de mentoria sigam como um aliado estratégico para novos desafios e objetivos de longo prazo.

Um programa de mentoria vai muito além de um conjunto de sessões de mentoria. Envolve um olhar estratégico do que se deseja transformar e uma experiência completa, do início ao fim para mentores, mentorados e gestores do programa.

Todos falam sobre o tema retorno sobre o investimento (ROI). A matéria é relevante e precisa ser mensurável. Mas a verdade é que as pessoas estão esgotadas. Por isso, para as organizações, o engajamento permanece sendo uma preocupação prioritária. No entanto, mesmo alcançando altos níveis de engajamento, isso representa apenas o início da jornada, uma vez que ainda há a necessidade de ser aplicado na prática e, por sua vez, pode ou não gerar resultados. Só aí é que entra o ROI.

Benefícios da mentoria

A mentoria, por ser uma troca de experiências, oferece benefícios significativos para todas as partes envolvidas: mentorados, mentores e as organizações em que atuam.

Para o mentorado: é o ouvido que escuta, a palavra que estimula. O relacionamento de mentoria permite que o mentorado adquira novas habilidades interpessoais e de liderança — fundamentais para o crescimento pessoal e profissional. Por meio de um mentor, os mentorados têm a oportunidade de acessar e se conectar com uma rede mais ampla de profissionais. Esse networking pode abrir portas para oportunidades de carreira, colaborações e insights valiosos sobre diferentes indústrias ou áreas de especialização. A interação com um mentor proporciona ao mentorado uma nova visão sobre desafios e situações. Essa troca de ideias enriquece a capacidade do mentorado de analisar situações e tomar decisões mais informadas.

Para o mentor: ao orientar mentorados, os mentores aprimoram suas habilidades de liderança. Eles aprendem a motivar, inspirar e influenciar os outros — capacidades essenciais para a gestão eficaz. O mentor contribui para o crescimento e sucesso de outra pessoa e oferece uma sensação de realização pessoal. Muitos mentores relatam uma sensação de rejuvenescimento e satisfação ao verem o impacto positivo de seu trabalho nos seus mentorados. Ao orientá-los, os mentores também têm a oportunidade de revisitar e atualizar seus próprios conhecimentos. Esse processo de ensino pode revelar novas ideias e abordagens, mantendo os mentores engajados e informados sobre as tendências atuais.

Para as organizações: ao facilitar a troca de ideias entre diferentes gerações e níveis de experiência, a mentoria pode estimular a inovação. Novas perspectivas e a colaboração entre mentores e mentorados podem levar a soluções criativas e avanços significativos. A mentoria fomenta uma cultura de aprendizagem contínua dentro das organizações. Isso promove um ambiente onde o conhecimento é valorizado e compartilhado, incentivando todos a buscar o desenvolvimento contínuo. Programas de mentoria demonstram um investimento no desenvolvimento dos funcionários, o que pode aumentar a satisfação e lealdade ao trabalho. Isso reduz a rotatividade e retém talentos valiosos dentro da organização. Ao acelerar um grupo com mentores experientes, uma organização pode antecipar, por exemplo, a prontidão de sucessores de três anos para um ano e, assim, cobrir posições estratégicas da organização.

Como estruturar um programa de mentoria

Antes de iniciar um programa de mentoria, é fundamental definir as necessidades da organização. Um problema bem definido é um problema 50% resolvido. Isso envolve estabelecer objetivos claros e mensuráveis para o programa. Estes podem variar desde o desenvolvimento de habilidades específicas até o aumento da satisfação no trabalho ou a promoção de diversidade e inclusão. É importante também identificar os resultados desejados, tanto para os mentorados quanto para a organização — como melhorias na performance, desenvolvimento de liderança ou fortalecimento da cultura organizacional, além de decidir os recursos necessários — como tempo, orçamento e ferramentas. Envolver líderes e outros *stakeholders* é fundamental para obter apoio e recursos. A liderança deve estar alinhada com os objetivos do programa de mentoria.

Escolha de mentores

Há duas opções no processo de escolha de mentores:

- **processo autodirigido:** permite que o mentorado tenha liberdade de escolha com quem falar, quando falar, sobre o que falar; e
- **processo direcionado:** também conhecido como "*matching* forçado", pré-define as duplas considerando critérios pré-estabelecidos.

Apesar de o processo direcionado ser o mais tradicional, programas autodirigidos têm se mostrado mais potentes, pois eliminam vieses e escolhas óbvias. No processo autodirigido, as escolhas não óbvias geralmente são surpreendentes. Mas no final do dia, o mentorado é o líder do processo e deveria ter autonomia para escolher a sua jornada.

Avaliação e acompanhamento do progresso

Deve-se estabelecer um sistema para monitorar regularmente o progresso do programa e das relações de mentoria individuais. As melhores opções incluem uma avaliação a cada sessão realizada e um dashboard para que o gestor do programa entenda o que vem dando certo e que pontos de atenção precisam ser endereçados.

Também é preciso coletar feedback de mentores e mentorados e fazer ajustes conforme necessário para garantir que o programa atenda aos seus objetivos, além de avaliar o impacto do programa em intervalos regulares, usando métricas predefinidas alinhadas aos objetivos do programa.

Ao longo de todo o processo, é importante manter uma comunicação clara e aberta com todos os envolvidos. Isso inclui fornecer orientações claras, oferecer suporte contínuo e celebrar sucessos. Um programa de mentoria bem estruturado e gerenciado pode ter um impacto significativo no desenvolvimento individual e no sucesso organizacional.

Desafios e soluções na mentoria

Implementar um programa de mentoria eficaz pode trazer uma série de desafios. Reconhecer e abordar esses desafios é crucial para garantir o sucesso e a eficácia do programa. Em ambientes diversificados, diferenças culturais e de comunicação podem criar mal-entendidos ou desconforto entre mentores e mentorados.

A solução passa por proporcionar treinamento regular em diversidade e inclusão para mentores e mentorados, ajudando-os a entender e respeitar as diferenças culturais. Letramento racial e racismo estrutural são exemplos de conteúdos e discussões que ajudam a criar uma melhor conexão entre mentores e mentorados. Também favorecem essa melhor conexão incentivar práticas de comunicação eficaz, respeitando as nuances linguísticas e culturais e encorajar uma abordagem empática e aberta, permitindo que ambos os lados expressem suas preocupações e perspectivas.

O futuro da mentoria: tendências, desafios e oportunidades

O mundo da mentoria está evoluindo rapidamente, impulsionado por avanços tecnológicos e mudanças nas dinâmicas de trabalho. Compreender essas tendências emergentes e os desafios associados é fundamental para aproveitar ao máximo as oportunidades que elas oferecem.

Mentoria online: A digitalização e a flexibilidade do trabalho remoto têm impulsionado a mentoria online. Plataformas online facilitam conexões entre mentores e mentorados, independentemente de sua localização geográfica. Isso expande significativamente o alcance e a acessibilidade da mentoria, permitindo que mais pessoas se beneficiem de orientação personalizada.

Inteligência Artificial (IA): A IA está começando a desempenhar um papel na mentoria, com sistemas capazes de recomendar pares de mentorados baseados em algoritmos de compatibilidade. Além disso, a IA pode ser usada para monitorar o progresso e fornecer insights e feedback, tornando o processo de mentoria mais eficiente e adaptado às necessidades individuais. Ainda assim, a IA ainda não consegue prever se, por exemplo, o "santo vai bater" entre mentores e mentorados. A liberdade de escolha continua sendo imbatível como "*last mile*", mesmo apoiado por IA.

Conclusão e chamada para ação

O futuro da mentoria é vibrante e cheio de potencial. À medida que abraçamos as novas tecnologias e tendências — como a mentoria virtual e a IA — devemos também estar atentos aos desafios que elas apresentam. É importante buscar um equilíbrio entre a inovação tecnológica e a essência humana da mentoria, garantindo que as conexões sejam significativas e benéficas para todas as partes envolvidas.

Organizações e indivíduos devem se esforçar para adaptar-se a essas mudanças, explorando novas ferramentas e abordagens, enquanto mantêm o foco no desenvolvimento humano e profissional. O futuro da mentoria não está apenas nas mãos da tecnologia, mas também na capacidade de cada um de nós de se adaptar, aprender e crescer por meio destas novas oportunidades. Agora é o momento de abraçar essas mudanças, investir em programas de mentoria e moldar um futuro em que a orientação e o desenvolvimento contínuo sejam acessíveis a todos.

CAPÍTULO 5

Novos Interlocutores na Educação Corporativa em Tempos de Transformação Digital no Mundo Vuca

Ana Claudia Freire[1]

Os interlocutores da educação corporativa

O mundo mudou e os interlocutores na educação corporativa se expandiram — e suas características diferem entre si. Falamos de *baby boomers*, geração X, geração Y, geração Z. Para Rodrigues (2023) "os jovens são antenas para captar o espírito do tempo". Mas por que é importante capturar o "espírito do tempo"?

[1] Ana Claudia Freire possui 32 anos de experiência liderando áreas de RH em empresas nacionais e multinacionais, como: Xerox, White Martins, Vale, Radix, Brookfield e IBM. Atuou também em áreas de negócio, liderando áreas de Gestão do Conhecimento e Gestão da Inovação. Atualmente está na Infotec Brasil como Diretora RH – Brasil. Ela possui mestrado em engenharia de produção e MBA em gestão do conhecimento e inteligência empresarial ambos pela COPPE/UFRJ, além de ser especialista em tecnologia educacional pela UCAM e graduada em pedagogia pela PUC/RJ. É coautora de livros na área de educação corporativa, gestão do conhecimento e gestão da inovação. Foi professora em cursos de pós-graduação e/ou projetos customizados na Fundação Dom Cabral, IBMEC e PUC.

Simples. Porque é por meio dele que vamos entender o impacto das gerações anteriores e o impacto das tendências sobre a atualidade.

Portanto, se vamos elaborar uma estratégia de educação corporativa, não podemos deixar de considerar o que a história e as tendências estão norteando.

A primeira coisa que precisamos entender é que, embora toda geração tenha sua peculiaridade, nenhuma, em nenhum tempo anterior, nasceu imersa em tantas tecnologias e redes como essa atual. Só isso já nos dá sinais de como esse novo interlocutor da educação corporativa vê o mundo que o cerca.

Mas as diferenças não param por aí! Até a geração anterior — chamada de Y e que compreende os nascidos entre 1981 e 1996 —, podemos dizer que os que nasceram nessa geração são "adaptados digitais". Isso porque, aprenderam a conviver com as novas tecnologias e não nasceram imersos nelas. Já os nascidos a partir daí são considerados "nativos digitais". E isso muda tudo. Muda tudo porque altera a forma como esses novos interlocutores pensam, como o *mindset* deles opera — e que é totalmente diferente de um adaptado digital, que ainda traz consigo referências de um mundo analógico que ele teve que ressignificar. Esse novo interlocutor, o nativo digital, não lidou com outras referências se não as digitais, portanto, não precisou ressignificá-las. Já nasceu operando com novas referências e que envolvem: difusão da tecnologia digital, internet e o *mobile* (representado principalmente pelos smartphones que traduzem essa mobilidade).

Essas novas referências influenciam nas características desses novos interlocutores que agora possuem infinitos recursos para controlar cada passo da sua vida, vivem múltiplas realidades presenciais e digitais ao mesmo tempo, consomem e cruzam muita informação visual complexa e são hipercognitivos.

Todas essas influências também afetam a forma como esses novos interlocutores se representam e querem ser reconhecidos. Para eles, o que os qualifica é ser:

- **undefined ID** — o importante é não se definir;
- **comuna holic** — agem pelo senso de comunidade;
- **dialoguers** — lógica da construção; não da ruptura; e
- **realistics** — vivem a vida de forma pragmática

É essa forma de se reconhecer e de querer ser representado que influencia nas expectativas desses novos interlocutores. Mais do que ideologia ou status, representações que qualificaram outras gerações, nesta, esses interlocutores buscam "experiência". Mas a experiência nesse caso não quer dizer quantidade de vivências profissionais, como aquelas que listamos em um currículo. Aqui, experiência significa a qualidade, o impacto, o espaço de voz e contribuição que terão para realizar seu propósito, sua causa e para deixarem sua marca pessoal — seu legado para o ambiente em que estão e para a humanidade.

É exatamente essa busca por experiências significativas que também traz para esses interlocutores uma expectativa por vivenciar diferentes "*locus*". Isso quer dizer que, diferentemente de outras gerações de interlocutores que buscavam estabilidade, segurança, que queriam estar e permanecer em somente uma organização, trabalhando em horário comercial, esses novos interlocutores anseiam por diferentes "*locus*" para realizarem seu propósito e, por isso, a expectativa de relações de trabalho também se altera.

Esses novos interlocutores reconhecem em diferentes "*locus*" a possibilidade de impactar de maneira distinta, e por isso buscam a complementariedade entre os "*locus*". Isso quer dizer que para a realização de seus propósitos, podem estar vinculados a uma organização, mas também a uma ONG, a um trabalho voluntário, sendo professores em instituições de ensino... enfim, um só "locus" não dá conta da necessidade desses interlocutores de expressarem seu propósito. Sendo assim, suas expectativas sobre as relações de trabalho também mudam. Querem fluidez, almejam possibilidades de manejar esses múltiplos "*locus*" sem amarras a nenhum em específico. Daí a ideia de trabalho *fulltime* e em horário comercial não cabe mais.

Esses novos interlocutores transitam por "ecossistemas" que se articulam e interagem entre si, formando uma cadeia de valor que convive e trabalha "com" as organizações e não mais "para" elas. Essa mudança impacta, inclusive, o desenho organizacional, uma vez que o "dentro e fora" da organização passa a ser volátil e muitas vezes até inexistente ou, em outras, existindo durante uma demanda por produção ou serviço e se desarticulando logo em seguida.

Isso altera totalmente a maneira das empresas se relacionarem com esses novos interlocutores a começar da "seleção". Ora, quem seleciona quem agora? Será que escolher o candidato continua sendo somente uma prerrogativa da organização? Seguindo essa linha, que candidato, se agora esse interlocutor não trabalha mais "para" a organização e sim "com" ela? Isso sendo verdade, a forma das organizações se relacionarem acaba precisando se alterar também. Esses novos interlocutores estão em busca de organizações que possam convergir com seu modo de pensar e agir, seus valores e propósito. Portanto, o que eu comunico e, principalmente, faço como empresa, representa muito para esses interlocutores. Eles querem se associar com organizações que lhes permita impactar, realizar sua causa maior e, nesse sentido, esses novos interlocutores consideram muito a reputação das organizações naquilo que elas contribuem para o entorno e para a humanidade em geral. Isso faz com que eles vejam as organizações como parceiras e tornem-se ou não seus *followers* ou *likers*.

O que fica claro, então, nessa nova forma de relacionamento com esses interlocutores é que precisamos, enquanto RH e área de educação

Figura 1 Diagrama de Relações

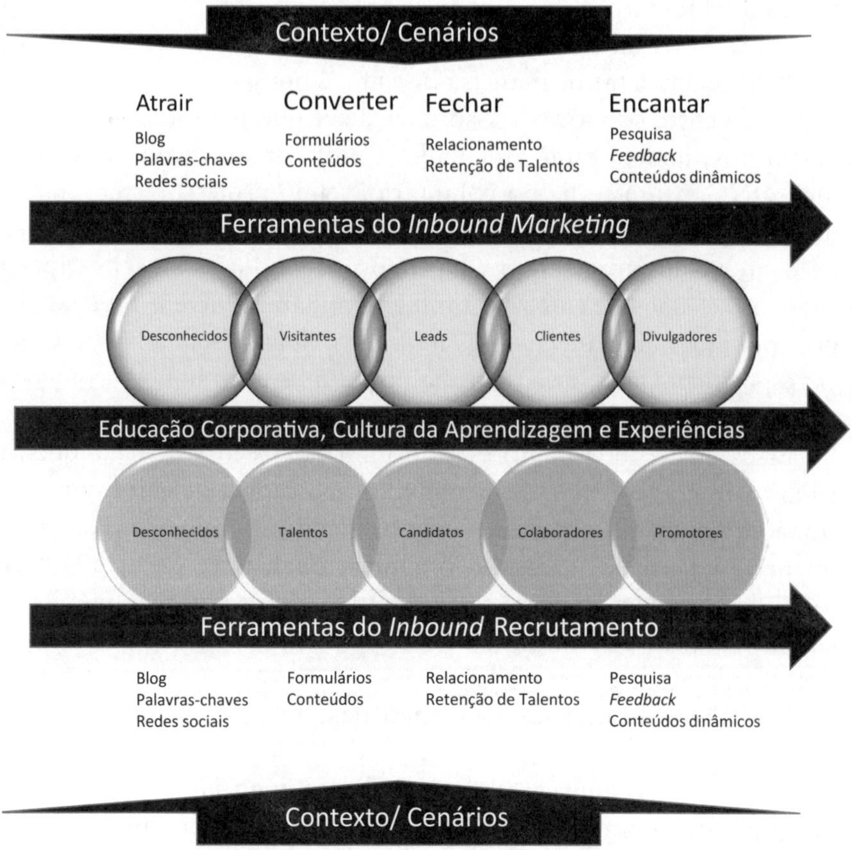

Fonte: A autora

corporativa, conhecer a sua "jornada". E, nesse sentido, o marketing tem muito a nos ensinar. O *inbound marketing*, metodologia contida no marketing, traz pistas importantes sobre as novas bases desse relacionamento. Basta pensar nesse novo interlocutor como "cliente", conforme apresenta o diagrama de relações na Figura 1.

Como é possível observar, o *inbound marketing* já influencia a forma que se "recruta" (termo que também teremos que alterar em breve) esses novos interlocutores. Isso porque a forma para comunicar e construir relacionamentos com esses novos interlocutores implica em novas etapas dessa jornada — bem distinta das antigas práticas de recrutamento e seleção.

Agora, imaginem a educação corporativa. Como educar "para fora"? Para parceiros e não para colaboradores, onde engajar e provocar interesse se torna decisivo para adesão, e não mais um e-mail de convocação para treinamento. Claro que esse exemplo é estereotipado, mas é de propósito, para nos provocar a refletir se estamos ou não operando na lógica desses novos interlocutores ou o quão distante ou próximo estamos desse tipo de relacionamento quando concebemos nossa estratégia de educação corporativa.

A realidade de mercado e a educação corporativa

Assim como há agora novos interlocutores, com novas características e expectativas que precisam ser consideradas na estratégia de educação corporativa, do mesmo modo identificamos uma nova realidade de mercado, como novas variáveis com que precisaremos lidar e integrar em nossas estratégias.

Estamos na era da hiperconexão! Podemos traduzir isso em números, quando observamos que até final do ano de 2020 já eram 6 bilhões de pessoas conectadas. Isso significa 2/3 da humanidade instrumentalizada e com poder de ação por intermédio da rede, principalmente pelos smartphones.

Em se tratando de impactos coletivos, isso mostra que o poder TRADICIONAL, representado pelas instituições passa a compartilhar cada vez mais espaço com a POTÊNCIA vinda das pessoas. Em termos individuais, a abundância significa inúmeras "possibilidades identitárias". Ou seja, antes divididos em caixinhas, indivíduos agora quebram a visão estereotipada sobre si para ressignificar a própria existência. O que advém daí é a "quebra da norma", isto é, quebra do conceito de idade, de classe, de gênero.

No que se refere a novas tecnologias, há uma avalanche delas participando do nosso dia a dia, quer percebamos ou não. As oito tecnologias que mais impactam a forma como vivemos atualmente, são: **networks, sensor, *blockchain*, impressora 3D, robôs, biologia sintética, realidade virtual** e **inteligência artificial.** Pare e analise se agora, nesse exato momento, você não está sendo impactado por uma delas — ou até mais de uma.

Diante de tantas influências, muda também (ou deveria mudar) a forma de pensar negócios e organizações. Então, temos um *mindset* tradicional e outro o *mindset* digital (Figura 2).

Figura 2 *Mindset* tradicional e *mindset* digital

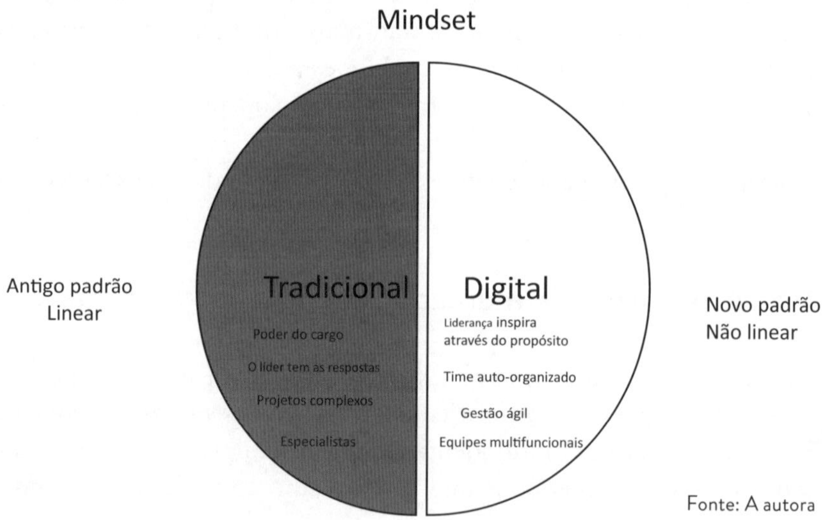

Fonte: A autora

Muda também a economia. Aparece a "*Gig Economy*"[2], ou economia sob demanda. Segundo uma pesquisa da *Forbes*, em 2020, já se previa que 42% da força de trabalho americana seria de "*gig workers*", que são os trabalhadores sob demanda — ou, se preferirmos, os freelancers, autônomos, profissionais com contrato por tempo determinado ou que trabalham por projetos.

Se relacionarmos esse modelo de economia às expectativas dos novos interlocutores, observem como convergem perfeitamente! Isso atende à expectativa de atuarem em diferentes "*locus*" como já exploramos no item anterior.

[2] A matéria sobre a economia Gig está disponível em: https://forbes.com.br/carreira/2022/10/fernanda-abilel-desafios-da-remuneracao-na-era-da-gig-economy/

Enfim, são muitas as influências dessa realidade de mercado que traz consigo uma revolução digital jamais vista: novos interlocutores e suas relações na sociedade, um veloz fluxo cultural, social e econômico, uma ressignificação das relações de trabalho e um novo modelo de carreira. E, se são muitas essas influências alterando a realidade de mercado, é impossível que a educação corporativa não seja impactada.

Os impactos na educação corporativa

Há uma questão que precisamos parar e refletir acerca. Ela versa sobre como ficam as empresas diante do novo modelo que se apresenta na atualidade em toda a sociedade e que alcança o mundo do trabalho (Figura 1).

A provocação acima é bastante oportuna para representar o volume de indagações (e muitas outras que não couberam aqui) a partir de todas as mudanças sobre as quais comentamos anteriormente.

Não podemos mais adiar esse debate! As pesquisas já indicavam que no ano de 2020 o conhecimento humano dobrava a cada 12 horas, enquanto em meados do século XX demorava 25 anos para o conhecimento humano dobrar. É impossível, portanto, não pensarmos em como temos que ressignificar a atuação da educação nas empresas.

Figura 3 O novo modelo

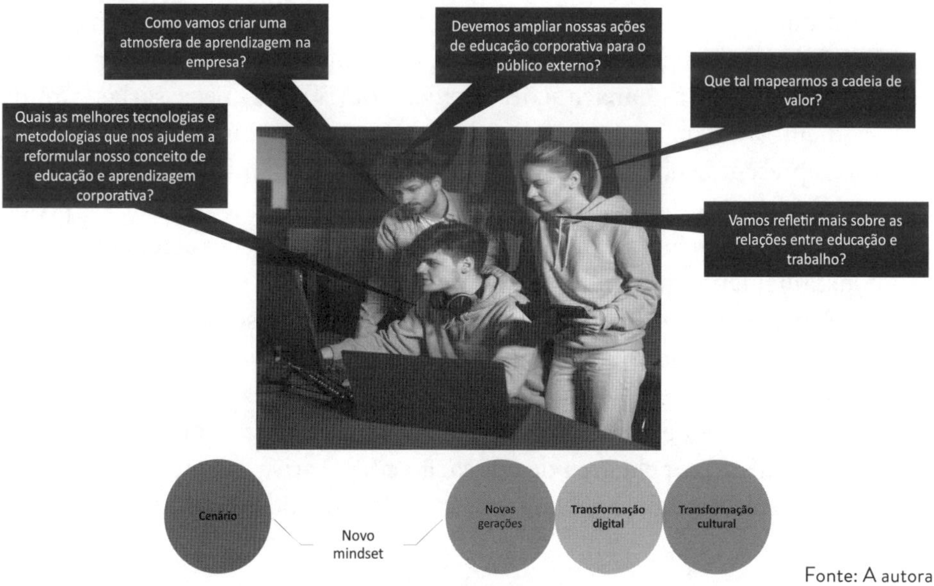

Fonte: A autora

Se o volume de conhecimento que circula é tamanho e se altera com tal velocidade, como faremos conviver trilhas de aprendizagem que perdurem por anos? Como fazer conviver o modelo de trilhas baseadas em competências se as necessidades são tão plurais, múltiplas e se alteram tão rapidamente?

O que se preconiza, portanto, é que se passe de um modelo de provedor de soluções de aprendizagem para um modelo de "curadoria", em que o objetivo principal é proporcionar experiências significativas, relevantes e adaptadas às necessidades e interesses de cada indivíduo — considerando que essas se modificam ao longo do tempo.

Entra em cena, então, o conceito de *lifelong learning* (aprendizagem ao longo da vida), construído a partir de um movimento da empresa e, para viabilizá-lo, conta-se também com o movimento individual de busca. Para compatibilizar esses movimentos, o *machine learning* (aprendizagem de máquina) tem se mostrado muito aderente, pois ele permite que sejam construídas trilhas customizadas para cada indivíduo a partir dos inputs que a máquina recebe daquilo que ele acessa e se interessa.

Para dar conta dessa função curadora, caberá à educação corporativa estabelecer múltiplas parcerias com diferentes naturezas de parceiros, assim como viabilizar acesso a diversos formatos que possam atender a diferentes estilos de aprendizagem.

Diante de tudo o que foi exposto, então, fica claro que o papel das empresas passa a não ser mais prover soluções — visões idealizadas do mundo, por meio de conteúdos ou formas —, mas sim empoderar pessoas para que façam e sejam o que quiserem, gerando mais abundância e ajudando a resolver grandes questões da humanidade. Isso não quer dizer que caem por terra as capacitações técnicas ou NRs — necessárias a muitos segmentos —, mas que agora é preciso que se dê mais atenção ao que elas vão representar no todo que impactam, como comunicaremos isso e como convergir esses requerimentos regulatórios com a necessidade de proporcionar experiências a esses novos interlocutores do ecossistema que estará constantemente mudando e se adaptando.

A pergunta-chave que se coloca para pensar ao se elaborar a estratégia de educação corporativa passa a ser: como sua empresa está empoderando as pessoas para resolverem os grandes problemas da humanidade?

Pensar nisso e na cultura organizacional propicia que as mudanças a serem realizadas pela área de educação corporativa — que sejam sustentáveis no tempo — ganhem a atenção nos fóruns de debate atuais.

Uma cultura parceira, fluida e colaborativa deve ser capaz de provocar insights produtivos, questionando a atuação de maneira positiva. Ao mesmo tempo, iniciativas de desenvolvimento devem provocar insights produtivos, que impulsionem o negócio, fortaleçam o branding, gerem receita e desenvolvam a sociedade têm aparecido nesses fóruns como a tônica da educação corporativa nesses tempos de mudança.

Histórico da educação corporativa

Desde a pré-história os seres humanos já treinavam suas habilidades. A caça e a pesca eram aprendidas e repassadas aos mais novos, e se desenvolviam como forma de manter a sobrevivência.

Conforme Chiavenato (2009), "Desenvolva as pessoas e elas desenvolverão a organização". Esse processo (de desenvolvimento das habilidades) passou por diversas transformações à medida que o homem foi descobrindo novas técnicas para a sobrevivência e novos processos de transformações e manufatura.

Num salto no tempo, passamos à época da administração *taylorista* — um importante período de produção em série, cujas tarefas demandaram um novo gerenciamento de recursos humanos.

As transformações no setor de produção visam ao estabelecimento de condições favoráveis às organizações na busca pela competitividade. Vários autores citam que a incapacidade dos trabalhadores em operar nos seus ambientes de produção foi sentida já no século XVIII, prenunciando a importância de investimentos na capacitação profissional.

No século seguinte, isso se comprova, pois, o treinamento passa a ser necessário para o desenvolvimento de tarefas mais especializadas. Estudos históricos esclarecem que o crescimento do trabalho especializado, a partir de 1880, redobrou a atenção para o setor de treinamento, destacando-se dos demais subprocessos da área de recursos humanos nas organizações. Tal crescimento favoreceu a sistematização que, no entanto, se restringia à formulação de programas de treinamento voltados para as habilidades específicas na empresa que, por sua vez, garantia a diminuição dos erros operacionais decorrentes da sua mão de obra, gerando condições para conseguir o perfil ocupacional desejado.

Uma grande inovação para o processo de capacitação dos colaboradores foi iniciada pela GE com a criação de *Crotonville*, que era um espaço físico destinado ao desenvolvimento de líderes. Isso aconteceu por volta da década de 1950, e foi muito inovador para a época pensar em desenvolver as habilidades de gestão dos líderes.

Pode-se dizer que foi aí que se iniciou uma grande guinada na forma de desenvolver os colaboradores. Agora olhava-se para as diferentes "camadas" hierárquicas que constituíam a organização, além de passar a enxergar a necessidade do desenvolvimento de comportamentos e atitudes (como a questão da gestão) e não só das *skills* técnicas.

Essa iniciativa da GE impulsionou a criação de outras "academias" ou "Universidades Corporativas", como McDonald's com a sua *"Hamburguer University"* — uma das mais conhecidas mundialmente.

O mundo estava avançando em termos tecnológicos, e a tecnologia educacional começou a ganhar espaço também. Na década de 1980, o uso de computadores na educação corporativa (EC) já era uma realidade em muitas organizações ao redor do mundo, principalmente as que possuíam capilaridade, ou seja, colaboradores distribuídos em diferentes locais. Nessa fase o uso de *Computer Based Training* (CBT) era intenso.

Na década de 1990, a propagação da internet em todo mundo trouxe novas possibilidades para o treinamento e desenvolvimento. Além disso, houve uma corrida das organizações para adotarem **plataformas**

Figura 4 Educação corporativa e e-*Learning:* aprendizagem em qualquer lugar

Fonte: Freepik

de aprendizagem, chamadas de *Learning Management System* (LMS), que prometiam, como o próprio nome indica, realizar a gestão da aprendizagem. Foi, então, que veio a época pela adesão maciça do chamado *e-learning*, **que prometia o aprendizado *"anytime", "anywhere".***

Já na virada dos anos 2000, o vínculo entre a educação corporativa e a estratégia de negócio aumentou, fazendo com que os profissionais da área de treinamento e desenvolvimento tivessem que ir além do levantamento de necessidades de treinamento (LNT) e mergulhassem fundo na análise da cadeia produtiva, seus processos e subprocessos, mapeando as competências-chave para o negócio, para que, a partir daí — alinhados ao plano estratégico do negócio — fossem traçadas as prioridades de capacitação. Isso fez com que os profissionais tivessem que entender mais do negócio e de seus fatores críticos de sucesso. Isso significa que se muda de um "levantador de necessidades" que apenas pergunta as prioridades do negócio, para um consultor interno em educação, que debate de igual para igual com os gestores onde apostar as fichas de desenvolvimento dos colaboradores de modo a alcançar os resultados almejados.

É nesse contexto que ganham espaço conceitos como o de competências envolvendo **conhecimentos, habilidades e atitudes** (CHA), o conceito de competências de liderança e o conceito de competências organizacionais. Todos são fortemente influenciados pela visão, missão e valores das empresas, que passam a inspirar todos esses conceitos e, mais do que isso, passam a compor as "trilhas de aprendizagem" — metodologia também muito aplicada a partir dessa época.

É a partir dessa fase, também, que se inicia uma relação mais explícita entre educação corporativa e desempenho, na medida em que a análise dos "*gaps* de competências" passam a ser indicadores para avaliação de desempenho.

Depois disso, iniciou-se uma fase em que a ênfase estava na "sociedade do conhecimento". A tônica, agora localizada no valor do capital humano e capital intelectual, mudam os fatores de produção que antes eram terra, capital e trabalho, para o conhecimento, que se qualifica como o diferencial competitivo das organizações. Todos esses conceitos passaram a influenciar bastante a EC, alavancando práticas ligadas à "disseminação do conhecimento", ao "compartilhamento", a "multiplicadores internos" e ao advento das "comunidades de prática". Isso acelerou em muito a conexão com as áreas de negócio, uma vez que essas redes internas de conhecimento se articulavam para responder a desafios do negócio e com isso acelerar a prontidão da empresa para responder aos desafios que se colocavam.

Foi nessa época que a presença forte do conceito e práticas relacionados à inovação também ganhavam espaço nas organizações. E como essas redes de compartilhamento interno e comunidades de prática agilizavam a conexão entre as pessoas fazendo com que os saberes se complementassem, muitas inovações — das mais incrementais até as mais disruptivas — surgiram nas empresas, fruto dessa colaboração entre os próprios funcionários. Isso fez com que essa iniciativa se difundisse muito nas organizações.

Uma nova onda de modernização se iniciou, agora com o movimento do "*ágil*", ou metodologias ágeis. De acordo com essa metodologia, em vez de percorrer todo o processo de produção até alcançar a perfeição de um produto ou serviço, os ciclos devem ser curtos para prototipagem, teste e implementação de soluções para o cliente, de modo que se possa obter o feedback sobre melhorias necessárias. Com isso, é possível realizar ciclos evolutivos de aprimoramento, sempre com vistas a avaliar as falhas, promover e implantar ajustes para colher novos feedbacks. Práticas utilizadas nas metodologias ágeis — como o *design thinking* e *canvas* — passaram a ser incorporadas mesmo antes disso, no desenho da estratégia de educação corporativa, como forma de capturar e proporcionar a melhor "*learning experience*".

O fato é que, se formos considerar todo o processo de evolução das capacitações, podemos dizer que, mesmo com todo o progresso na forma de desenvolver e capacitar pessoas nas organizações, os estágios de evolução de cada empresa são diferentes. Existem as que já estão mais estruturadas e sofisticaram o processo com o tempo e existem aquelas que ainda estão iniciando a profissionalização da área.

Porém, independentemente disso, as empresas já perceberam que investir nas pessoas significa preservar seu principal patrimônio, que é o conhecimento. Agindo assim, as empresas notaram que tendem a aumentar a retenção de talentos, fortalecer a empresa como uma *employer branding*, diminuir o *turnover* — dentre muitas outras vantagens.

Mais do que prover soluções de aprendizagem, entender cenários e tendências não só de educação, mas de negócio, passam a ser atribuição da área de EC.

Como já mencionado, vincular a estratégia de educação à estratégia de negócio implica articular as variáveis que o influenciam, os interlocutores que atuam nos processos produtivos e de serviços, indo além do simples

LNT para diagnósticos de negócio e capacitação combinados e integrados. Dentre muitas práticas adotadas na atualidade pela área de educação corporativa algumas ganham destaque. Vejamos, então:

Pedagogia empresarial: muito além do RH, a pedagogia empresarial estuda maneiras de aprimorar o conhecimento e o comportamento dos colaboradores, utilizando metodologias atuais — como o ensino a distância, **metodologias ativas de aprendizagem** e **gamificação.**

***Microlearning*:** é uma técnica de aprendizado que visa aprimorar os conhecimentos dos colaboradores de maneira sutil e gradual. O *microlearning* é focado em um assunto específico e com aprendizados que duram de dois a cinco minutos o colaborador poderá, ao final de um certo período de tempo, ter aprendido muito sobre o tópico específico. Essa técnica dribla a procrastinação, por exemplo. Os formatos do *microlearning* podem ser: **cursos online, vídeos, podcasts...**

***Coaching*, mentorias e *counseling*:** Por meio de uma assessoria de um coach, mentor ou advisor é possível atuar sobre necessidades comportamentais, atitudinais e até técnicas dos colaboradores. Muitas empresas têm adotado esse método como forma de desenvolver líderes e acelerar a curva de aprendizagem e alcance de resultados.

Learning Experience Plataform* (LXP):** a empresa deve, hoje, não só oferecer todos os recursos que os colaboradores precisam para se desenvolverem, mas também deixar o caminho livre para que sejam protagonistas do seu próprio desenvolvimento. Isso é exatamente o que um LXP pode prover para sua empresa. O ***machine learning entra aqui como um poderoso recurso para apoiar essa experiência personalizada de aprendizagem.

Os desafios da educação corporativa

A educação corporativa no Brasil encontra um desafio muito importante: capacitar profissionais que os "bancos das escolas" não conseguiram formar. Claro que as universidades não perdem o seu papel formador, mas há uma necessidade vital das áreas de educação corporativa atuarem para aproximar o conhecimento teórico da prática e do ambiente real de negócio. Além disso, muitos segmentos extremamente específicos não encontram nas escolas técnicas os currículos necessários para formar nas suas áreas de atuação e, então, recai sobre a empresa a missão de desenvolver e capacitar profissionais que possam atuar em suas áreas de negócio.

Um outro ponto se refere ao processo posterior de capacitação, ou seja, como proporcionar na sequência as condições necessárias para o desenvolvimento pleno do profissional. Daí, portanto, a necessidade de oferecer aos colaboradores uma estrutura adequada para colocarem os conhecimentos adquiridos em práticas no dia a dia, mantendo um monitoramento sobre seu desempenho.

Desse desafio advém outro que se relaciona à mensuração dessa transferência de conhecimento. Historicamente, a área de educação corporativa vem evoluindo muito nas formas de conceber, planejar e implantar projetos de desenvolvimento. A capacitação dos profissionais avançou ao mesmo tempo em que novas metodologias também entraram em cena. No entanto, pouca ênfase se deu em definir e capturar indicadores que verdadeiramente mensurassem a transferência do aprendizado e, com isso, facilitassem a demonstração dos ganhos obtidos por meio da capacitação.

É claro que muito dos entregáveis da educação corporativa envolvem uma mudança de comportamento — o que não é simples medir, pois não é realista "isolar" o fator treinamento e desenvolvimento de uma série de outros que também interferem nas mudanças alcançadas pelo colaborador. Entretanto, poucas pesquisas são dedicadas para encontrar uma saída para esse dilema. Isso seria importante, pois ajudaria as áreas de educação corporativa a defenderem sua contribuição para o negócio e, com isso, pudessem obter mais subsídios e investimentos para outras iniciativas no ciclo orçamentário seguinte.

A consequência disso é que muitos empresários enxergam a capacitação como um gasto e, por isso, desejam que essa despesa apareça o mínimo possível no orçamento. Isso faz com que uma capacitação aconteça em um momento, e que depois o colaborador passe semestres ou anos sem receber a oportunidade de se atualizar ou de se aprimorar.

Em pesquisa realizada pela Associação Brasileira de Treinamento e Desenvolvimento (ABTD) denominada "O panorama do Treinamento no Brasil 2015" mostrou que cada trabalhador recebe, em média, uma carga de treinamento de 16 horas anuais. Já nos Estados Unidos, por exemplo, a média é de quase o dobro do tempo: 31,5 horas (ABTD, 2015[3]).

3 A pesquisa foi realizada pela ABTD. O estudo está disponível em: https://integracao.com.br/mkt/panorama/panorama_T&D_2015.pdf

Além disso, embora 86% das empresas pesquisadas tenham um orçamento dedicado a treinamento, apenas 17% delas têm uma Universidade Corporativa, e 13% não realizam qualquer investimento nesse sentido (*idem*). Esses resultados são reflexos daquilo que o treinamento encontra como desafios e obstáculos no Brasil.

Em um ambiente cada vez mais digital e com um mercado altamente dinâmico, essa falta de consistência de investimentos pode levar a que os colaboradores estejam sempre defasados. Em última análise, isso faz com que o treinamento pareça ineficaz — levando a menos investimentos — quando, na verdade, o problema está na frequência de investimentos ou até na clareza do plano estratégico de negócio para que os investimentos sejam corretamente direcionados.

Um outro ponto importante a abordar é revelado na pesquisa realizada pela FEA–USP de 2009 que mostra que a educação corporativa brasileira é realizada principalmente por grandes companhias. Isso revela uma necessidade de ampliação pelas micro e pequenas empresas (MPEs) (Mamona, 2009[4]).

O levantamento destacou os maiores desafios da educação corporativa no país:

- permitir o acesso irrestrito a todos os públicos internos e externos;
- conscientizar e aumentar a participação das lideranças em todo o processo;
- valorizar a meritocracia como elemento crítico no desenvolvimento das pessoas;
- integrar ações da educação corporativa e as demais áreas das empresas;
- superar barreiras culturais;
- ter mensuração e avaliação apropriadas dos resultados obtidos;
- consolidar práticas existentes no mercado; e
- ter a educação corporativa como elemento indutor da sustentabilidade na empresa.

A pesquisa destacou também que existe uma necessidade de desenvolvimento de redes integradas e de parcerias com universidades.

Foram consideradas tendências atuais da educação corporativa, o uso contínuo das tecnologias de informação, parcerias com outras companhias

4 Matéria sobre a pesquisa realizada por Mamona (2009). Disponível em: https://www.infomoney.com.br/carreira/pesquisa-revela-os-principais-desafios-da-educacao-corporativa-no-pais/

para formação de universidades setoriais, integração entre ações da educação corporativa e as demais áreas e a consolidação de práticas existentes no mercado.

Outro estudo importante realizado que nos dá algumas pistas sobre o cenário da educação corporativa no Brasil é a Pesquisa Nacional sobre Práticas e Resultados da Educação Corporativa. Essa pesquisa foi aplicada em 54 empresas em todo o país, sendo 68% do setor industrial ou de serviços. Destas, 81% eram companhias privadas, 67% tinham capital nacional e 63% atuavam internacionalmente. Sobre o faturamento, 57% estão acima de R$1 bilhão. Além disso, 70% têm mais de mil colaboradores (FEA, 2009).

Para Eboli (2012), em uma das suas obras, os principais desafios da educação corporativa no Brasil são: atuação estratégica, a importância do reconhecimento pela organização do sistema de educação corporativa, avaliação e mensuração de resultados, restrição orçamentária e a promoção do autoconhecimento dos colaboradores.

É importante destacarmos que a atuação estratégica é a razão de ser de uma Universidade Corporativa. E a razão de ser da educação corporativa — que é a atuação estratégica e desenvolvimento de competências — está intimamente ligada com o impacto nos resultados. Então, mais uma vez, esse tipo de desafio é, ao mesmo tempo, um pré-requisito de um bom sistema de educação corporativa.

Por outro lado, Eboli (*idem*) também destaca que sem engajamento da liderança não há como ter atuação estratégica. Sem engajamento da liderança, como promover o reconhecimento da importância do sistema de educação corporativa na organização? É impossível. Sem engajamento da liderança, como promover o autoconhecimento nas equipes? É fundamental. São as lideranças que gerenciam os orçamentos. Então, para superar a questão da restrição orçamentária, é fundamental engajá-las. A autora também reforça que o mesmo acontece quando se trata da avaliação e mensuração dos resultados. É fundamental ter o engajamento das lideranças, a aprendizagem sistêmica e o olhar estratégico para identificar o que é importante mensurar — e como mensurar —, bem como para saber qual será o impacto no negócio.

Sintetizando, engajamento das lideranças é fundamental para superar esses principais desafios e ao mesmo tempo integrar e incorporar as principais tendências de educação corporativa.

Outra importante pesquisadora do tema, a americana Jeanne Meister (1999), explica que, para identificar os desafios da educação corporativa, é importante recuperar o que ela implica. Assim, para a pesquisadora, a educação corporativa é

> uma iniciativa organizacional que visa garantir um processo contínuo e estruturado de aprendizagem vinculada a objetivos estratégicos. Ela pode ser definida como um sistema de desenvolvimento de pessoas pautado pela gestão por competências, cujo papel é o de servir de ponte entre o aprimoramento pessoal e a estratégia de atuação da instituição. Constitui-se numa forma inteligente de as organizações assumirem o domínio do negócio de educação e treinamento, garantindo o melhor aproveitamento de recursos e vinculando os programas de treinamento à produção de competências necessárias para as estratégias do negócio (Meister, 1999).

Segundo Meister (*idem*), o objetivo da educação corporativa é obter um controle mais rígido sobre o processo de aprendizagem, vinculando de maneira mais estreita os programas de aprendizagem a metas e resultados estratégicos reais da empresa. "A essência da organização do século XXI está em trabalhadores com conhecimento culturalmente diverso. Nela, trabalho e aprendizagem são essencialmente a mesma coisa, com ênfase no desenvolvimento da capacidade do indivíduo de aprender." E completa dizendo que "por educação corporativa entende-se um conjunto de práticas educacionais contínuas com visão estratégica de negócios, que possibilitam maior entrosamento do capital intelectual de uma organização".

Considerando essas colocações, observa-se que há desafios expressivos a superar na educação corporativa no Brasil, que passam por posicionamento, investimento, capacitação dos profissionais que nela atuam, capacidade de articular parcerias com instituições que atuem junto a cadeia de valor e mensuração de resultados. Ou seja, desafios nada simples para se encarar, mas que precisam ser tratados se pensarmos na competitividade e sustentabilidade das organizações brasileiras frente a outros mercados na esfera internacional.

As influências das tecnologias e metodologias educacionais na estratégia de educação corporativa

Não é novidade que o avanço tecnológico já impactou e impactará ainda mais o nosso dia a dia. Quando pensamos em educação corporativa, isso não é diferente. Afinal, vivemos em um mundo onde redes sociais e aplicativos tornam nosso cotidiano cada vez mais fácil, rápido e eficiente. Vivemos a chamada era digital. O nosso jeito de aprender e buscar conhecimento mudou com as novas tecnologias.

Novos "professores" surgiram, como *Google, YouTube, TED, Udacity* e *Wikipedia*.

Agora temos conhecimento disponível na palma das mãos, a qualquer hora, de qualquer lugar. Muitas coisas estão acontecendo no mundo para facilitar ainda mais nossa maneira de aprender. Por exemplo, alunos de medicina da Faculdade Israelita de Ciências da Saúde Albert Einstein utilizam óculos de realidade virtual para conhecer os órgãos, ossos, músculos e estruturas do corpo humano (EXAME, 2018[5]). Além disso, computadores capazes de prever mortes prematuras de humanos serão de grande ajuda para a medicina preventiva no futuro (EXAME, 2019[6]).

Na educação corporativa, o cenário não é diferente. O perfil do colaborador mudou muito neste século. Bersin[7] *apud* Brembilla[8] (2023), ao desenvolver seus estudos pela Deloitte sobre o perfil do colaborador do século XXI, apontou que a maioria dos aprendizes não assistirá a vídeos com mais de quatro minutos — além de pertencerem a uma geração de impacientes e distraídos. Eles também navegarão na internet em qualquer momento, três vezes por hora durante o expediente, perguntarão aos seus colegas soluções para os problemas ou compartilharão suas descobertas com seus companheiros. O infográfico da pesquisa mostra outras características do colaborador atual.

Com todas essas inovações e mudanças, será que as organizações estão mudando o jeito de desenvolver pessoas? A área de EC da sua empresa está transformando as formas de levar o conhecimento e utilizando a tecnologia a seu favor? Ou você ainda está usando o modelo tradicional de treinamento?

....

5 A matéria publicada pela ***Exame*** e está disponível em: https://exame.com/pme/com-realidade-virtual-estudantes-de-medicina-entram-nos-corpos/

6 Matéria publicada pela ***Exame*** e está disponível em: https://exame.com/tecnologia/inteligencia-artificial-pode-prever-mortes-prematuras-diz-estudo/

7 O "Encontro com o Aprendiz Moderno" da #Bersin pela hashtag #Deloitte é um infográfico esclarecedor dos desafios enfrentados pelos profissionais de aprendizagem hoje. Fonte: https://www.linkedin.com/pulse/meet-modern-learner-cristina-brembilla/. Acessado em 12 dez. 2023.

8 Brembilla, C. *Meet the Modern Learner*. Disponível em: https://www.linkedin.com/pulse/meet-modern-learner-cristina-brembilla/. Acessado em 12 dez. 2023.

Infelizmente, ainda vemos muitas empresas utilizando um modelo tradicional, inflexível e conservador de desenvolvimento, centrado no professor, no instrutor ou no multiplicador. Transmitir conteúdos faz parte do modelo ultrapassado que tem como base o ensino. Hoje as Universidades Corporativas estão descobrindo a cultura da aprendizagem.

São inúmeras as soluções tecnológicas que estão surgindo a cada dia. A inteligência artificial (IA) está mudando a realidade da sociedade e das organizações — apesar de algumas empresas ainda resistirem às mudanças ou até mesmo não possuírem conhecimento suficiente sobre as tecnologias e o uso de algoritmos. A transformação da aprendizagem está acontecendo, um despertamento inteiro para as novas possibilidades, formatos e tecnologias aplicadas à aprendizagem. É papel das Universidades Corporativas influenciarem as empresas a fim de ofertarem diferentes formas de desenvolvimento de pessoas, tornando o colaborador o protagonista do processo de aprendizado.

Os colaboradores precisam encontrar as melhores condições de aprendizagem e metodologias adequadas aos novos tempos da revolução tecnológica — que cada vez mais toma espaço nesta nossa sociedade digital. Personalizar a aprendizagem é um dos passos para o desenvolvimento de competências a partir do aprimoramento dos processos de aprendizagem. Conforme a pesquisa *Aprendiz Moderno da Deloitte 2023*, os recursos[9] são:

- microlearning;
- conteúdo digital;
- infográficos;
- realidade aumentada;
- realidade virtual;
- *games;*
- *chatbot;* e
- *mobile.*

Como a sua empresa tem usado as tecnologias para desenvolver pessoas?

Segundo Richard Susskind e Daniel Susskind (2021), a Universidade de Harvard matriculou mais alunos online naquele último ano do que em

9 https://www.linkedin.com/pulse/meet-modern-learner-cristina-brembilla/. Acessado em 12 dez. 2023.

383 anos de presencial. Portanto, o alcance de mais alunos foi possível com o uso de tecnologias inovadoras.

As tecnologias permitem um maior alcance de colaboradores que podem ser atingidos pelos processos de aprendizagem online. Conforme Susskind e Susskind (2021), é possível levar simultaneamente o aprendizado para diversos colaboradores, além de realizar essa atividade mais rapidamente. As empresas precisam que as pessoas estejam preparadas para exercer novas ocupações de trabalho. Em função disso, terão que desenvolver competências, e a partir dessa realidade é fundamental que os profissionais dominem determinados conhecimentos e aprendam a aprender.

O *Future of Jobs Report World Economic Forum* apontou as habilidades que serão mais requeridas no futuro. Algumas delas são: solução de problemas complexos, pensamento crítico, criatividade e gestão de pessoas *(idem)*.

Sua empresa segue o modelo de treinamento e desenvolvimento ou migrou para o paradigma das Universidades Corporativas?

A empresa pratica apenas treinamentos presenciais? Os conteúdos são dispersos e são realizados apenas sobre demandas? Seus conteúdos são centrados nos treinamentos técnicos e as ações buscam reter e desenvolver apenas? A agenda está centrada no RH e ações de treinamento de líderes? Se as respostas são afirmativas, então sua empresa e práticas ainda seguem o antigo modelo de T&D. Mas, se a organização procura usar tecnologias e metodologias ativas, está centrada na atração e engajamento de seus colaboradores, adota alinhamento e indicadores estratégicos e realiza a gestão do conhecimento, então sua empresa pode estar no novo padrão e adotando a educação corporativa — e pode ter ou adotar o modelo de Universidade Corporativa.

As Universidades Corporativas descobrirão cada vez mais metodologias e tecnologias que poderão auxiliar no desenvolvimento de competências essenciais para o novo ambiente tecnológico e laboral que está surgindo. Logo, aprender a aprender se torna uma competência para qualquer profissional em qualquer empresa. Para tal, as organizações terão que investir cada vez mais em descobrir novas formas de aprender, investir em mais estudos e pesquisas, além de tecnologias de aprendizagem. Facilitar a aprendizagem será cada vez mais desafiador para o espaço corporativo, ainda que esta não seja uma provocação apenas deste segmento, mas de todas as instituições — sejam do mundo do trabalho ou não, de ambientes formais de aprendizagem ou não.

Será importante conhecer estilos de aprendizagem, considerar as particularidades em relação aos seus processos e mais, levar em consideração a importância de adotar nesses novos tempos pós Covid-19 o hibridismo. Mesclar diferentes tecnologias, metodologias e modalidades ajudará as Universidades Corporativas a implementarem atividades e ações de capacitação em consonância com as estratégias organizacionais.

E o que será necessário para aplicar tais iniciativas?

- conhecer os interlocutores que a universidade corporativa atenderá;
- desenhar trilhas adequadas que facilitem a aprendizagem;
- compreender as influências mercadológicas e de negócios atuais e futuras;
- investigar quais são funções críticas da organização e definir as melhores formas de atuação; e
- entender quais os *gaps* de competências para poder preparar as melhores soluções de aprendizagem.

Figura 5 Novas ocupações e desenvolvimento de competências

Fonte: Freepik

Referências Bibliográficas

CHIAVENATO, I. **Recursos humanos.** Elsevier: Rio de Janeiro, 2009.

EBOLI, M. **Educação corporativa.** Atlas: Rio de Janeiro, 2012.

MEISTER, J. **Educação corporativa.** Makron: São Paulo, 1999.

RODRIGUES, R. CEO da Box 1824 fala sobre comportamento e consumo da Geração Z durante Retail Executive Summit. Disponível em: https://mercadoeconsumo.com.br/16/01/2019/noticias/ceo-da-box-1824-fala-sobre-comportamento-e-consumo-da-geracao-z-durante-retail-executive-summit/. Acessado em 10 nov 2023.

SUSSKIND, D.; SUSSKIND, R. **The future of the professions: how technology will transform the work of human experts.** Updated edition, 2022.

Bibliografia

DEISER, R. **Organizações inteligentes.** Campus: Rio de Janeiro, 2011.

GRANT, A. **Originais.** Sextante: Rio de Janeiro, 2016.

JENKINS, H. **Cultura da convergência.** Aleph: São Paulo, 2006.

KOTTER, J. **Acelere.** HSM: São Paulo, 2018.

LALOUX, F. **Reinventando as organizações.** Voo: Belo Horizonte, 2018.

NANBISAN, S.; SAWHNEY, M. **Cérebro global.** Évora: São Paulo, 2011.

REINAN, Joey. **Propósito.** HSM: São Paulo, 2018.

PARTE 2

Práticas

CAPÍTULO 6

Universidade Corporativa no Mercado Privado de Saúde:

desafios e diferencial estratégico para o desempenho assistencial e institucional

Paloma Rocha Reis[1]
Edmilson Silva Balbino[2]

Introdução

Sabe-se que, atualmente, a característica mais latente da sociedade é a agilidade nas mudanças, que despertam disruptivamente vivências como nunca antes presenciadas. A sociedade 5.0 se apresenta na história após a industrial, mostrando-se com competitividade e altos padrões que precisam ser alcançados por todas as entidades sociais, pois os tradicionais fatores de produção agora são insuficientes (Santos, 2020). Nesse cenário, o conhecimento surge como o novo fator de produção, um ativo intangível valioso e insubstituível (Gonzalez, Martins, 2017).

1 Paloma Rocha Reis é Ms. Enfermeira pela Universidade Federal do Maranhão e Designer de Aprendizagem pela UNDB. É Supervisora Nacional Universidade Dasa – DASA S.A.

2 Edmilson Silva Balbino é Esp. Enfermeiro e Supervisor Nacional Universidade Dasa – DASA S.A.

Dessa forma, a capacidade de as organizações cumprirem eficazmente as suas missões passa cada vez mais pela capacidade de mobilizar o conhecimento que elas detêm em prol de uma aprendizagem organizacional que lhe proporcione uma inovação contínua (Santos, 2020, p. 14).

E antes que se adentre nos meandros focados no cenário da implantação da educação corporativa no mercado de saúde, faz-se necessário compreender algumas características das relações de trabalho e também do cenário de difusão do conhecimento para esse campo, uma vez que sua construção histórica não é apenas simbólica para a compreensão dos desafios atualmente vivenciados pelas empresas. Parte desse contexto confere-se à principal força de trabalho presente no quadro das empresas: a enfermagem, que se destaca como uma ciência e uma profissão jovem (uma vez que se constrói na sociedade com pauta em uma atribuição, uma função marginalizada e relegada à compaixão e solidariedade).

E como a equipe multidisciplinar em saúde se insere num cenário centrado no papel do médico, historicamente, no que tange às posições de poder e à detenção do conhecimento, esse é um desafio que ainda em 2022 reflete nos modelos educacionais das instituições. Pois, quando tocamos nesse meandro oculto do processo de disseminação e gestão do conhecimento em saúde, falamos do que Gorz (1980) caracterizava como divisão parcelar do trabalho, que resumidamente podemos colocar como a divisão do trabalho intelectual e do trabalho manual, onde a monopolização da ciência pelas elites se aloca como mecanismo para uma produção eficaz para o capital. Em publicação recente da Associação Nacional dos Hospitais Privados (ANAHP) sobre as lições aprendidas na pandemia, como cenários estáveis é colocado que "médicos se mantêm como principais tomadores de decisão no tratamento".

O ponto acima é destacado para que minimamente seja possível refletir sobre onde e como o conhecimento é legitimado nesse cenário e considerar que as perspectivas de futuro se inserem em "focar a educação e o engajamento da liderança na mudança cultural, o desenho e a operacionalização de um plano para melhorar a saúde integral dos colaboradores" (ANAHP, 2021, p. 38). É preciso, portanto, pensar em ações, tratativas e modelos em educação corporativa que permitam uma gestão otimizada do conhecimento organizacional.

No modelo de gestão do conhecimento apresentado por Cleveland (1982) *apud* Neris, Rados (2020), o foco é que sejamos capazes de fazer com que esses modelos consigam realizar a conversão de conhecimento. No entanto, para tal há um emaranhado de processos e etapas que precisam ser considerados pelas instituições para que de fato faça-se da educação uma entidade de fins estratégicos para as corporações e que, no cenário saúde, possam, acima de tudo, gerar valor social com uma prática assistencial de alta qualidade.

Para Grant (1996) *apud* Gonzalez; Martins (2017, p.2):

> a vantagem competitiva é alcançada por meio do aperfeiçoamento contínuo e da inovação do processo produtivo e do produto, e o conhecimento é o recurso organizacional que permite à organização desenvolver tais atividades de melhoria e inovação.

Fica evidente que a gestão do conhecimento não é apenas treinamento da forma convencional. Ela se difere, pois envolve um escopo mais pautado em atitudes, proatividade, valores e crenças — ou seja, falar em gestão do conhecimento é falar diretamente de cultura. Pois, o conhecimento coletivo abarca a atuação na cultura e na comunicação organizacional, e se constituem como únicos meios possíveis para que se exerça uma gestão do conhecimento efetiva (Gonçalves Filho; Gonçalves, 2001; Branco, 2006).

Falar de gestão do conhecimento — do instrumento estratégico que solidifica na entidade Universidade Corporativa — é falar intimamente de cultura organizacional, cuja cultura de aprendizagem nasce em simbiose, pois é necessária sua correlação e ambas se alimentam dos mesmos fatores, se uma morre a outra morre em consequência. Por essa razão, no modelo estrutural, esses dois elementos organizacionais precisam estar sinérgicos e dentro do mesmo processo estrutural, num escopo atualmente visto como o Desenvolvimento Organizacional. Pois o simbolismo que se constrói dessa identidade mostra que essa cultura

> [...] é construída ao longo do tempo e passa a impregnar todas as práticas, constituindo um complexo de representações mentais e um sistema coerente de significados que une todos os membros em torno dos mesmos objetivos e dos mesmos modos de agir. Ela serve de elo entre o presente e passado e contribui para a permanência e a coesão da organização [...] (Chiavenato, 1999, p. 139).

O conceito que Meister (1999) traz sobre Universidade Corporativa apenas corrobora essa relevância estratégica quando a coloca como um "guarda-chuva" para soluções de aprendizagem estratégica, tornando o processo coeso. E nesse ponto se insere o maior desafio das Universidades Corporativas, gerir de maneira coesa o conhecimento na corporação de modo a ser coerente com a estratégia pela qual se propõe atender e/ou contribuir.

A resistência sempre será uma realidade, é condição quase que *sine qua non* para as mudanças culturais. E, uma vez que afirmamos que a cultura corporativa e a cultura de aprendizagem estão em simbiose — que se caracteriza na biologia como uma interação em longo prazo entre dois organismos de espécies iguais ou não —, é imperativo que essa relação seja benéfica para ambos os envolvidos. Nesse sentido, essa simbiose é quase que obrigatória para a sobrevivência de ambos. Pois a ação de um reverbera no outro em sua coexistência.

Nesse sentido, Kotter e Schlesinger *(apud* Chiavenato, *et al*, 2005, p. 442) indicam seis estratégias para contornar a resistência à mudança. E o primeiro ponto destacado pelos autores é "comunicação e educação: a resistência à mudança pode ser superada ou reduzida por meio da prévia comunicação às pessoas, para ajudá-las a compreender a lógica e a necessidade da mudança".

Apresentados os alicerces para a discussão que iniciaremos, fica claro que a entidade educacional Universidade Corporativa se insere no cenário de uma nova conformação social. No entanto, tal como a cultura, sua simbionte, enfrenta diversos desafios, tanto de caráter generalista — vivido por empresas de todos os segmentos —, quanto precisa considerar sua persona e as características emergentes e vestigiais da difusão do conhecimento em cada campo de trabalho específico para que suas estratégias possam atuar de modo coeso com seu público e com a estratégia posta.

Seguiremos a discussão por tópicos, considerando o cenário de crescimento da Universidade Dasa, entidade educacional da maior rede de saúde integrada da América Latina, com mais de 40 marcas agrupadas em diagnósticos, hospitais e centros de saúde integrada, tendo em seu escopo mais de 50 mil colaboradores para serem impactados. Abordaremos os macros temas:

1. estrutura;
2. capital humano;
3. modelos;
4. dados; e
5. aprendizagem digital.

Universidade Corporativa: o desafio da estrutura para atender 40 marcas de vertentes diferentes em um cenário de expansão e aquisições

Vale ressaltar que a Universidade Dasa foi criada antes do amplo e vasto processo de aquisições no plano de expansão da DASA S.A. Assim, o seu escopo tem sido — e permanecerá sendo — remoldado conforme as melhorias identificadas e os cenários impostos pelos diferentes contextos em que as operações de diagnóstico, centros integrados e hospitais demandam nas diferentes regiões do país.

Todo o campo de conhecimento e expertise em educação corporativa tem discutido, avaliado e proposto soluções para os desafios trazidos pelo cenário pandêmico, e não é segredo o turbilhão de mudanças a que as empresas precisaram se adaptar para atravessar momento tão sensível. A própria Associação Nacional de Hospitais Privados (ANAHP) pôs em pauta a questão das capacidades dinâmicas (*dynamic capabilities*), que tem se tornado tema central de discussão no setor nesse contexto, em que adaptar, mudar, (re)construir e (re)configurar são as competências exigidas para o manejo das adversidades. Nesse tocante, as capacidades digitais também protagonizam a discussão, pois são as que permitem caminhos plausíveis para atrozes mudanças (Reis; Montenegro; Palácio, 2021, p. 41).

Na conjuntura apresentada — que é resultado de operações de fusão e aquisição — emerge, como esperado, um processo de choque cultural. E o gerenciamento desse choque é fator de sucesso para a maioria dos empreendimentos tanto no Brasil e América do Norte quanto na Europa. Estudos realizados pela consultoria McKinsey revelam que dentre os principais pontos de sucesso para as fusões estão: retenções de talentos, comunicação eficiente e integração cultural (Tanure *et al*, 2007).

Por isso, faz-se importante ressaltar que, apesar da possibilidade de existência do mesmo idioma e compartilhamento de significado para os mesmos símbolos, o organismo organização possui subculturas — pequenas representações assumidas por determinados grupos. Lembrando que se entende por organização um sistema aberto, capaz de compartilhar significados entre funcionários que possuem suas representações e vivências em um sistema retroalimentado com a sociedade. O ponto de atenção está relacionado ao fator cultural, pois a interculturalidade pode vir a ser uma barreira para o desenvolvimento organizacional.

> [...] Ainda, deve-se considerar: o hábito: estamos acostumados a nos comportar de determinada maneira e a mudança traz a necessidade de repensar nossos hábitos; a segurança: a introdução de um novo processo ou uma nova máquina gera insegurança; os fatores econômicos: uma mudança pode significar redução de rendimentos; medo do desconhecido: ao trocar o conhecido pelo desconhecido, surgem inseguranças; o processamento seletivo de informações: depois que moldamos nosso mundo, segundo nossas percepções, alterá-lo resulta em grandes mudanças e, com isso, acabamos ignorando informações para manter o que criamos anteriormente em nossos sentidos de segurança; a carga de trabalho: pode ser aumentada ou modificada, podendo assumir funções que desagradem; experiências passadas: se o funcionário teve anteriormente uma experiência ruim, agora ele pode resistir a uma mudança; e, por fim, o caos: alguns temem que a mudança traga o caos para a empresa, fazendo com que ela se torne desorganizada e disfuncional. (Gramatto; Gobbi, 2019, p. 5-6).

Principalmente, considerando o posto por Gramatto e Gobbi (2019), desenhar uma estrutura que, como dito anteriormente, possa cumprir sua função de "guarda-chuva" no cenário educacional da estratégia de uma empresa — considerando os hábitos, os subsistemas culturais, e as diferentes vivências profissionais, regionais e de conhecimento —, coloca o cenário de instalar e sustentar uma educação corporativa com base em seus objetivos como um belo desafio para a governança de desenvolvimento organizacional, onde diversos fatores precisam de sinergia e ambiente para se destacarem e se afirmarem como simbiontes e enfrentarem, como um ecossistema, as adversidades postas.

Essa transformação precisa, portanto, ter como base a gentileza, a transformação gentil, entendendo os contextos, estruturas e hábitos desses novos componentes. No entanto, pela experiência vivida, a condição base para que a transformação gentil se execute é a transparência dos processos. Um processo estruturado, mas oculto para o seu público, pode perder a força, uma vez que nesse cenário junto com curiosidade se insere o medo do que há por vir como fruto da aquisição — especialmente para os trabalhadores da operação.

Independentemente da presença de uma Universidade Corporativa, poucos nichos de mercado mantêm tão vívidos o viés educacional em suas operações como o de saúde. A educação permanente e continuada se sustenta não só pelos processos legislatórios vinculados, como ainda pelo campo de inserção de métodos, terapias e tecnologias — todos dinâmicos, que é característico da área.

Um ponto de melhoria identificado e em implantação para 2023 é a instrumentalização para que as iniciativas internas e as subculturas de educação das unidades não se extingam para subir para o nível da educação corporativa, mas se instrumentalizem para atuar debaixo do seu "guarda-chuva". Não é possível manter a educação corporativa isolada no mercado saúde; é necessária a constituição federada de frentes educacionais sinérgicas que, instrumentalizadas para o processo, consigam atuar de forma coesa, e que a Universidade possa, de fato, realizar a gestão do conhecimento e se ater ao seu papel estruturante.

Faz-se cada vez mais necessária uma governança educacional por eixos de descentralização, numa atuação bipartite, com matrizes de responsabilidades claras — fortalecendo e valorizando as diferentes subculturas, e transformando os hábitos de modo gentil, porém organizado e estruturado. Deve-se também trazer o pertencimento dos núcleos internos e aproximar a sensação de distância que, por vezes, as entidades de ordem corporativa podem gerar para as operações.

Pesquisas que buscaram compreender por que empresas europeias implantaram Universidades Corporativas trazem como resposta que existem basicamente três focos:

Tipo 1: Qualificação individual: concentra-se no aprendizado individual.

Tipo 2: Mudança organizacional: o processo de aprendizagem individual está ligado a um processo de mudança organizacional.

Tipo 3: Renovação estratégica: considerado o tipo mais evoluído de Universidade Corporativa, a aprendizagem e o desenvolvimento empresarial correm juntos. Eles apoiam o conceito de diálogo e desenvolvimento estratégico orientado para a ação (Hilse; Nicolai, 2004 *apud* Branco, 2006, p. 3).

A cultura de aprendizagem só se executa na medida em que há diálogo entre as partes, principalmente considerando uma estrutura com diversas marcas e regiões embutidas. Ele só se consolida quando é possível ter transparência e confiança plena entre aqueles que propõem ter esse desenvolvimento educacional alinhado ao estratégico. Assim promove-se uma mudança organizacional focada na ação. Para isso fica evidente que o papel de "guarda-chuva" da Universidade Corporativa deve se apresentar como ponto central da gestão do conhecimento, mapeando, identificando e organizando ações, estruturas e estratégias para que o conhecimento tácito se transforme em explícito. Somente assim pode-se enxergar o valor estratégico agregado às frentes educativas do negócio. Portanto:

> [...] o conhecimento é um ativo que a organização desenvolve com o passar do tempo por meio da ação organizada de seus indivíduos dentro de um contexto que permeia a organização. Cabe à organização identificar os dois tipos de conhecimento (tácito e explícito) e desenvolver um processo a fim de gerenciar este ativo, isto é, o processo de Gestão do Conhecimento [...] (Gonzalez; Martins, 2017).

Assim, para gerir o ativo conhecimento de modo adequado — e considerando o cenário das subculturas — é necessário ter uma estrutura de governança desse ativo bipartite, dividindo as responsabilidades com os núcleos educacionais locais e abrindo margem para interfaces de comunicação efetiva, sinergia de ações e organização de esforços e recursos, instrumentalizando o *modus operandi* e dando um *upgrade* em ações paralelas que suportam o modelo. Dentre essas ações, destacam-se programas de formação complementar, programas de apadrinhamento e programas de multiplicadores que atuam como direcionadores dos pilares em que essas ações devem ocorrer — comunicando de forma transparente as diretrizes, os macroprocessos, os fluxos e interações de processos que ali cabem, assim como a política que norteia a educação na instituição de modo geral.

Reforçando um dos dez fundamentos das Universidades Corporativas elencados por Meister (1999) — que é justamente pensar na Universidade Corporativa como um processo, e não como um espaço —, deve-se trabalhar na criação de um processo que seja capaz de gerir o ativo conhecimento e desenvolver ou aumentar a aptidão do funcionário para a aprendizagem em um processo permanente na instituição.

Quando falamos hoje sobre esses desafios, fala-se já de uma aprendizagem corporativa construída no cenário pós-pandemia com a emergência da implantação de conteúdos digitais em uma velocidade nunca vista. Esse próprio processo de gerência do ativo e disseminação do mesmo não poderia ser pensando em uma lógica de cinco anos atrás. Visto que o Panorama do Treinamento no Brasil 2019/2020 — pesquisa realizada pela Associação Brasileira de Treinamento e Desenvolvimento (ABTD) no início da pandemia — era que 71% das companhias optaram por treinamentos presenciais, contra apenas 13% que preferiram o ensino a distância (ABTD, 2019). E na pesquisa de panorama de 2020/2021 o percentual dos treinamentos realizados no meio presencial diminuiu 27% em detrimento das soluções a distância, com ou sem tecnologia. O meio de treinamento que mais cresceu naquele ano foi o online ao vivo, tendo aumentado 200% (ABTD, 2021).

Categoricamente toda a estrutura aqui discutida ocorre em um modelo de educação pós-cenário de Covid-19. Assim,

> [...] o movimento de transformação digital fica ainda mais claro e o cenário EAD, cada vez mais real e com terreno firme nas empresas, inclusive nas do ramo da saúde – mesmo que seja um campo onde o treinamento presencial é muito forte, devido à natureza conservadora de seus processos educacionais [...] (Reis; Montenegro; Palácio, 2021, p. 41)

Capital intelectual: o desafio de formar e desenvolver o recurso humano que planeja, desenha e operacionaliza a educação corporativa

No campo de trabalho da saúde, o desafio para a robustez do processo de implantar uma estrutura que fosse capaz de gerir educação para mais de 50 mil colaboradores em três frentes de atuação diferentes foi compor a estrutura de pessoas que efetivaria esse processo.

Uma decisão foi absorver os talentos assistenciais que já executavam educação no nível micro de educação permanente/continuada nas unidades e convertê-los para a estrutura de educação corporativa. Nesse desafio acopla-se um outro grande desafio que é a formação e desenvolvimento de competências de profissionais originalmente assistenciais, com *hard skills* pautadas em outras necessidades para um cenário de educação, andragogia, de desenvolvimento instrucional e gestão do conhecimento.

Enfermeiros passaram a ocupar cargos em diferentes núcleos da estrutura interna — variando de consultores e designers a instrutores na Universidade Corporativa.

Vale ressaltar que originalmente os processos de formação dos profissionais de saúde — em especial da enfermagem — dão pouca ênfase para a interface com grupos de conhecimento que não interferem de modo direto na assistência clínica, o que dificulta um perfil de inovação, flexibilidade e criatividade para além do cenário clínico. Esse contexto, em primeira instância, se torna uma barreira para a agilidade da implantação do processo, pois existe a necessidade de desenvolver nesses profissionais com ampla carga de conhecimento técnico clínico a capacidade de utilizar sua base formativa como apoio para a disseminação do conhecimento acoplando-o com conhecimentos de áreas distintas como: pedagogia, andragogia, design de aprendizagem, design instrucional, experiência do usuário, sistemas LMS, marketing e design gráfico.

Vale para essa escolha avaliar de modo categórico se os profissionais aos quais se decidirá investir na conversão de talentos têm o perfil para o desenvolvimento dessas outras competências e a disposição para a imersão em uma face mais estrutural da educação, para além de saberes-fazeres habituais ou que estes sejam executados de modo mais orgânico.

Nesse estágio — de compor uma entidade estratégica educacional corporativa — é necessário solidificar a base teórica das práticas educativas de um escopo muito mais amplo. Muitos apontamentos sobre já ter "prática" em educar são ouvidos, mas faz-se necessário repensar essas práticas por entender-se em uma estrutura direcionadora e um processo eficaz para o gerenciamento do ativo conhecimento.

Um plano estruturado de conversão desses talentos na aquisição e absorção deles pelas unidades pode ser um ponto gerador de sucesso, pois abre margem para a própria vivência da cultura de aprendizagem para quem gera aprendizagem. Além disso, como a prática clínica se faz sempre com pauta na evidência, a prática educativa precisa seguir esse mesmo parâmetro, necessitando então de profissionais que consigam trazer harmonia para todos os corpos de conhecimento que são requeridos pelo processo.

Modelos e estruturas na Universidade Corporativa que suportam a inovação e dinamismo exigidos pelo cenário pós-Covid-19: consultoria e fábrica instrucional internas

Pensando nessa sinergia, dentro do processo estruturante foi importante pôr um interlocutor entre o corporativo e os gestores locais, constituído no papel de um consultor educacional. Este é um modelo desafiador para a própria universidade, mas extremamente necessário, visto que é indispensável ouvir a "ponta", ainda mais quando existem diversas pontas.

Tal modelo — a camada intermediária — surge enquanto necessidade para inovar o processo estruturante interno após as variáveis impostas pelo período pandêmico, onde o corte de custos, e aumento da eficiência operacional com os recursos internos era condição para sustentabilidade. A implantação dessa estrutura processual parte da emergência do processo educacional na pandemia de Covid-19 e de um excesso de solicitações de treinamento ou produções para a disseminação digital pelos gestores locais. A pandemia acelerou e potencializou a necessidade de redesenho dos processos educacionais.

Em primeira instância podemos dizer que a consultoria não obteve sua plenitude de atuação, principalmente quando consideramos a problemática formativa posta no tópico anterior. Mas, como todo modelo, foi necessário amadurecer seu processo. E hoje entende-se que esse ator é interlocutor entre os desejos e necessidades das lideranças locais e da operação, e entre a estratégia, recurso e possibilidades da corporação rede. A consultoria é uma camada que deve ser interface de contato, barreira e central de negociação entre essas partes.

Em artigo da IQG Instituto Qualisa de Gestão na revista *Science* sobre a mudança da educação corporativa no período pandêmico no cenário hospitalar, Reis, Montenegro, Palácio (2021) trazem um ponto importante e que fomenta o papel do consultor como inovação e comunicação, pois

> [...] é importante ressaltar que, mesmo sendo considerada uma experiência exitosa (a implantação da EAD), observou-se que muitos líderes não compreenderam o benefício dos treinamentos autoinstrucionais, valorizando apenas os treinamentos presenciais como capazes de atingir verdadeiramente os objetivos de aprendizagem elencados. Naturalmente, estamos em meio a um processo vivo de transformação digital, que exige mudança de mentalidade dos líderes – mudança esta que só pode ocorrer com o fortalecimento do diálogo e a apresentação de evidências dos resultados positivos dessa metodologia [...] (Reis; Montenegro; Palácio, 2021, p. 36).

O consultor se apresenta não apenas como consultor educacional, mas como designer de aprendizagem, sendo o responsável pelo desenho e planejamento da solução educacional. Apresenta-se ainda como o tradutor da estratégia e o demonstrador de resultados daquele produto, gerando valor ao processo e aos produtos desenvolvidos.

Mas é no papel do consultor que se esbarram os principais conflitos entre a educação permanente/continuada, as classificações de práticas educacionais e a necessidade de barganha entre clientes que dão entrada no processo e as possibilidades e objetivos da corporação. Faz-se, nessa comunicação, necessário o empostamento enquanto expertise educacional e os principais conflitos advindos do questionamento: a ação proposta é realmente treinamento? Treinamento é a melhor solução para a problemática?

O consultor se encontra no papel dessas respostas após a execução de um processo de diagnóstico e um parecer sobre as demandas ordenadas — é ele quem deve equalizar desejos e necessidades. E até que se aculture esse processo, há um longo trajeto de aproximação, transparência e negociação com os parceiros do negócio.

Uma vez que um parecer diagnóstico é dado, o consultor precisa assumir o processo de desenho da experiência de aprendizagem — do planejamento ao pós-treinamento. Ele deve conhecer o problema raiz, a persona e os recursos disponíveis para o desenvolvimento das soluções que devem se converter em produto para outros núcleos da Universidade Corporativa. Seu papel basal é comunicar e negociar com os elos da cadeia trazendo assertividade aos produtos que a Universidade desenvolve.

O desenvolvimento de consultores internos de alta performance pode não trazer retorno imediato, pois carece de um processo de desenvolvimento e maturação não somente do ator consultor, mas do próprio processo de aculturamento da educação corporativa e sua atuação "guarda-chuva". Em médio e longo prazo é uma estratégia que oportuniza contato direto com os clientes, ouvindo e diagnosticando suas dores educacionais, fazendo com que a entidade Universidade esteja presente no dia a dia do negócio, bem como reduz drasticamente os custos com consultorias externas, além de otimizar os recursos internos. É necessária uma governança direta com foco na qualidade dos diagnósticos e pareceres fornecidos pela consultoria como ponto de atenção para a implantação de modelos similares.

Um dos maiores custos em entidades educacionais — principalmente as que vêm investindo em plataformas LMS — é a produção de objetos digitais de aprendizagem. Antes de 2019, era comum esses objetos serem comprados de fábricas externas, mas considerando o custo e ainda a velocidade de entrega necessária para esse campo, as fábricas instrucionais internas vêm se consolidando como realidade.

No case do Hospital São Domingos (atualmente Dasa) que, no início da pandemia, mesmo sem estrutura LMS, teve todo um processo de *e-learning* estruturado em esteira de produção para dar vazão à necessidade, as autoras mencionam que

> [...] foi estabelecida uma esteira de produção dos objetos de aprendizagem, cujas etapas até o processo de divulgação eram: a) abertura da demanda emergencial; b) avaliação de prioridade; c) plano de treinamento; d) roteirização dos objetos de aprendizagem; e) produção dos recursos; f) validação do Comitê de Crise; g) liberação para os colaboradores. Nos treinamentos que requeriam maior quantidade de detalhes — e para melhor absorção do conteúdo, em face de se tratar de formação autoinstrucional —, utilizou-se o recurso de mídia audiovisual. Por exemplo, vídeos instrucionais eram criados para os treinamentos por demonstração, como os que abordavam os processos de paramentação e desparamentação, que foram demandas cruciais nesse período. Já para instruções curtas, optou-se por e-books ilustrados em formato PDF (*portable document format*), uma das alternativas mais rápidas, simples e de baixo custo. Um dos diferenciais da produção de objetos de aprendizagem foi o layout empregado, previamente construído com design específico para treinamentos autoinstrucionais e com uma cartela de personagens que, além de favorecer a identificação dos colaboradores, permitia um discurso narrativo mais atrativo na apresentação de informações. [...] O resultado foi possível devido à aquisição prévia de um designer gráfico para atender exclusivamente as demandas educacionais. Ter aporte estético, ilustração e diagramação dedicadas fazem grande diferença na qualidade dos produtos entregues. Importante ressaltar que é comum que os núcleos de educação permanente em hospitais contem apenas com a contribuição de profissionais da enfermagem, que acabam tendo que desenvolver habilidades acessórias para suportar as demandas, porém, por vezes, criando objetos de aprendizagem com qualidade aquém da esperada. Assim, a adição de profissionais como designers gráficos e designers instrucionais é fundamental, principalmente em um contexto de implantação e fortalecimento da cultura de *e-learning* na instituição, pois uma interface amigável nos treinamentos pode determinar o sucesso de adesão a eles. Outro ponto que agilizou a esteira de produção na tangente ao conteúdo foi o investimento prévio na formação de conteudistas, as próprias enfermeiras educadoras do núcleo de educação já estavam em processo de formação como conteudistas havia cerca de um ano, em um movimento de preparação para a transformação digital e a mudança da maioria dos treinamentos assistenciais para o modelo EAD [...]. (Reis; Montenegro; Palácio, 2021, p. 38).

No que tange aos recursos humanos das fábricas instrucionais, fica evidente que funcionem de acordo com o propósito que se denominam.

Há a necessidade da conversão de competências — como mencionado em tópico anterior — quando há a decisão de absorção completa desses trabalhadores para esse núcleo. É necessário agora investimento em um plano de desenvolvimento desses profissionais como designers instrucionais.

Outro tocante é o método. Para acelerar o processo em esteira de produção foi adotado o gerenciamento por metodologia ágil *SCRUM* para as soluções de aprendizagem convertidas em produto. Nesse ponto, o papel do consultor emerge não somente como designer de aprendizagem, mas como *Product Owner* dentro da estrutura. Trazer métodos de produção ágil trouxe a visão de projeto para os produtos educacionais e uma gestão de portfólio mais assertiva.

III Aprendizagem digital: como sustentar no pós-pandemia

Que a aprendizagem digital já era um panorama futuro em 2018, de fato já o era, mas com o advento da urgência posta pela pandemia, todos os processos vinculados foram acelerados, inclusive a curva de aprendizagem dos colaboradores para desenvolver comportamentos necessários para o advento do digital. Por isso,

> [...] impossível falar de todo esse processo que exigiu adaptabilidade e resiliência sem tocar na necessidade de desenvolvimento de uma cultura da autogestão do conhecimento por parte dos colaboradores, ainda que de maneira forçosa. À medida que a EAD tomou espaço, os treinamentos presenciais foram sendo escalados apenas para os casos de alta prioridade, devido ao baixo contingente de treinadores e à própria demanda de distanciamento social. Com isso, os colaboradores tiveram que gerir seus treinamentos mapeados e adentrar o mundo dos autoinstrucionais. O *self learning* — termo inglês que pode ser definido como autoaprendizagem ou como aprendizagem autorregulada, autodirigida ou autônoma — foi amplamente estimulado pelas lideranças e pela governança do hospital, iniciado enquanto cultura institucional a partir desse momento [...] (Reis; Montenegro; Palácio, 2021, p. 41).

Porém, agora passada a urgência e transformado em definitivo o processo, emergem as fragilidades e oportunidades de melhoria para a sustentação da educação corporativa.

Quando falamos de um público assistencial, temos inúmeros empecilhos para a plena execução da aprendizagem digital: natureza do trabalho, escala de trabalho, estrutura e acesso, público habituado com modelos de aprendizagem tradicional e presencial.

E embora fique marcado esse processo de adaptação a um novo cenário, toda a urgência fez com que o planejamento e a execução do processo fossem acelerados. Com isso, assumiram-se os riscos adjacentes e a necessidade de sustentar um processo implantado de modo forçoso e pouco planejado devido à emergência vivida, pois, em termos de inovação tecnológica, a adesão às plataformas de gestão de aprendizagem digital serviu de modo único e se acelerou em proporções jamais antes imaginadas.

A pandemia trouxe à luz a necessidade de se ter um processo educacional corporativo robusto e estruturado, e a valorização do processo educacional ficou latente nesse momento. Nunca a necessidade de processos de inovação vinculados à educação foi tão benquista pelas lideranças e a cultura de aprendizagem foi tão debatida.

Hoje o desafio se insere na manutenção da qualidade — formando, aperfeiçoando o capital humano que faz educação nas instituições, formatando e ousando na inovação de processos, investido em plataformas LMS que permitam uma melhor experiência, em uma gestão de dados inteligente e orgânica, em métricas de engajamento e experiência do usuário e na apresentação dos resultados de performance dos treinamentos. Deve-se migrar de um panorama de dados descritivos com foco em alcance para métricas analíticas e planos de ação que façam sentido, para mover os indicadores de resultado vinculados aos problemas que a solução de aprendizagem se propõe a intervir, pois como bem falado por Willian Deming: "Não se gerencia o que não se mede, não se mede o que não se define, não se define o que não se entende e não há sucesso no que não se gerencia".

Conclusão

As inovações advindas da avalanche de mudanças impulsionadas pela emergência da Covid-19 foram fundamentalmente focadas em processos e na aquisição de conhecimentos para as novas ferramentas tecnológicas que acompanharam esse processo — como as plataformas de aprendizagem digital.

A pandemia trouxe à luz todo o valor agregado que a educação corporativa possui, pois nunca se precisou tanto de uma educação forte e capaz de sustentar as mudanças do cenário de forma ágil e coesa.

O momento agora é de olhar as oportunidades, os processos e as aquisições realizadas e reorganizar a casa, reestruturar a base processual para solidificar a operação educacional e termos condições de entrar na sexta geração da Gestão do Conhecimento, realizando de fato a transformação digital com foco na governança dos ecossistemas.

Referências Bibliográficas

ABTD. Associação Brasileira de Treinamento e Desenvolvimento (BR), Integração Escola de Negócios, Carvalho e Mello Consultoria Organizacional. Panorama do Treinamento no Brasil – 14. ed. – 2019/2020 [Internet], 2019.

ABTD. Associação Brasileira de Treinamento e Desenvolvimento (BR), Integração Escola de Negócios, Carvalho e Mello Consultoria Organizacional. Panorama do Treinamento no Brasil – 15. ed. – 2020/2021 [Internet], 2020,

ANAHP. Lições da pandemia: perspectivas e tendências. Abril 2021. Disponível em: https://d335luupugsy2.cloudfront.net/cms/files/62776/1619703048Licoes_da_pandemia_-_perspectivas_e_tendencias_abril2021.pdf. Acessado em: 22 jan. 2023.

BRANCO, A. R. O perfil das universidades corporativas no Brasil. *RAM Revista de Administração Mackenzie*, v. 7, n. RAM, Rev. Adm. Mackenzie, 2006 7(4), out. 2006.

CHIAVENATO, Idalberto. **Gerenciando com as pessoas.** Rio de Janeiro: Elsevier, 2005.

GONZALEZ, R. V. D; MARTINS, R.F. O Processo de gestão do conhecimento: uma pesquisa teórico-conceitual. *Gest. Prod.*, São Carlos, v. 24, n. 2, p. 248–265, 2017. Disponível em: http://dx.doi.org/10.1590/0104-530X0893-15. Acessado em: 22 jan. 2023.

GORZ, A. **Crítica da divisão do trabalho.** São Paulo: Martins Fontes, 1980.

GRANATO, M.S.; GOBBI, M.C. **Cultura organizacional em fusão e aquisição: processo intercultural aplicado a uma empresa brasileira.** *ORGANICOM* – ANO 16 – N. 30 – 1° SEM. 2019 – p. 190, 2019.

HILSE, H.; NICOLAI, A. T. Strategic learning in Germany's largest companies: empirical evidence on the role of corporate universities within strategy process. *Journal of Management Development*, v. 23, n. 4, p. 372-398, 2004.

MEISTER, J. C. **Corporate quality universities:** lessons in building a world-class work force. Nova York: Irwin Professional Publishers, 1994.

REIS, P.R., MONTENEGRO, W.S.; PALÁCIO, G. Educação corporativa em tempos pandêmicos: remodelando o processo de ensino e aprendizagem com alternativas de baixo custo e alto desempenho. *Revista Science* – IQGON, n.1. Edição 2 – Março 2021.

SANTOS, N.; RADOS, J.V. **Fundamentos teóricos de gestão do conhecimento** [recurso eletrônico online] – 1. ed. – Florianópolis: Pandion, 2020.

CAPÍTULO 7

UnIBP – A Universidade Setorial de Petróleo e Gás:
educação que gera energia

Karen Kuba
Joanna Vignoli

Educação como projeto político e pedagógico

Criado em 1957, com o objetivo de estimular as atividades do setor, o Instituto Brasileiro de Petróleo e Gás (IBP) possui a missão de difusão de conhecimento, formação e aperfeiçoamento de profissionais. É reconhecido como referência não apenas nas questões técnicas e normativas como também nas estratégicas e políticas do setor no país.

O IBP reúne profissionais que são referências por suas contribuições em cada um dos segmentos da indústria de petróleo e gás. Entre seus associados, encontram-se diversas empresas do setor, desde operadoras até prestadoras de serviços, além de contar também com associados profissionais e estudantes.

Com mais de 50 anos de experiência na elaboração de conteúdos, grandes eventos nacionais e internacionais e na organização de cursos, o IBP vem, ao longo desse período, se firmando como referência na capacitação de profissionais para o mercado de petróleo, contribuindo, dessa forma, para o a gestão do conhecimento no setor de energia.

Como parte de sua preparação para o futuro, o IBP vem se reestruturando continuamente, aperfeiçoando métodos de trabalho, ampliando e otimizando serviços. Com tudo isso, o Instituto segue em busca de caminhos, com o vigor de sempre, para os inúmeros desafios que estão por vir.

Visando atender às necessidades prementes do setor e sempre aberto à inovação, em 2018 o IBP cria a Universidade do Setor de Petróleo e Gás: a **UnIBP**, uma linha de negócios que passa a ser tratada pelo IBP como uma área fundamental na execução da sua missão e dos seus objetivos estratégicos.

Uma Universidade Corporativa Setorial (UCS) tem o intuito de promover o conhecimento individual, organizacional e setorial. É uma alternativa viável para o desenvolvimento de competências e para as ações estratégicas empresariais, propiciando inovação no desenho de ações de aprendizagem para além da educação em sala de aula. Para alcance da sua missão, uma UCS deve estabelecer produtos e conteúdos atrelados aos direcionadores da indústria, servindo de farol para os desafios futuros, defendendo os interesses do setor e estabelecendo o vínculo entre a educação e os resultados para alavancagem da competitividade e consequente crescimento do setor.

Com a institucionalização das ações da Universidade do Setor de Petróleo e Gás, a UnIBP, o instituto amplia suas áreas de negócio e cumpre sua missão de promover uma indústria competitiva, sustentável, ética e socialmente responsável, atendendo aos anseios da realidade do mercado, utilizando novas metodologias de aprendizagem em sintonia com as tendências tecnológicas.

A UnIBP

Treinamento, desenvolvimento, educação e aprendizagem ganharam destaque em relação às práticas de gestão empresarial. Conhecimento e aprendizagem aplicados nos processos de negócios impulsionam competências, o saber fazer, promovendo competitividade e resultando em lucro. Globalmente, as Universidades Corporativas emergiram como veículos de processos de criação de valor por meio do aprendizado contínuo. É uma opção estratégica para o alcance das metas organizacionais por meio do desenvolvimento de competências críticas para a geração de resultados.

Como uma ampliação do conceito de Universidades Corporativas, surgem as Universidades Corporativas Setoriais (UCS) como uma alternativa de formação compartilhada entre empresas do mesmo setor, a fim de desenvolver as competências críticas em profissionais de determinado segmento. O investimento cooperativo em ações de aprendizagem traz ganhos em escala para as empresas do setor. Associações, sindicatos, institutos ou ONGs estabelecem profícuas parcerias para agregar competências, tendo como objetivo desenvolver profissionais com o perfil demandado pelas diversas áreas que compõe a indústria. Universidades Corporativas Setoriais têm como premissa uma atuação estratégica, ou seja, com foco em processos-chave que geram resultados e vantagens competitivas para um setor: *a existência de uma visão conjunta do setor (ou de uma missão setorial) e a decisão política de seus dirigentes em torná-la realidade são as condições agregadoras para a educação corporativa setorial* (MDIC, 2006).

A UnIBP foi criada para impulsionar o desenvolvimento da indústria no tempo do negócio. Mais do que oferecer cursos ao setor, objetiva capacitar profissionais de forma continuada por meio de soluções educacionais em diferentes formatos — pessoas capazes de otimizar as oportunidades imediatas do mercado e atender a expectativa das empresas mais exigentes. Nesse sentido, o processo de educação deve servir como farol para o futuro e formar profissionais capazes de dar sequência às mudanças de um mundo em contínua transformação. O conhecimento é a energia propulsora que transporta essa indústria a desafios como transição energética, indústria 4.0 e ESG (*Environmental, Social and Governance*), dentre outros.

Direcionadores estratégicos

Para desenvolver novos produtos e serviços com a garantia da qualidade e oferecer melhoria contínua naqueles já ofertados, aderentes aos desafios setoriais, é preciso estar em constante consonância com o mercado e com as tendências da indústria de óleo e gás. Nesse sentido, a identificação dos direcionadores são guias para a construção de um portfólio estratégico que alcance o maior número de empresas do setor.

A UnIBP se beneficia do posicionamento e conhecimento gerado dentro do próprio IBP a partir das Comissões Técnicas, Agenda da Indústria,

Observatório do Setor e da realização de grandes congressos e exposições nacionais e internacionais e para a definição das competências que são e serão críticas para o futuro do Óleo e Gás no Brasil.

Dentre os direcionadores setoriais, destacam-se as comissões técnicas que são constituídas por profissionais de reconhecida competência em sua especialidade que, em caráter individual ou coletivo, elaboram voluntariamente atividades que visam promover o desenvolvimento da indústria. A composição dos grupos prevê o equilíbrio profissional bem como de representação dos segmentos empresariais/institucionais relativos às suas atividades. Algumas atribuições presentes no Regimento Interno das Comissões contribuem para o funcionamento da UnIBP, tais como elaborar estudos, cenários e publicações, acompanhar e divulgar o estado da arte de tecnologias da sua área e propor e elaborar a programação de eventos e de cursos. Por ser este organismo vivo, dinâmico e excepcionalmente atualizado sobre demandas do setor, o estabelecimento de processos para contribuição das Comissões Técnicas com a UnIBP é fundamental para a definição das soluções educacionais com base nas competências relevantes para os profissionais alcançarem os objetivos e metas da indústria.

Escolas e áreas de conhecimento

Dada a importância de comunicar com clareza ao setor as soluções educacionais oferecidas e as competências desenvolvidas por cada uma delas, foram definidas a estruturação de escolas e áreas de conhecimento que espelham a cadeia produtiva de óleo e gás.

As Escolas da UnIBP (Figura 1) representam os eixos temáticos do setor. A UnIBP está estruturada em cinco Escolas – E&P, Gás Natural, Negócios, Tecnologia e Inovação, Mid e Downstream. Motivados pela demanda do setor em relação à transição energética, está em desenvolvimento a Escola de Energia, onde serão tratados os temas relacionados a energias renováveis com maior foco, pois hoje não há como falar em energia sem citar as renováveis — por este motivo o IBP também é pioneiro nesta construção.

Dentro de cada Escola estão as áreas de conhecimento com suas soluções educacionais. Essa estrutura foi criada com o intuito de agrupar as ações educacionais, facilitando assim a organização e o processo de planejamento educacional e comercial. Cada Escola tem foco e objetivo bem definidos, de maneira que, alinhadas aos seus pilares de formação, abrangem todos os macroprocessos do setor.

Figura 1 Estrutura das escolas Universidade Corporativa IBP

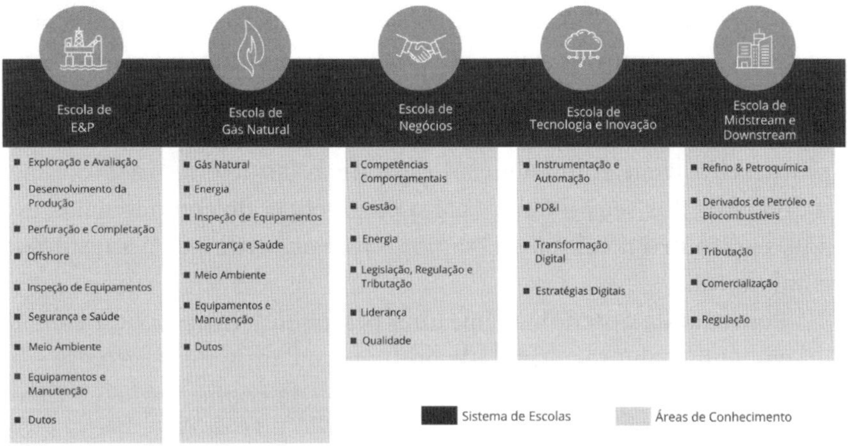

Fonte: IBT

Direcionadores da aprendizagem organizacional

No trabalho, um novo modo de pensar sobre a gestão organizacional foi estabelecido. Para alcançar a vantagem competitiva, é imprescindível que os profissionais apresentem um amplo conjunto de competências e habilidades e as apliquem de forma criativa e colaborativa em conjunto com suas equipes. A reestruturação organizacional das empresas valida a obrigatoriedade de o trabalhador atualizar conceitos, posturas e atitudes a fim de obter sucesso em sua carreira profissional. *Lifelong learning* é a expressão que reflete o dinamismo do mundo corporativo e que reforça o conceito de que a aprendizagem não tem data para acabar.

A sustentação da organização no mercado está diretamente ligada à capacidade dos colaboradores de aprender a agir em diferentes situações, a desenvolver novas habilidades. Aprendizado e conhecimento tornam-se recursos estratégicos de primeira grandeza — cruciais para a vantagem competitiva. A organização aprendiz é aquela que busca estratégias para promover o autodesenvolvimento de forma que a integração do aprendizado individual gere aprendizado organizacional. A estratégia de desenvolvimento das pessoas dentro da organização passa a ser um elemento fundamental na gestão.

As organizações passaram de uma qualificação profissional para a valorização do desenvolvimento de competências dos seus profissionais.

Reconhece-se um profissional pela forma como combina seu "saber–agir". O profissionalismo é medido pela combinação de competências individuais e coletivas e na sua mobilização na geração de resultados. Para operacionalizar competências, faz-se necessário combinar as características intrínsecas do indivíduo, do grupo de trabalho e propiciar uma interface de qualidade entre os profissionais e a situação de trabalho. Muitas equipes desenvolvem competências específicas no arranjo das competências individuais dos seus membros, e a emergência de competências profissionais para outro nível mais elaborado está subordinada ao resultado dessa combinação.

Por meio da aprendizagem, uma pessoa desenvolve competências para desempenhar alguma atividade ou função. Para ser competente é necessário, então, haver aprendizagem, aquisição de conhecimento e habilidades pessoais associadas à criatividade.

Deve a aprendizagem preparar o indivíduo para compreender a si mesmo e ao outro, por meio de um melhor conhecimento do mundo e das relações que se estabelecem entre os indivíduos e entre estes e o meio ambiente físico, social e profissional. A aprendizagem precisa constituir as competências necessárias à superação dos desafios de renovadas condições de exercício profissional e de produção de conhecimentos.

Conceitua-se aqui aprendizagem em uma visão construtivista, histórico-social, com base na teoria de Lev Vygotsky[1] cujo fundamento postula que a descoberta individual de princípios é intensamente suportada pelo ambiente social. O indivíduo tem uma participação ativa na construção do seu desenvolvimento, pois ele vai formando e transformando o conhecimento de si e do mundo por meio da interação com as outras pessoas do seu meio social. Dessa forma, o desenvolvimento humano se caracteriza pelas dimensões social, cultural e histórica.

1 Lev Semionovitch Vygotsky (1896–1934) foi o primeiro psicólogo moderno a sugerir os mecanismos pelos quais a cultura torna-se parte da natureza de cada pessoa ao insistir que as funções psicológicas são um produto de atividade cerebral. Explicou a transformação dos processos psicológicos elementares em processos complexos dentro da história. Ele enfatiza o processo histórico-social e o papel da linguagem no desenvolvimento do indivíduo. Sua questão central é a aquisição de conhecimentos pela interação do sujeito com o meio. Para o teórico, o sujeito é interativo, pois adquire conhecimentos a partir de relações intra e interpessoais e de troca com o meio, a partir de um processo denominado mediação. In.: RABELLO; PASSOS. J. S. **Vygotsky e o desenvolvimento humano**. Disponível em: http://www.josesilveira.com. Acessado em: 5 out. 2017.

Os colegas de trabalho e a liderança desempenham um papel fundamental no desenvolvimento ao participarem do diálogo com o indivíduo, ao desenvolverem uma compreensão compartilhada da tarefa e ao fornecerem feedback das atividades. A atenção está voltada aos papéis dos indivíduos em atividades colaborativas, assim como à natureza das tarefas que eles desempenham.

A implicação da visão construtivista histórico-social para os ambientes corporativos está na promoção de ambientes colaborativos e desafios apropriados; no encorajamento à experimentação e descoberta compartilhadas; no foco em conceitos e habilidades existentes; no desenvolvimento de habilidades, inclusive sociais.

Os eventos de aprendizagem devem conter algum momento de colaboração ou momento conversacional que pode ser suportado por algum recurso midiático, a fim de:

- atender a qualquer tipo de inteligência, já que a aprendizagem é concebida como processo de internalização das relações intra e interpessoais, mediada pelo que se aprende e a realidade pessoal de cada sujeito;
- enfatizar relações sociais contextualizadas e mediadas por uma intencionalidade reflexiva;
- possibilitar que os profissionais se coloquem em confronto com problemas, de modo a testar a aplicabilidade dos conhecimentos adquiridos; e
- enfatizar o compartilhamento de informações, com o uso de ferramentas que possibilitem interação síncrona e assíncrona, de maneira tanto a permitir a circulação do conhecimento tácito, como também a preparar os profissionais para o enfrentamento de mudanças que advirão em função do uso cada vez mais intenso de ferramentas tecnológicas em situações de trabalho.

Direcionadores metodológicos

Para o atendimento dos objetivos estratégicos da UnIBP, a articulação entre quatro fundamentos educacionais é vital para a promoção de uma aprendizagem significativa. Eles se inter-relacionam, são interdependentes. A não consideração de um dos fundamentos prejudica a efetividade de uma ação educativa.

A seguir, serão apresentados fundamentos educacionais que serviram como base para a criação da metodologia da UnIBP: desenvolvimento de competências, andragogia, aprendizado contextualizado e realidade profissional.

Desenvolvimento de competências

Segundo Zarifian (2001), a competência é composta por uma lista de capacidades que um indivíduo necessita possuir para que possa ocupar um determinado emprego ou trabalho. Corroborando com a relação entre competência e trabalho, a Resolução CNE/CEB nº 04/99 diz que a

> [...] competência profissional é a capacidade de mobilizar, articular e colocar em ação valores, conhecimentos e habilidades necessários para o desempenho eficiente e eficaz de atividades requeridas pela natureza do trabalho [...].

Os eventos de aprendizagem são todas e quaisquer propostas cuja finalidade é o desenvolvimento cognitivo. Podem ser curso, treinamento, tutorial, disciplina, módulo, unidade, tópico, vídeo, estudo de caso, estudo dirigido. Podem estar na modalidade presencial ou a distância ou híbrido; e em qualquer nível de maturidade. Devem ser calcados em quais competências estão construindo, de acordo com as Escolas e núcleos de conhecimento da UnIBP, os quais representam os processos-chave da cadeia de valor da indústria de óleo e gás.

A educação continuada necessita garantir as competências técnicas e humanas dos profissionais, o que requer o desenvolvimento de todos os níveis de conhecimento. Portanto, as soluções de educação precisam ser vistas como desafios que estimulem o participante a interagir em diferentes níveis de aprendizagem.

Eventos de aprendizagem que desenvolvem competências devem partir de propostas de práticas vivenciais que mobilizem a ação relacionada à competência. A(s) competência(s) é(são) norteadora(s) de toda a proposta. A partir disso, propõe-se as demais atividades, articulando diferentes elementos (conhecimento, habilidades e valores).

Andragogia

A designação andragogia foi utilizada pela primeira vez por Knowles, em 1968, no artigo *Adult Leadership*. Para o autor, a andragogia "é a arte e ciência de facilitar a aprendizagem dos adultos" (Nogueira, 2004, p.6).

Na idade adulta, com a maturidade e a independência, as escolhas passam a ser responsabilidade do sujeito. O adulto traz consigo uma bagagem de experiências já vividas que o levou a diversos acertos e erros, e, consequentemente, faz com que ele consiga diferenciar aquilo que sabe do que desconhece.

As metodologias de ensino para os adultos precisam ser mais ativas e baseadas no princípio da autonomia, pois os sujeitos, à medida que se tornam adultos e maduros, sofrem transformações: passam a ser indivíduos independentes e autodirecionados; acumulam experiências de vida que são fundamentais para as suas aprendizagens; seus interesses pelo aprendizado são convergidos para o desenvolvimento de habilidades utilizadas em seu papel social e em sua profissão — ou seja, passam a esperar uma imediata aplicação prática do que aprenderam, reduzindo seu interesse por conhecimentos que serão úteis somente em um futuro mais distante.

A andragogia, enquanto modelo para a educação com adultos, não apresenta ênfase no conteúdo (*conteudismo*). O diálogo é fundamental, já que há o compartilhamento do conhecimento de um (docente) com a experiência do outro (aprendiz). Nesse processo, torna-se difícil distinguir quem aprende mais — se o docente ou o aprendiz —, pois o aprendizado andragógico é caminho de duas vias e não um caminho de mão única, já que promove o aprendizado por meio da experiência, fazendo com que a vivência estimule e transforme o conteúdo, impulsionando a assimilação.

Em relação à aprendizagem, os adultos:

- precisam saber por que vão aprender algo, antes de começar a estudar;
- dispõem-se a aprender o que necessitam para enfrentar situações da vida real;
- centram-se na vida [tarefa ou problema] em suas orientações para aprender; e
- apresentam como motivação o desejo para aumentar a satisfação no emprego, a autoestima, a qualidade de vida e as necessidades semelhantes.

Aprendizado contextualizado

Um aprendizado contextualizado significa considerar os eventos de aprendizagem com os sujeitos envolvidos (docentes e participantes) e os recursos disponíveis (tecnologias, guias, conteúdos e outros); o pessoal e o social, ou seja, o conjunto de experiências que cada sujeito traz da sua vida pessoal para o ambiente de ensino-aprendizagem; o histórico da empresa/setor, sua tradição construída pelo conjunto de experiências passadas, que influenciam as práticas atuais. Contextualizar a aprendizagem é incorporar vivências concretas e incorporar a aprendizagem a novas vivências.

Realidade profissional

O resultado esperado da aprendizagem é a promoção do desenvolvimento contínuo de competências para os profissionais, resultando, então, como produto final, em novas e mais eficazes formas de delinear produtos e serviços — ou ambos — e diferentes estratégias de ação.

Para que tais resultados sejam conseguidos, é preciso considerar a realidade profissional dos sujeitos no aqui e agora e no não aqui e no não agora — previsão do futuro, de acordo com a realidade do mercado.

Espera-se que o processo de aprendizagem para o trabalho promova, nos profissionais, competências técnicas, que os tornem aptos a atuar de forma proativa em situações novas e em contextos de contínuas mudanças; criatividade, espírito crítico e capacidade de absorção de novos conhecimentos; domínio das principais técnicas e ferramentas de seu campo de atuação profissional.

Neste sentido, conseguimos estabelecer um ecossistema de aprendizagem mais amplo, onde são protagonistas os estudantes, os docentes e os demandantes das empresas, pois o diferencial de um ecossistema é que em seu processo habitual professores e alunos aprendem alternadamente, mas neste caso também conseguimos incluir a empresa — que passa a fazer parte desse aprendizado contínuo também.

Como fazemos

Os eventos de aprendizagem, sejam presenciais, a distância ou híbridos, são orientados para o desenvolvimento do "por que fazer", "como fazer" e do "saber fazer", permitindo uma análise crítica das relações estabelecidas e do papel do sujeito no contexto apresentado. Assim, o sujeito se apropria dos conhecimentos de forma significativa, compreendendo o processo como um todo e como ele se insere em sua realidade prática.

O conhecimento é construído em estreita relação com os contextos em que são utilizados.

Um participante de um processo de aprendizagem (Figura 2) inicia o percurso com seu conhecimento prévio. Durante o itinerário, por meio de eventos de aprendizagem e de suas atividades individuais e colaborativas, o participante realiza reflexões daquelas informações que está recebendo, compara com o que já sabe e com sua experiência profissional, debate com seus pares, avalia e reconstrói o seu conhecimento, ampliando-o e constituindo uma aprendizagem significativa.

Figura 2 O processo de Aprendizagem

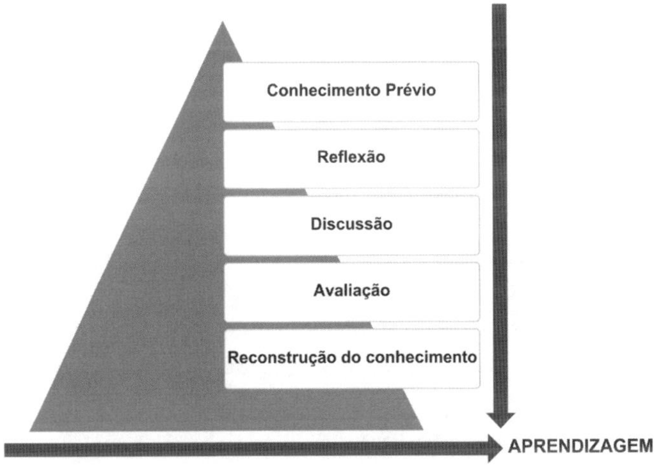

Fonte: UnIBP

A abordagem metodológica é constituída de várias etapas de trabalho conectadas. Iniciando pelos direcionadores do negócio/setor — que são os direcionadores estratégicos —, depois as áreas de conhecimento, competências críticas, soluções de aprendizagem e, por fim, as experiências de aprendizagem.

Podemos entender a partir de Mclellan (2002) que a elaboração da experiência de aprendizado requer a habilidade de criar vivências educacionais, destacando a centralidade do ser humano no processo. Isso implica o reconhecimento da inteligência, dos talentos e das experiências individuais, com o intuito de fomentar um aprendizado positivo e significativo por meio da empatia. Nesse contexto, a análise dos dados originados das avaliações desempenha um papel fundamental, possibilitando uma avaliação constante não apenas do conteúdo, mas também dos métodos e recursos educacionais implementados em uma solução específica, além do suporte fornecido pela equipe e outros aspectos pertinentes.

Figura 3 Direcionadores

Fonte: UnIBP

Os eventos de aprendizagem são planejados e desenvolvidos com o foco na constituição das competências, em perfeita consonância com o público-alvo e suas características. As estratégias de aprendizagem são flexíveis, gerando conteúdos de qualidade, apresentados de forma integrada e interativa, sob a égide das metodologias ativas. Essas soluções educacionais são todas e quaisquer propostas cuja finalidade é a aprendizagem. Pode ser uma trilha de aprendizagem, curso, tutorial, game, módulo, estudo de caso ou outros, na modalidade presencial, a distância ou híbrida, *in Company* ou turmas compartilhadas entre as empresas do setor.

As experiências de aprendizagem se apropriam

> *[...] das metodologias ativas que formas de desenvolver o processo de aprender, utilizando experiências reais ou simuladas, visando às condições de solucionar, com sucesso, desafios advindos das atividades essenciais da prática social, em diferentes contextos [...]* (Berbel, 2011, p. 25-40).

O uso das metodologias ativas potencializa a formação crítica e reflexiva do profissional. Dentre as mais utilizadas na UnIBP estão:

- **sala de aula invertida:** acontece uma proposta prévia de estudo dos participantes. Antes da aula são disponibilizados por meio do ambiente virtual de aprendizagem da UnIBP materiais para que eles possam estudar em seu próprio tempo. O encontro do grupo, seja ele presencial ou online, é dedicado a atividades, dinâmicas e exercícios nos quais os participantes colocam em prática os conceitos estudados anteriormente;
- **estudo de casos:** método onde são apresentadas situações reais ou fictícias para que sejam analisadas com o objetivo de desenvolver competências como análise, soluções de problemas e/ou síntese, e pode ser realizada individualmente ou em grupo; e
- **aprendizagem baseada em problemas:** a aprendizagem se dá ao buscar as soluções para o problema com a mediação do docente. A aplicação dessa metodologia visa à aquisição do conhecimento do assunto tratado pelos participantes, tornando-os autônomos.

Tais estratégias desenvolvem também competências comportamentais (*soft skills*) como: comunicação, discussão democrática das ideias, respeito às diferenças, participação ativa, cooperação em grupo, reflexão, argumentação e negociação.

Docentes

As soluções educacionais têm como professores profissionais de grande experiência e de alta visibilidade junto à indústria. A UnIBP tem estabelecida uma rede de especialistas de reconhecida atuação profissional e formação acadêmica de excelência, com vivências nos mercados nacional e internacional. A partir do seu profundo conhecimento técnico, auxiliam na identificação e diagnóstico de tendências relativas ao setor e ao tipo de formação profissional necessária. Também sinalizam os impactos causados pelas transformações tecnológicas e organizacionais no setor e seus reflexos no desempenho profissional. Dessa forma, contribuem para o entendimento do mercado de trabalho, fornecendo as informações necessárias para o desenvolvimento de profissionais capazes de enfrentar os desafios da indústria.

É um desafio do setor pedagógico da UnIBP capacitar os docentes para utilização das metodologias definidas como fundamentais para o desenvolvimento das competências dos discentes, uma vez que os professores são especialistas-técnicos do setor e não possuem necessariamente vivência na condução de eventos de aprendizagem. Ainda sobre a formação do corpo docente, vale destacar os desafios impostos pelos novos recursos digitais que foram acelerados durante a pandemia da Covid-19.

A didática e a utilização dos recursos corretos para cada solução educacional são fatores cruciais para uma experiência de aprendizagem significativa. O corpo docente é um valioso ativo da UnIBP e por isso a equipe pedagógica é comprometida com sua formação por meio da realização de workshops, treinamentos, feedbacks constantes a partir das avaliações de reação e conteúdos qualificados que ficam disponíveis na sala do professor no Ambiente Virtual de Aprendizagem.

Avaliação

Avaliar competências é avaliar o desempenho do sujeito quando ele realiza uma atividade, por meio da articulação de recursos, instrumentos e conhecimentos necessários para tal. A avaliação engloba os elementos objetivos que estruturam a competência: conhecimentos e habilidades. É um processo pelo qual se compilam evidências de desempenho e conhecimentos.

A avaliação é concebida como um processo contínuo de aferição do desempenho de cada participante e é constituída por um conjunto de instrumentos de diagnóstico de desempenho.

O Modelo de Educação Corporativa da UnIBP aplica até três níveis de avaliação da aprendizagem, a saber:

- **avaliação diagnóstica**: acontece no início do processo educativo para verificar os pré-requisitos dos participantes. É o tipo de avaliação essencial para a definição do itinerário formativo dos participantes;
- **avaliação formativa**: acontece durante o processo educativo, fornecendo feedback imediato tanto para o docente quanto para o aluno. Os instrumentos de avaliação utilizados são construídos especificamente de acordo com os objetivos propostos; e
- **avaliação somativa**: acontece ao final do processo educativo. No caso das trilhas de aprendizagem, a avaliação somativa ocorre ao final de um extenso ou complexo produto educacional.

As avaliações apresentadas podem ocorrer informalmente ou formalmente — desde que esteja descrito no Projeto Pedagógico de Curso. As verificações de aprendizagem formais avaliam o rendimento do estudante para fins institucionais e de certificação.

Dependendo do produto educacional, o processo de avaliação também se baseia nas ideias de Donald Kirkpatrick[2] – modelo de quatro níveis de avaliação. Cada nível de avaliação (reação, aprendizagem, comportamento e resultados) tem sua importância e, à medida que se passa de um nível para o seguinte, o processo se torna cada vez mais complexo. De forma resumida, os quatro níveis são:

- **nível 1: Reação** – mensura-se a satisfação dos participantes ao evento de aprendizagem;
- **nível 2: Aprendizado** – é uma mudança na forma de perceber a realidade e/ou um aumento de conhecimentos e/ou um aumento de habilidades decorrente da participação em determinado produto educacional;
- **nível 3: Comportamento** – Este nível é definido como a extensão da mudança de conduta e de procedimento que ocorre porque a pessoa participou de um evento de aprendizagem. Existem diversos fatores para que a mudança de comportamento ocorra, desde a vontade do indivíduo até trabalhar em um ambiente com um clima adequado para esta transformação; e
- **nível 4: Resultados** – mede os resultados organizacionais alcançados devido à participação no evento de aprendizagem.

As avaliações, se bem elaboradas, fornecem dados relevantes sobre o produto educacional e o desenvolvimento dos participantes. São úteis para apontar lacunas no processo de aprendizagem, possibilitando o feedback tanto para o participante, quanto para o docente.

Conclusão

O breve compartilhamento da experiência da UnIBP não dita um caminho para criação de uma Universidade Corporativa Setorial. Este não é

2 Donald L. Kirkpatrick (1924-2014) foi professor da Universidade de Wisconsin e definiu um modelo de avaliação de formação e de aprendizagem muito popular e o mais utilizado nas organizações — o modelo de quatro de níveis de avaliação.

um processo pétreo, uma vez que os processos educacionais estão intimamente ligados às necessidades do mercado. Será preciso (re)visitar constantemente essa estrutura para acompanhar as rápidas mudanças da sociedade, do ambiente de trabalho, do comportamento das pessoas e, consequentemente, do setor.

O aprendizado inovador e significativo precisa gerar resultados que possam promover locais de trabalho sustentáveis e ágeis. A demanda por novos conhecimentos, habilidades e atitudes é alta.

As pessoas podem se envolver com a aprendizagem quando e onde elas precisam, em vez de apenas quando está programado. A tecnologia permite o acesso aos conteúdos no momento da necessidade (objetos de aprendizagem para acesso via mobile como vídeos streaming, animações e games) é a aprendizagem *on demand* e na "ponta dos dedos". O fluxo da aprendizagem ocorre de forma contínua, dinâmica e livre.

É preciso esclarecer o diferencial dos objetivos de aprendizagem e desenvolver soluções que atendam a essas novas demandas, tanto na forma quanto no conteúdo.

A UnIBP se consolidou como um importante *player* do setor, capaz de qualificar mais de 5 mil profissionais por ano, com índices de satisfação e aprendizagem superiores a 90%, sendo também responsável por inciativas de promoção da equidade de gênero e raça.

A Universidade do setor de Petróleo e Gás valoriza seus múltiplos agentes, reconhecendo que a construção do conhecimento se realiza de forma constante.

Referencial Bibliográfico

ABNT. NBR ISO 10015:2001 Gestão da Qualidade – Diretrizes para treinamento, 2001.

BERBEL, N. A. N. As metodologias ativas e a promoção da autonomia de estudantes. *Ciências Sociais e Humanas*, Londrina, v. 32, n. 1, p. 25-40, jan./jun. 2011.

KIRKPATRIK, D. L. **Como implementar os quatro níveis de avaliação de treinamento de equipes**: guia prático. Rio de Janeiro: Senac RJ, 2010.

MCLELLAN, H. Experience design. *CyberPsychology Behavior*, v. 3, n. 1, p. 59-69, 2000.

MDIC; Instituto Euvaldo Lodi – IEL. **O futuro da indústria:** educação corporativa – reflexões e práticas. Coletânea de Artigos. Série Política Industrial, Tecnológica e de Comércio Exterior, nº 13. Ministério do Desenvolvimento, Indústria e Comércio Exterior. Brasília, DF: MDIC, 2006. P. 80-81.

MEC. Resolução CNE/CEB nº 04/99. Brasília: Ministério da Educação, 1999. Disponível em: http://portal.mec.gov.br/setec/arquivos/pdf/RCNE_CEB04_99.pdf. Acesso em: janeiro de 2023.

NOGUEIRA, S.M. A andragogia: que contributos para a prática educativa? *Revista Linhas*. V. 5, n. 2, 2004.

RABELLO, E. T. e PASSOS, J. S. Vygotsky e o desenvolvimento humano. Disponível em <http://www.josesilveira.com>, acessado em outubro de 2017.

ZARIFIAN, P. **Objetivo competência:** por uma nova lógica. São Paulo: Atlas, 2001.

Bibliografia

FOUCAULT, M. **A ordem do discurso**. 3. ed. Trad. L. F. de A. Sampaio. São Paulo: Edições Loyola, 1996.

Princípios de design de experiência de aprendizagem. Disponível em: https://www.desenhoinstrucional.com/post/princ%C3%ADpios-de-design-de-experi%C3%AAncia-de-aprendizagem. Acessado em: jan. 2023.

PwC. **Modelos e práticas de educação corporativa nas organizações brasileiras.** São Paulo: PricewaterhouseCoopers, 2016.

CAPÍTULO 8

Programa de Monitoria e Carreira: *desenvolvimento de sucessores em formato digital*

Aline Vargas[1]
Ana Flávia Briceño[2]
Jefferson Silva[3]
Marly Vidal[4]

Conhecendo a Origem

Por trás do Grupo Sabin de Medicina Diagnóstica, que hoje atende quase 6 milhões de clientes em todo o país e acolhe 7 mil colaboradores, existe a história de 2 mulheres que, com ousadia e visão de futuro, se dedicaram ao compromisso de transformar e melhorar vidas a partir de uma gestão humanizada, investimento constante em tecnologias inovadoras, transformação digital e qualidade dos serviços e o propósito de inspirar pessoas a cuidar de pessoas.

1 Aline Vargas é Especialista em Educação Corporativa.
2 Ana Flávia Briceño é Gerente de Desenvolvimento Humano Organizacional.
3 Jefferson Silva é Coordenador de Desenvolvimento Humano Organizacional.
4 Marly Vidal é Diretora Administrativa e de Pessoas.

A história começou em 1984, quando Janete Vaz, goiana de Anápolis, e Sandra Soares Costa, natural de Inhapim (MG), transformaram a amizade em sociedade e abriram as portas da primeira unidade do Laboratório Sabin com a ajuda de apenas três colaboradores. Os desafios eram inúmeros, especialmente em se tratando de liderança feminina. Contudo, a dedicação e a resiliência prevaleceram, e as bioquímicas conquistaram a confiança dos clientes, o respeito da classe médica e a admiração dos colaboradores.

Entre 1990 e 2000, a empresa conquistou diversas certificações nacionais e internacionais que atestaram a excelência e a qualidade dos processos e marcaram a virada tecnológica do Grupo que, então, alcançou o posto de maior laboratório de análises clínicas do Centro-Oeste, tornando-se referência por seu modelo de gestão e pelo compromisso na entrega de serviços de saúde com excelência.

Novas acreditações foram conquistadas, e a cultura de inovação e de pessoas no centro da estratégia empresarial foram consolidadas, colocando o respeito, a ética e a valorização das pessoas como parte dos princípios e filosofia do Sabin.

A empresa tornou-se signatária do Pacto Global e, em 2005, foi fundado o Instituto Sabin — uma entidade sem fins lucrativos que tem como missão contribuir para a melhoria da qualidade de vida das comunidades onde o Grupo Sabin atua, nas áreas de saúde, esporte, educação e inovação social.

Em 2010, o Laboratório Sabin somava 62 unidades e as fundadoras se depararam com uma grande decisão empresarial: a empresa deveria crescer ou ser incorporada por grandes grupos do setor? A escolha foi a primeira opção e iniciou-se, assim, o processo de expansão da empresa. Com o passar dos anos, ela chegou às cinco regiões do país e seu portfólio de serviços foi ampliado.

Desde então, em cada cidade onde o Sabin leva sua marca, ele inspira, valoriza e desenvolve seus colaboradores por meio de uma gestão humanizada, para que possam replicar esse cuidado genuíno a cada cliente e a cada pessoa com quem interagem.

Esse desdobramento é norteado — dentre outas iniciativas — pelas ações de desenvolvimento humano desempenhadas pela Universidade Corporativa que realiza a integração, a capacitação e o desenvolvimento de competências técnicas e comportamentais dos milhares de colaboradores em nível nacional para a conquista dos objetivos estratégicos e de expansão. Isso acontece porque a empresa acredita que o seu sucesso é o reflexo das conquistas de cada pessoa que a compõe.

Hoje, o Grupo Sabin é um dos maiores *players* no setor de medicina diagnóstica do país e investe em empresas com atuação na área de atenção primária à saúde. São mais de 350 unidades de atendimento distribuídas em 16 estados da federação (DF, GO, BA, AM, TO, PA, RR, MT, MS, MG SP, RJ, SC, PR, PI e MA).

Universidade Corporativa – Em 2009, diante dos desafios do crescimento da empresa e o plano de expandir geograficamente, o grupo sentiu necessidade de ampliar o modelo de T&D para uma Universidade Corporativa. Havia demanda de uma atuação mais ativa e estratégica da área, pensando no futuro da organização e no desenvolvimento de competências voltadas para o negócio.

Assim, pensando no desenvolvimento integral dos colaboradores — como indivíduos, cidadãos e profissionais —, em consonância com o Planejamento Estratégico, a cultura organizacional e a ideologia do grupo, a Universidade Corporativa foi implantada com o objetivo de atender as seguintes diretrizes:

- ter um maior foco na estratégia, antecipando necessidades e soluções de desenvolvimento ou aprimorando competências que serão necessárias para o futuro organizacional, em coerência ao planejamento estratégico e visão da empresa;
- ampliar o público, com maior participação dos stakeholders e demais integrantes da cadeia de valor nos programas de capacitação e desenvolvimento;
- desenvolver mais metodologias de ensino, abrangendo a andragogia e metodologias ativas de aprendizagem com especial atenção à modalidade de educação a distância. Nos últimos anos a utilização das Tecnologias Digitais de Informação e Comunicação (TDIC); e
- oferecer mais programas e conteúdos com o propósito de apresentar soluções para a melhoria do desenvolvimento organizacional e objetivos estratégicos do Grupo e não apenas individual.

Com a missão de desenvolver competências atreladas ao negócio e gerar diferencial competitivo, a Universidade Corporativa, buscando alinhamento estratégico entre as competências essenciais do negócio e as competências funcionais, estruturou seus pilares em academias (no modelo templo) que se desdobram em trilhas de aprendizagem e cursos que visam atender as necessidades da empresa e a capacitação de seus mais de 7 mil colaboradores, de forma inovadora e eficaz.

Para exemplificar, pode-se observar a estrutura por escolas da Universidade Corporativa, além de algumas entregas e programas de desenvolvimento realizados internamente:

Figura 1 Modelo Escola Institucional Sabin

Fonte: Sabin

Público-alvo: todos os colaboradores.
Objetivo da escola: disseminar, fortalecer e renovar a Cultura Sabin.
Competências desenvolvidas: Ética e Integridade, Engajamento, Comunicação, Etiqueta Corporativa, Foco em Autodesenvolvimento e Cultura Organizacional.

Programas e iniciativas em destaque:

- **Conexão Unisabin** – Momento inspirador de trocas de experiências que dissemina valores e práticas do Grupo, utilizando o *storytelling* para apresentar *cases* reais de colaboradores.
- **Cultura Viva** – Programa que visa fortalecer o engajamento de colaboradores com mais tempo de casa, assim como motivar e engajar novos colaboradores. Por meio de perguntas e respostas, os colaboradores com mais de cinco anos respondem e compartilham as suas vivências e os colaboradores com menos de cinco anos podem tirar dúvidas. Assim, permite-se abordar os diferenciais do Grupo.

- **Programa Bebendo na Fonte** – Programa ministrado pelas fundadoras do Grupo que tem como propósito disseminar *cases* da trajetória profissional da Dra. Sandra Costa e da Dra. Janete Vaz, estimulando novos insights e a motivação dos colaboradores.
- **Cidadania Corporativa** – Ação com foco em disseminar sobre sustentabilidade que utiliza uma metodologia chamada de "teatro dos oprimidos", é um método teatral que reúne exercícios, jogos e técnicas teatrais trazendo democratização do público e trocas de situações vivenciadas.
- **Inspira Ação Unisabin** – Programa que visa estimular nos colaboradores o interesse em fazer uma sólida carreira no Sabin, por meio de vídeos da alta liderança, abordando por meio de *storytelling* a trajetória profissional no Grupo e uma analogia dos 23 mandamentos que existem na empresa.
- **Jogo da Ideologia** – Quando a integração era realizada de forma presencial, aplicava-se o Jogo da Ideologia. No ano de 2020, devido ao cenário de pandemia, foi possível adaptar o jogo para modelo online, mantendo nosso foco em inovação, com propostas de gamificação de algumas ações.

» Escola Clientar

Público-alvo: *front office* (agentes de recepção, colhedores, supervisores de unidade, manobristas, apoio etc.).
Objetivo da escola: disseminar, fortalecer e renovar a Cultura Sabin.
Competências desenvolvidas: Atendimento Humanizado.

Programas e iniciativas em destaque:

- **Excelência na Humanização** – Ação feita com todo o público do Clientar, focada em abordar práticas de humanização que podem ser utilizadas tanto para os clientes externos como para os internos.
- **Atendimento e Humanização Imagem** – Curso para as pessoas que atuam no negócio de imagem, com foco no desenvolvimento para um atendimento humanizado e os impactos nos clientes.
- **Trabalhando as Emoções** – Ações desenvolvidas para que as pessoas que atuam na linha de frente pudessem de certa forma desenvolver habilidades socioemocionais que impulsionam a gestão das emoções impactando nos comportamentos percebidos.

- **A.G.I.R. Humanizado** – (**A**tender com empatia, **G**erar Confiança, **I**ntegridade sempre e **R**esolução ágil) tem como objetivo desenvolver as capacidades relacionadas ao Atendimento Humanizado nos colaboradores técnicos que podem ter contato com os clientes externos. Além disso, espera-se uma melhora no relacionamento interno destes colaboradores.

» Escola Negócio:

Público-alvo: todos os colaboradores.

Objetivo da escola: desenvolver competências alinhadas à estratégia do Grupo Sabin promovendo o crescimento sustentável.

Competências desenvolvidas: Visão de Mercado, Visão Sistêmica, Foco em Resultados, Capacidade Analítica.

Programas e iniciativas em destaque:

- **Lean** – Pensando e Agindo LEAN – Disseminar e alinhar o conceito de processo enxuto nas diversas áreas existentes no Sabin Medicina Diagnóstica para que ocorra uma mudança no mapa mental dos ativos, começando a focar fazer mais com menos, otimizando os recursos existentes e utilizando a tecnologia que temos a nosso favor.
- **Negociador Legal** – Aumentar a receita particular nas unidades selecionadas.
- **Negociação Eficaz** – Empreender um processo de vendas voltado para a relação ganha-ganha, com foco nas necessidades da empresa e do cliente, sendo o protagonista de um show com o objetivo de promover uma experiência encantadora e inesquecível ao cliente, satisfazendo suas necessidades, superando suas expectativas, sendo o agente conhecedor de seus desejos e a ponte para a realização de seus sonhos por meio de um serviço de saúde com excelência.

» Escola Humanizar (liderança):

Público-alvo: todos os líderes.

Objetivo da escola: oferecer trilhas de aprendizado e programas de desenvolvimento contínuo para desenvolver a liderança em competências comportamentais e técnicas, que pretendem se antecipar às necessidades estratégicas do negócio.

Competências desenvolvidas: Paixão por Servir, Liderar por Valores e Propósitos, Desenvolvimento de Pessoas, Visão de Negócio, Composição de Equipes de Alto Desempenho, Orientação para a Inovação, Planejamento de Estratégia e Promoção e Facilitação de Mudanças.

Programas e iniciativas em destaque:

- **Programa Saber Líder** – Ação que tem como facilitadores consultores, formadores de opinião, especialistas em assuntos que foram planejados no Planejamento Estratégico (PEC) e ou que foram verificados como necessários a serem trabalhados.
- **Programa RH em Movimento** – Programa voltado para os RH's Corporativos e Locais e Gestores Regionais para que possam se atualizar continuamente e assim garantir nossos ativos atualizados com as tendências dos negócios e mercado.
- **De Líder para Líder** – Palestras para todos os líderes, contam com a participação de palestrantes renomados e especialistas nos assuntos, com foco em proporcionar insights e atualizar competências. Alguns temas abordados: **neuroliderança, feedback e *feedfoward*, transformação digital, digital *skills*, jornada do cliente.**
- **Desenvolvimento de Supervisores e Coordenadores** – Ações desenvolvidas por empresas externas, fundamentadas nos seguintes pilares: Negócio, Produtividade e Resultados, Liderança e Pessoas e Processos.
- **Líder *Express*** – Pílulas de conteúdo com base nos objetivos estratégicos dos anos, com propostas de compartilhamento por e-mail de artigos, vídeos e *cases* sobre temas atuais.

Com formatos variados, proporcionamos a cultura de aprendizagem e líderes ainda mais preparados.

» Escola Operacional (Técnica e científica):

Público-alvo: todas as pessoas que atuam com os processos técnicos científicos nos negócios do grupo.

Objetivo da escola: tem foco no desenvolvimento de programas voltados para o *back office* do Grupo.

» Escola Viva Mais

Público-alvo: todos os colaboradores.

Objetivo da escola: oferecer conteúdo de saúde, lazer, cultura e cidadania que reforcem o cuidado do Grupo com as pessoas na sua integralidade (mental, financeira, cultural e espiritual).

Competências desenvolvidas: diversas — voltadas para saúde integrada.

Dentre as várias escolas e entregas feitas pela Universidade, tivemos em 2021 a criação de um programa que tem como premissa fomentar a cultura de aprendizagem e, como consequência, existe a possibilidade das pessoas que participam assumirem vagas de liderança no atendimento.

Esse Programa é um marco, e tem se destacado, pois é possível unir potenciais, evidenciados nas Avaliações 360°, que são desenvolvidos em competências comportamentais e técnicas de gestão e que, posteriormente, se encontram seguros e preparados para assumirem vagas de supervisores de Atendimento. O programa, apesar do pouco tempo de existência, já recebeu algumas premiações e reconhecimentos, tanto interna, como externamente.

Chamado de Monitoria & Carreira, faz uma analogia com mentoria, pois esses potenciais são acompanhados de perto pelo RH e Atendimento para que tenham um desenvolvimento de carreira que une Cultura e Conhecimento.

Monitoria & Carreira – Encarreiramento, Sucessão e Protagonismo

O Programa de Monitoria & Carreira iniciou no Grupo Sabin com o propósito de preparar profissionais para assumirem o primeiro nível de liderança no atendimento — inicialmente como "monitores de atendimento" e, depois, avaliados para assumirem como Supervisores de Unidade. E foi o Programa de destaque da Escola Humanizar.

Esse programa é uma oportunidade de aprendizado e desenvolvimento para novas posições e carreira dentro do Grupo, indo ao encontro da necessidade de formação de novos líderes inseridos na cultura e processos da empresa.

A implantação do programa busca identificar e desenvolver potenciais com visão inovadora e estratégica, que possuem interesse em fazer carreira no Grupo.

Em 2021, iniciou a 1ª turma em Brasília, — o projeto piloto, para que pudéssemos estender para todo Brasil posteriormente.

Esse programa consegue alinhar teoria, prática, acompanhamento, desempenho e resultados por meio de tecnologias de educação e metodologias diversas de compartilhamento do conteúdo.

Elegibilidade e Adesão ao Programa

São considerados elegíveis para a participação no programa os colaboradores que:

- contem com, no mínimo, um ano de empresa; (não conta tempo de estágio ou jovem aprendiz);
- não estão no comitê de acompanhamento;
- não têm reincidência de sanções disciplinares pelo mesmo motivo;
- tenham realizado as trilhas obrigatórias na plataforma Unisabin (Integração e Integridade);
- apresentem notas superiores a 80 na AD no último um ano de atuação (quando aplicável); e
- tenham sido considerados como potenciais pelo líder imediato — para a pergunta do potencial ou avaliados como potenciais durante a avaliação do comitê de calibração.

Após conferência dos requisitos, o colaborador passará por um comitê, formado por líderes de diversas unidades, para avaliação de desempenho, entrega e resultados atingidos nos últimos seis meses.

Como critérios de elegibilidade, o participante precisa estar cursando nível superior a partir do 5º semestre, preferencialmente.

Etapa de Desenvolvimento

Nessa etapa serão desenvolvidas as competências comportamentais e técnicas para o desempenho do Monitor de Atendimento. As tecnologias digitais foram utilizadas para o compartilhamento dos conteúdos.

A formação pode ter de seis a doze meses de duração.

As pessoas que finalizarem a etapa de desenvolvimento (média de 12 módulos) e tiverem a pontuação necessária estarão aptas a assumir o cargo de **Monitor de Atendimento** — de acordo com a demanda de vagas. A ordem de classificação segue o desempenho e a pontuação obtida pelos participantes.

O participante é acompanhado pelo coordenador de atendimento e recebe feedbacks constantes, registrados na plataforma digital da Gestão de Desempenho.

Como pontos de análise, são levadas em conta as competências comportamentais (gestão de pessoas, jeito Sabin de liderar, visão integrada de processos, etiqueta corporativa e gestão de conflitos) e as competências técnicas (gestão do ponto, captação de clientes, solicitação de materiais, controle de estoque e análise de indicadores).

Após um ano como Monitor de Atendimento, o colaborador estará apto ou não para ocupar a função de Supervisor de Unidade — ficando no banco de talentos caso não existam vagas em aberto.

Etapa de Acompanhamento e Avaliações

Assim que o participante for selecionado para participação no Programa M&C, deverá ser submetido a acompanhamentos periódicos.

O programa traz a oportunidade para que nossos colaboradores sejam reconhecidos como potenciais, e que nossa liderança possa acreditar, estimular e contribuir na formação dessas pessoas. Durante todo o desenvolvimento, o participante realiza práticas em nossas unidades. Estas são acompanhadas pelos Coordenadores de Atendimento e os participantes são avaliados pela equipe de colaboradores das unidades onde realizaram a prática. Com isso, é possível unir o desenvolvimento coletivo e focar o plano de desenvolvimento individual de cada participante por meio das informações sinalizadas nas avaliações feitas no sistema de acompanhamento de performance.

A área da Gestão de Desempenho acompanha e orienta os coordenadores para que possam trabalhar também com Planos de Desenvolvimentos Individuais (PDIs) quando algum *gap* for evidenciado. Isso traz apoio dos "líderes como mentores", que podem assim estar próximos dos participantes e traçar juntos os próximos passos para que possam performar de maneira ainda melhor.

Iniciativa Inovadora

A inovação está no modelo de formação, na valorização do desenvolvimento de pessoas e na preparação de pessoas para assumirem posições de liderança. Os participantes do programa conseguem, por meio de práticas, usar ferramentas e técnicas de gestão que aprendem durante os encontros virtuais que são realizados.

Os pontos que se destacam no programa são: oportunidades internas de encarreiramento e a utilização das Tecnologias Digitais da Informação e Comunicação (TDIC) e metodologias ativas de aprendizagem.

Estamos diante de uma época marcada por grandes e rápidas transformações a partir da intensificação da utilização das Tecnologias Digitais da Informação e Comunicação (TDIC). Estas, aliadas à globalização, aceleraram as transformações na esfera social como um todo, alterando as formas de relacionamentos, comunicação, produção, consumo e acesso à informação.

Pensar no desenvolvimento de competências e habilidades dentro das organizações, nesse contexto, é um grande desafio, principalmente no Grupo Sabin, visto que estamos presentes em diversos estados. É imprescindível para garantir a efetividade das ações pedagógicas a utilização de novas tecnologias e metodologias, de forma a garantir uma aprendizagem com qualidade e formatos variados.

Silva (2008) menciona que a tecnologia do século XX produziu novas formas de sociedade e de cultura, alterando substancialmente os processos de valorização dos indivíduos e o acesso à informação.

Moreira e Kramer (2007) corroboram esse fato com a opinião de que a tecnologia nunca avançou tão rapidamente, e isso acarreta um desafio grandioso para os educadores.

Em tal visão, o processo da aprendizagem dentro das organizações precisa estar ainda mais próximo do aprendiz, sendo necessários fomentos e estruturas capazes de proporcionar aos colaboradores interesse e engajamento.

Junto com as Tecnologias Digitais de Informação e Comunicação (TDIC), o programa adotou algumas metodologias ativas para corroborar ainda mais com o processo de desenvolvimento e aprendizagem de forma crítica e participativa.

As metodologias utilizadas no programa foram: teatro, aprendizagem baseada em problemas, sala de aula invertida, atividades práticas, ensino híbrido e gamificação.

O teatro como prática pedagógica influenciou positivamente no envolvimento dos colaboradores durante o treinamento, assim como proporcionou discussões bastante pertinentes em virtude da aproximação com a realidade que eles vivenciam. Nas ações que utilizavam o teatro foi possível abordar temas como sustentabilidade, diversidade e atendimento a clientes.

A Aprendizagem Baseada em Problemas (ABP ou PBL) surgiu no final da década de 1960 na McMaster University (Canadá) com o foco em estabelecer a relação prática/teoria/prática. A PBL tem origem conceitual nas ideias do psicólogo americano Jerome Seymour Bruner e do filósofo John Dewey.

Bruner foi o principal proponente da denominada *Learning by Discovery* (Aprendizagem pela Descoberta) que consistia, em essência, no confronto de estudantes com problemas e na busca de sua solução por meio da discussão em grupos.

No que tange às atividades práticas, entende-se que o desenvolvimento da competência se dá em maior nível na aplicação prática. Segundo Edgard Dale, na sua teoria de aprendizagem, 75% do aprendizado ocorre no fazer pelo sujeito, conforme mostrado na pirâmide abaixo (Figura 2).

Figura 2 Pirâmide da Aprendizagem de Edgar Dale[5]

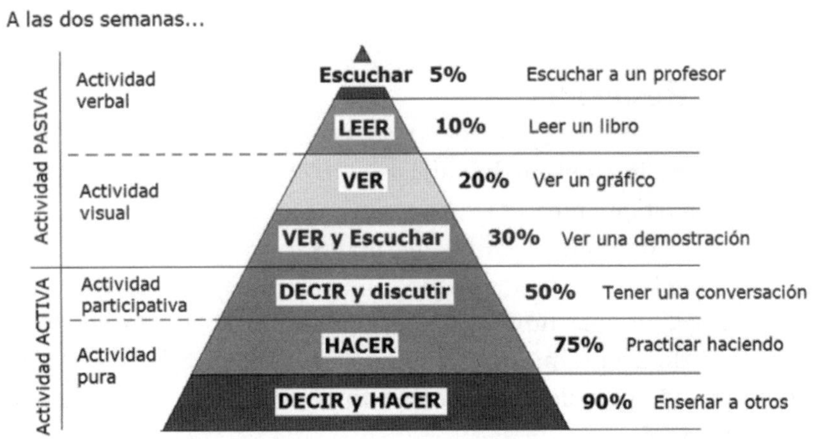

Fonte: SantiPBL

5 Fonte: https://santipbl.blogspot.com/2014/05/piramide-de-aprendizaje-de-edgar-dale.html. Acessado em: 10 dez. 2023.

Quanto à sala de aula invertida, a primeira experiência aconteceu em 1996, em uma disciplina de Microeconomia da Miami University (EUA), por iniciativa dos professores Maureen J. Lage, Glenn J. Platt e Michael Treglia.

No Programa Monitoria, a associação de atividades com a utilização das metodologias citadas permitia que os participantes se utilizassem de conceitos previamente compartilhados. Nas substituições práticas, faziam a aplicação desses conceitos que eram todos refinados nos encontros híbridos juntos com o professor, sendo possível maior flexibilidade no ensino, personalização do processo de aprendizagem, melhora do desempenho dos participantes e valorização do papel do professor.

Conexão estratégia e cultura organizacional

A estratégia da empresa é atuar em todos os estados do país. Para isso, precisamos de líderes preparados para assumir posições de primeira linha. Além disso, somos uma empresa que valoriza as pessoas internamente e traz oportunidades. Atualmente mais de 80% dos cargos de gerência e diretoria foram preenchidos internamente. Nossa diretora administrativa e de pessoas e a presidente do grupo retratam esse valor, pois iniciaram no grupo há anos como atendente e estagiária, respectivamente.

Os Resultados

O programa iniciou em Brasília em 2021, a primeira turma finalizada tinha 24 participantes e 14 deles foram aproveitados para a função de Monitor de Atendimento, onde permanecem por um ano em acompanhamento prático.

Muito mais que números, alcançamos o desejo do colaborador em participar do programa, em ter a oportunidade de aprender e crescer dentro do grupo, além do engajamento total dos participantes nas atividades propostas.

Nosso propósito de inspirar pessoas a cuidar de pessoas pode ser vivenciado especialmente por nossos potenciais, por compartilharem de um ambiente que visa ao conhecimento e à transformação de indivíduos.

Beneficiados

A área de atendimento foi a principal participante, e hoje representa, em média, 57% do total de colaboradores.

Nesse sentido, foi possível perceber uma melhora no sentimento de valorização e motivação dos profissionais do atendimento — que hoje aguardam ansiosos pela próxima turma. O clima organizacional ficou mais positivo e as pessoas passaram a entender que o protagonismo no desenvolvimento de carreira interna é de responsabilidade individual, por meio de entregas de resultados consistentes, comprometimento com o trabalho e com o desenvolvimento pessoal e profissional.

O Programa Monitoria & Carreira tem sido para a empresa um *case* de sucesso, pois impacta diretamente na motivação e engajamento dos agentes de recepção, tendo resultado direto na promoção de carreira e sucessão interna. Com isso, equipes de alto desempenho são, cada vez mais, uma realidade evidente para o Grupo Sabin.

Conclusão

Segundo Azevedo (2006), acostumados a "receber" passivamente as informações, os aprendizes quando colocados em uma situação que demanda maior atividade, trabalho, interação e esforço mostram-se, inicialmente, resistentes ao novo método; porém, com o tempo essa resistência é superada.

Como o foco do programa é trazer a responsabilidade para o aprendiz, consideramos a adoção das tecnologias e metodologias utilizadas bem-sucedidas para garantir líderes mais preparados, com conhecimento teórico e realizando ações práticas.

Essa autonomia de pensamento contribui para a carreira profissional do indivíduo, sua formação como um ser social e político e tornando-o um agente de seu meio com mais proatividade.

Referências Bibliográficas

ANDRADE JUNIOR, J. M. ; SOUZA, L. P.; SILVA, N. L. C. (**Orgs**) **Metodologias ativas**: práticas pedagógicas na contemporaneidade. Campo Grande: Inovar, 2019. 203p.

AZEVEDO, M. N. 2006. Novos papéis para alunos, professores e gestores: O futuro do ensino superior está nas metodologias alternativas. Publicado em 22/08/2006 http://www.universia.com.br/materia/materia.jsp?materia=12043. Acessado em: 16 de abr. 2008.

BIZZO, N; MONTEIRO, P. H. N. O Uso do Teatro de Augusto Boal no Curso de Licenciatura em Ensino de Ciências: Discutindo o Tema da Avaliação. *Anais do 2° Congresso de Graduação da Universidade de São Paulo*, 05 e 06 de julho de 2016 – Campus USP "Luiz de Queiroz" – Piracicaba/SP Disponível em: https://s3.amazonaws.com/academia.edu.documents/49858978/anais_congresso_graduacao_usp_2016.pdf?AWSAccessKeyId=AKIAIWO WYYGZ2Y53UL3A&Expires=1535398425&Signature=Bbm1ztdox746w OYsgKyRco62vmg%3D&response-contentdisposition=inline%3B%20filename%3DCapacitacao_didatica_na_ECA-USP_a_experi.pdf. Acessado em: 16 abr. 2016.

HONÓRIO, E. et al. O ensino de jornalismo e a metodologia baseada em problema (pbl): relato de uma experiência. *7° Fórum Nacional de Professores de Jornalismo*, Florianópolis/SC. Disponível em: http://www.fnpj.org.br/grupos.php?det=50. Acessado em: 16 abr. 2008.

MOREIRA, Antonio Flavio Barbosa; KRAMER, Sonia. Contemporaneidade, educação e tecnologia. Educ. Soc., Campinas, v. 28, n. 100 – Especial, p. 1037-1057, out. 2007.

SABIN MEDICINA DIAGNÓSTICA (Distrito Federal). **Conhecer de verdade**: baseado em histórias verdadeiras. Brasília: Sabin, 2013.

SANTIPBL. Pirámide de aprendizaje de Edgar Dale. Disponível em: https://santipbl.blogspot.com/2014/05/piramide-de-aprendizaje-de-edgar-dale.html. Acesso em: 14 out. 2022.

SILVA, Solimar Patriota. Letramento digital e formação de professores na era da web 2.0: o que, como e por que ensinar? *Hipertextus Revista Digital*, n. 8, jun. 2012.

TOFFLER, Alvin. **A Terceira Onda**. Rio de Janeiro: Record, 1981.

PARTE 3

Transformação Digital e Tecnologias Inovadoras

CAPÍTULO 9

Educação para Todos:

da construção à gestão de soluções educacionais online (síncronas e assíncronas). Um estudo de caso da VLI Logística

GREIDSON DE ALMEIDA[1]

Resumo

A atuação em um país de dimensões continentais e a necessidade de levar conhecimento a todos os colaboradores é mais do que uma missão para a Universidade VLI, trata-se de uma ação de respeito e inclusão — afinal a educação é para todos!

Nesse sentido, a digitalização de parte das ações de educação foi fundamental para o alcance, a oportunização e a democratização a todos os colaboradores da VLI. Para tanto, foi necessária a customização de um LMS, além de quebras de paradigmas relativos à educação a distância e a construção de ações de qualidade para aproximar as pessoas ao modelo online.

Todas as construções apresentadas foram realizadas em Minas Gerais, nas cidades de Belo Horizonte e Divinópolis. Contudo, a abrangência foi direcionada a todos os colaboradores da VLI nos mais de 300 municípios brasileiros onde a empresa possui

1 No período da construção deste artigo Greidson era Analista de Educação Sênior na VLI. Atualmente é professor convidado no Ibmec e Analista de Aprendizagem Sênior ArcelorMittal Aços Longos e Mineração LATAM.

operações. Ao todo, mais de 7.500 colaboradores foram impactados pelas ações apresentadas — desde operação e staff até liderança.

E quem é a VLI? Presente em 10 estados e Distrito Federal e operando em mais de 300 municípios brasileiros, a VLI possui (em 2022) cerca de 7.500 colaboradores. "A VLI é uma empresa que oferece soluções de logística multimodal conectando portos, ferrovias e terminais a outros modais para atender às principais regiões brasileiras produtoras de bens industrializados, siderúrgicos, minerais e do agronegócio". (VLI, 2022).

Introdução

A evolução dos modelos educacionais é instrumento de pesquisa fortemente pressionado, principalmente após a pandemia da Covid-19, em que as instituições de ensino se viram obrigadas a migrarem suas ações para o modelo online. Com as Universidades Corporativas não foi diferente.

Para sustentar as ações de desenvolvimento organizacional, as Universidades Corporativas tiveram que adaptar e/ou migrar as ações de formação (sejam técnicas, legais ou comportamentais) para o modelo online, a fim de sustentar o planejamento estratégico educacional que, por vezes, sustenta os planos de negócios das companhias.

Na Universidade VLI — a Universidade Corporativa da empresa VLI Multimodal —, além da virada de modelo, instaurou-se o desafio: como construir ações online de qualidade que motivassem a quebra de paradigmas e pragmatismos (referente ao modelo de ensino) e como tornar as ações acessíveis para todos?

No dia 13 de março de 2020, quando o Ministério da Saúde, por meio do Centro de Operações de Emergência em Saúde Pública (COE COVID-19), anuncia a emergência de saúde no Brasil, por mais que a Universidade VLI já ensaiava alguns desenvolvimentos de conteúdo no modelo online assíncrono, o evento que se desenhava era sem precedentes. Não havia tempo para testes, pois as ações presenciais foram gradativamente sendo canceladas e o negócio exigia continuidade dos programas de formação.

Dado o cenário descrito, o time de analistas da Universidade VLI iniciou um forte trabalho para o levantamento de parceiros que sustentassem as ações para o imediato atendimento remoto — em geral ações online síncrona via Teams (ferramenta de reuniões online da Microsoft). Naquela época, acreditava-se que o problema de saúde pública mundial se resolveria em três meses. O que se sabe até o momento de fechamento desta obra é que o estado de pandemia ainda existe e que se inicia um movimento global mais acentuado de flexibilização das medidas de contenção da doença.

O leitor terá mais informações sobre as ações tomadas e entregas realizadas no decorrer desta leitura. As metodologias utilizadas para a construção desta produção foram: a Pesquisa Exploratória que, segundo Gil (2007, *apud* Zanella, 2016), possibilita ampliar o conhecimento observando um fenômeno e explorando a realidade encontrada e o método qualitativo, que, de acordo com Vieira (1996, *apud* Zanella, 2016), articula a exposição do conhecimento pela não utilização estatística instrumental e entrega resultados empírico-teóricos que permitem a atribuição de cientificidade. A avaliação dos resultados foi realizada utilizando a metodologia de analogia que, de acordo com Vergara (2005), permite a comparação de dois conceitos diferentes (no presente caso, uma Universidade Corporativa tradicional e uma versão repaginada com a implantação e consolidação do modelo de aprendizagem online).

Nas próximas linhas o leitor conhecerá as soluções desenvolvidas, bem como as customizações realizadas no modelo de negócio e os resultados obtidos após a implantação das soluções. Entenderá, também, a abrangência das ações educacionais que oportunizam amplo acesso aos colaboradores promovendo um ambiente de desenvolvimento inclusivo e democrático.

Desenvolvimento

Digitalizar os processos administrativos, gerenciais e as próprias ações de educação foram alguns dos princípios motivadores para a criação da Universidade VLI. Pode-se dizer que o DNA da Universidade é digital, pois sua primeira entrega foi a primeira versão do LMS (*Learning Management System* ou Sistema de Gestão da Aprendizagem) que dava os primeiros passos na educação online.

Contextualização

O ano era 2020, na Universidade, além da primeira versão (bem limitada) de um LMS e pouco mais de 50 treinamentos online assíncronos hospedados, majoritariamente a educação na VLI era realizada no modelo presencial. Quatro salas de aula e um auditório da unidade Belo Horizonte e duas salas de aula na unidade de Divinópolis eram disputadas a duras penas entre as frentes de educação e as reuniões diárias.

Por mais que o desejo de iniciar uma revolução no modelo de educação fazia parte de algumas ações, o pragmatismo, os paradigmas e preconceitos a respeito da educação online eram tão fortes que criavam barreiras, impedindo a ampliação de soluções online. Para algumas frentes de educação ouvia-se que "era impossível realizá-las online" ou que "na VLI educação online não era possível".

O que não se previa em qualquer plano diretor é que o mundo estava prestes a viver um evento sem precedentes. Como lembra Freitas *et al* (2020), em 11 de março de 2020 a Organização Mundial da Saúde (OMS) declarou a Covid-19 uma pandemia. Mas o que isso de verdade significaria? Quais seriam os impactos no dia a dia? Na sexta-feira, 13 de março, a área de saúde da VLI determinou que todos os empregados administrativos e todos aqueles que se enquadravam no grupo de risco realizassem todas suas atividades em regime de *home office*. Todas as ações de treinamento estavam canceladas sem previsão de retorno. Incontáveis outras ações de contingência foram tomadas para a proteção da vida dos trabalhadores das áreas operacionais e para a continuidade das operações, visto que a VLI se enquadrava como setor essencial e não poderia parar suas atividades.

As primeiras ações online síncronas

A tendência global foi a migração para as ferramentas digitais de comunicação e colaboração para a realização de reuniões e, é claro, de treinamentos. Na VLI a plataforma utilizada foi o Microsoft Teams. Algumas ações também foram transmitidas pelo YouTube, principalmente palestras motivacionais que confortavam os colaboradores naquele momento de muitas dúvidas e incertezas.

O que rapidamente ficou claro, além da duração das ações de distanciamento inicialmente previstas para 30 dias, é que não funcionava fazer um treinamento originalmente feito para o presencial ser transmitido online. A Universidade buscou método para a construção de ações de treinamento com vários parceiros.

Ainda em 2020, vários treinamentos obrigatórios (NR – Normas Regulamentadoras) foram realizados no modelo online síncrono. Registrou-se também a realização de várias turmas de formação técnica no mesmo modelo de transmissão ao vivo, destacando, por exemplo, a capacitação em operação e programação de Controlador Lógico Programável (CLP) com a utilização de ambientes simulados via conexão remota.

Contudo, as ações online ainda eram cercadas de pragmatismo ("isso não vai dar certo" ou "é impossível realizar ações online na VLI, pois o negócio da companhia é muito técnico e não permite este tipo de educação" eram frases comuns pelos corredores e em reuniões "quentes") e preconceitos de vários líderes e colaboradores que não acreditavam no modelo. Também é verdade que as primeiras ações ocorreram sem método e eram aulas presenciais agora transmitidas ao vivo — não promoviam a mínima interação entre os participantes e desenrolavam-se em um verdadeiro e desmotivante monólogo.

Ao começar a empregar metodologias de ensino a distância, as ações foram reconhecidas nas avaliações de satisfação, na melhor aceitação por colaboradores e líderes e tornaram-se mais numerosas (tanto em quantidade de turmas, quanto em participantes).

Ferramenta de disponibilização e gestão

Uma outra frente crítica era o *Learning Management System* (LMS) que surgiu como uma promessa de revolução para disponibilização e gestão da educação na VLI, mas mostrava-se frágil, ineficaz e repleto de inconsistências. Registra-se também que a dificuldade de navegação e constantes erros contribuíam para a falta de predileção pelas ações online assíncronas hospedadas na plataforma. O ambiente era complicado não só para o usuário final, mas também para os administradores da solução.

Por saber da ineficiência do LMS, em 2020 iniciou-se busca por uma nova ferramenta. A metodologia para essa busca foi a realização de *benchmarks* com o objetivo de conhecer a verdadeira experiência de uso dos LMS e conhecer os desafios vividos por outras instituições. Foram realizados *benchmark* em oito grandes empresas, divididas nos seguimentos a seguir:

- Mineração (2)
- Siderurgia (1)
- Celulose (2)
- Logística Ferroviária (2)
- Indústria Alimentícia (1)

Vale registrar que a escolha das empresas se deve ao porte e à complexidade de operação semelhante ou superior comparada à VLI, sendo que duas são concorrentes diretas. Em todas as conversas, foi perguntado qual era o LMS usado e o nível de satisfação geral com a aplicação. Nesse cenário, quatro empresas utilizavam o SAP Success Factors — das quais três demostravam algum tipo de insatisfação com a ferramenta. Duas empresas utilizavam o LMS da Cornestone, sendo uma com algum tipo de insatisfação com as entregas da solução. Uma empresa utilizava o RH1000 e não opinou sobre a ferramenta. E, por fim, a última empresa utilizava a solução da WebTraining e registrou elevado nível de satisfação.

Após realização dos *benchmarks,* longas reuniões com vários fornecedores de soluções e Prova de Conceito (POC), o parceiro escolhido foi a WebTraining. O desenvolvimento e customização do LMS teve início no último trimestre de 2020 e o *go live* em março de 2021.

O LMS atualmente possui, além de avançadas ferramentas de interação e gestão de treinamentos nativas, outras tantas que foram customizadas para o atendimento das complexidades do negócio da VLI. As principais características do novo Portal da Universidade VLI são:

Figura 1 *Benchmark* empresas vs LMS

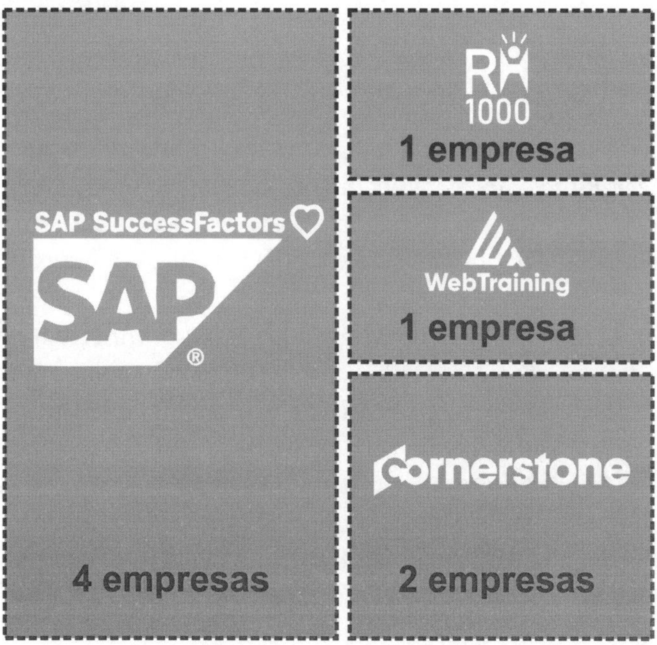

Fonte: Arquivo interno *Benchmark* Universidade VLI

- centralização de todas as ações educacionais em um único repositório;
- diferentes perfis de usuário conforme a necessidade de uso ou cargo (focado na gestão);
- integração/interface com os principais sistemas da VLI;
- fácil localização dos treinamentos online (síncronos e assíncronos) e presenciais;
- gestão de inscrições, lista de espera e indicações de treinamentos;
- aglutinação de frentes de treinamento por "escolas";
- trilhas de capacitação com vinculação nominal, por cargo ou por trinômio (Gerência de Área, Supervisão e Cargo);
- automatização do percurso formativo (sempre que alterasse o cargo, por exemplo, o colaborador automaticamente receberia uma nova trilha e aproveitaria todas as capacitações anteriormente realizadas);
- fóruns de discussão;
- ferramenta colaborativa (que institucionaliza a troca de experiências entre os colaboradores e cria um local para compartilhamento de boas práticas);
- área do gestor com módulos e dashboards de gestão da equipe e gestão individual de desenvolvimento do time/colaborador;
- módulo de gestão voltado para o time da Universidade para geração de relatório, arquivamento de evidências e criação de trilhas, treinamentos, turmas e eventos; e
- apoio à digitalização do RH com assinatura de termos 100% digitais e validados por criptografia.

O novo Portal da Universidade se mostra um grande aliado na consolidação das ações online e no reconhecimento da Universidade Corporativa como um parceiro estratégico do negócio. Na Figura 2 a tela principal do Portal da Universidade VLI evidencia algumas das ferramentas anteriormente citadas.

A confiabilidade do Portal da Universidade é reconhecida por toda VLI, mas a mais importante entrega é que 100% dos colaboradores da VLI possuem acesso ao portal/aplicativo e a todas as ações possíveis de aprendizagem (sejam online assíncronas e síncronas). Para as ações online síncronas, o portal possui uma ferramenta de acesso às turmas disponibilizadas via Microsoft Teams e, mesmo que o colaborador não tenha e-mail corporativo e licença (do Teams), ele consegue acessar pela versão web, tornando assim a educação acessível a todos).

Figura 2 Visão geral Portal da Universidade VLI

Fonte: Portal Universidade VLI

Desenvolvimento e consolidação de ações online assíncronas:

O desenvolvimento de ações online assíncronas até 2020 era realizado exclusivamente em parceria com fornecedores externos. Em 2021, com a criação da célula de digitalização, várias ações internas foram desenvolvidas — desde a criação técnica dos conteúdos (com a curadoria de temas e métodos) à criação dos vídeos e arquivos Scorm (Scorm é a terminologia dos arquivos animados utilizados na criação de conteúdo para LMS).

Contudo, a necessidade de avanço nos desenvolvimentos e aumento da capacidade de produção cresceram tanto que, no final de 2021, o colaborador (terceiro) que realizava as criações digitais (Scorm) deixou de fazer parte do time de empregados terceirizados e abriu uma empresa para esta frente, passando a ser um fornecedor "incubado" pela Universidade VLI. Deste então, a Bees Education atua em parceria com o time de analistas e especialistas da Universidade VLI na construção de vários treinamentos assíncronos.

A autoria na VLI é uma preocupação constante, tanto pelo elevado conhecimento técnico existente na companhia, quanto pela cultura organizacional vocalizada por meio das produções internas. De acordo com Ricardo (2013, p. 34) a autoria é mobilizadora em todas as suas vertentes, seja pela expressão, identificação e existência, quanto na identificação do autor com a obra. Assim, nas produções internas há maior aderência ao vocabulário e ao "jeito de ser" da companhia.

A qualidade e proximidade com a cultura VLI tornaram os treinamentos assíncronos desejados por todas as frentes da VLI. A quebra do paradigma das ações online ocorreu quando os resultados dos desenvolvimentos e satisfação dos atendidos — notadamente e naturalmente — foram apresentados.

Percebe-se notório interesse pela produção de conteúdo dos mais variados temas como:

- procedimentos documentados;
- comportamentais;
- sistemas internos;
- desenvolvimento técnico; e
- sensibilização de programas internos entre outros.

Outro diferencial é a gestão do conhecimento realizada pela Universidade VLI. Na construção dos treinamentos, as pessoas de referência participam ativamente de todas as etapas, conferindo aplicabilidade dos conceitos, riqueza de exemplos próprios do negócio VLI e no registro e disseminação de conhecimentos tácitos desses especialistas.

Jornadas de aprendizagem:

As jornadas de aprendizagem (ou trilhas de aprendizagem) são outro diferencial do modelo adotado pela Universidade VLI. Uma pesquisa realizada por Ramos *et al* (2015, p. 5) apresenta que o método de trilhas de aprendizagem mais utilizado é o Grafo (trilha de formação com conteúdo não obrigatoriamente sequenciado). Na Universidade VLI esse foi o modelo eleito para mais de 98% das trilhas disponibilizadas no Portal da Universidade.

Com trilhas abertas, os colaboradores têm a liberdade de escolha de quais elementos de desenvolvimento são preferenciais, conforme necessidade e competências a desenvolver.

As trilhas são grandes "cardápios" que apresentam uma curadoria dos temas de desenvolvimento que podem ser online (síncronos e assíncronos) ou presencias. O modelo escolhido também permite à equipe de educação realizar atualizações constantes, conferindo (ainda mais) o caráter de curadoria de conteúdo dentro do Portal da Universidade.

Como apresentado anteriormente, as trilhas de desenvolvimento podem ser vinculadas nominalmente ou pela estrutura de que o colaborado faz parte. Este último método automatiza a atualização de percurso formativo sempre que o colaborador migra de estrutura ou de nível hierárquico.

Uma outra característica marcante é que o líder pode, a qualquer momento, indicar ou excluir trilhas de cada um dos seus colaboradores, contribuindo e focando no refino e personalização do desenvolvimento de cada pessoa.

Orçamento

Para a implantação de toda a revolução digital na educação da Universidade VLI foi necessário o emprego de recursos financeiros e humanos, assim divididos:

Recursos Financeiros

O desembolso financeiro realizado e programado é divido em duas frentes: sistemas e desenvolvimento de conteúdo.

Sistemas

Para a implantação do novo Portal da Universidade VLI foram investidos recursos na ordem aproximada de R$3,5 milhões, conforme demonstrado abaixo:

- Implantação, migração e integração do sistema: R$450 mil
- Licenciamento, hospedagem, manutenção e suporte: R$3,1 milhões (somatório do licenciamento mensal previsto para cinco anos de contrato).

Desenvolvimento de conteúdo

Para desenvolvimento de conteúdo, existe uma variação anual (conforme orçamento destinado para a Universidade VLI e alocado em projetos de desenvolvimento).

Uma média anual de valores (considerando os anos de 2021 e a projeção de fechamento de 2022) a Universidade VLI investe cerca de R$650 mil/ano em ações de desenvolvimento de conteúdo online (síncrono e assíncrono).

Capital humano

Com uma equipe enxuta, a Universidade tem uma estrutura de atendimento por processos, conforme a figura a seguir:

Figura 3 Estrutura de pessoal da Universidade VLI

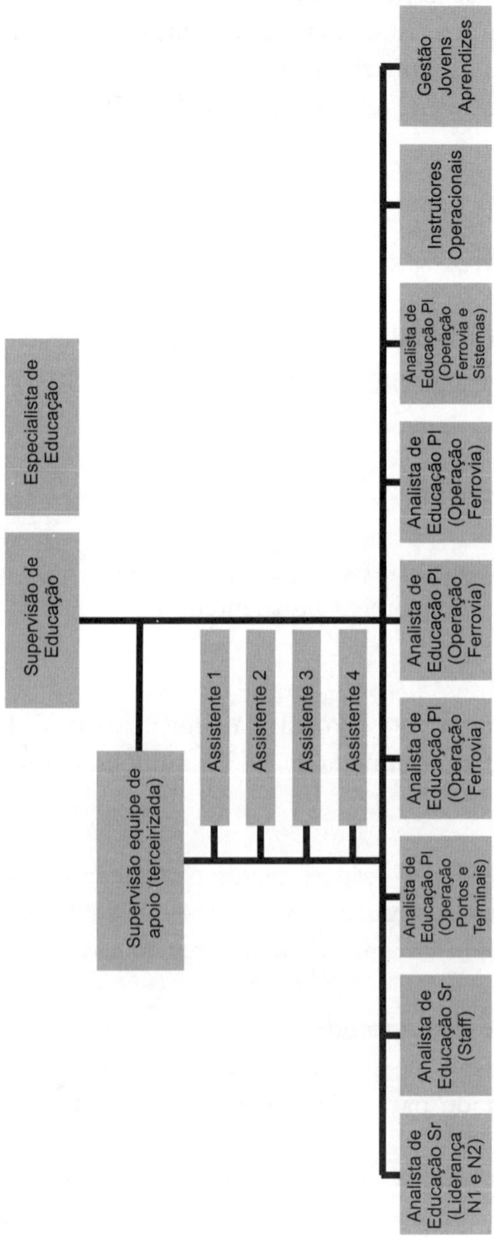

Fonte: Materiais internos Universidade VLI

Para a implantação deste projeto, foi destacado um analista para a sua condução e gestão.

Principais Resultados

Com a digitalização da educação corporativa a Universidade VLI alcançou números expressivos, mesmo tendo apenas quatro anos de existência (2018 a 2022).

Números Gerais

No Gráfico 1 observa-se a evolução (em participações) da educação corporativa na VLI. Pode-se verificar que do ano de inauguração da Universidade (2018) até o último ano de fechamento (2021), as participações mais que dobraram, atingindo um crescimento de 103% comparando os períodos.

Gráfico 1 Evolução da educação corporativa na VLI

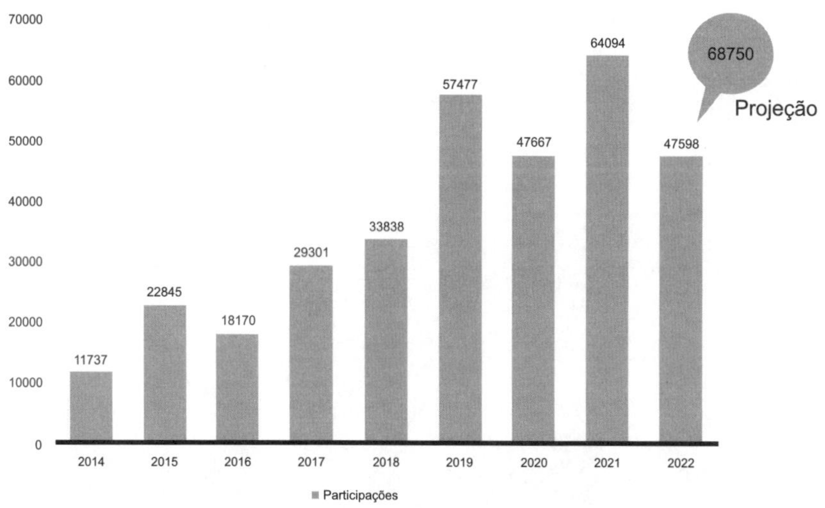

Fonte: Materiais internos Universidade VLI

Observa-se que no ano inicial da pandemia (2020), mesmo com todas as ações de digitalização, houve retração de 17% em relação a 2019. Contudo, no ano seguinte (2021), houve uma forte recuperação (34%) em relação a 2020. Esse fato evidencia a consolidação das ações de implantação do modelo de educação.

Para 2022 foi projetado um total de 68.750 participações, o que vale dizer um aumento de 7% comparado ao ano de 2021. Este número também sustenta a já citada consolidação.

Treinamentos online

Verificando somente os treinamentos online assíncronos, observa-se um comportamento que justifica as premissas e necessidades de investimento nesse método de ensino. No gráfico verifica-se um comportamento atípico de participações. Do ano de 2018 para o ano de 2019 houve um aumento de 152%. O principal motivador deste número foi a disponibilização da integração online e os primeiros treinamentos obrigatórios (código de ética, por exemplo) para todos os colaboradores.

Em 2020, primeiro ano da pandemia, curiosamente apresenta-se um decréscimo das participações. Contudo, em uma análise mais profunda, foi um ano com poucos lançamentos de novos treinamentos e a integração já havia sido realizada pelos colaboradores "veteranos", sendo o público-alvo a partir de então somente novos entrantes.

Gráfico 2 Evolução das ações online assíncronas na VLI

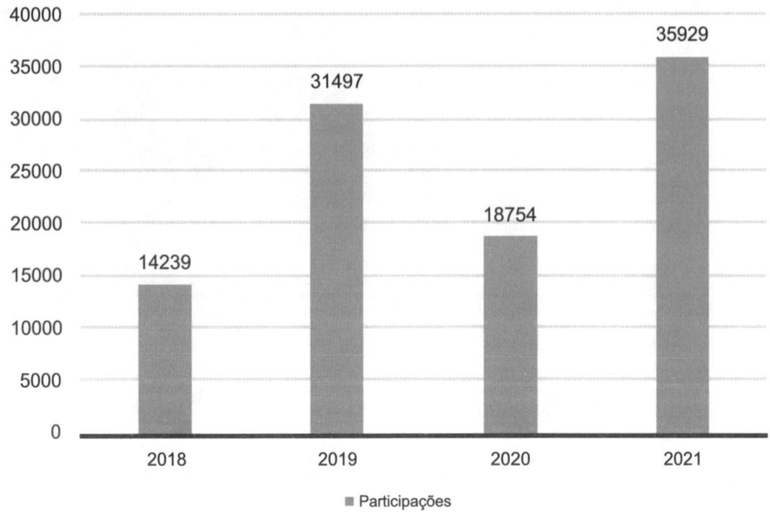

Fonte: Materiais internos Universidade VLI

Observa-se ainda no ano de 2020 problemas recorrentes com a versão anterior do Portal da Universidade, com uma interface pouco amigável e conteúdos com problemas técnicos.

Com a virada para o modelo online — apresentado nesta produção científica —, em 2021 a Universidade VLI reverteu a queda de participações em cursos online assíncronos, anotando 91% de aumento em participações.

Com o novo Portal da Universidade também foi possível entender o comportamento das ações ofertadas. No Gráfico 3 são exibidas as participações de 2021 divididas entre treinamentos online síncronos (20%), online assíncronos (56%) e presenciais (24%).

Gráfico 3 Distribuição das ações de treinamento por tipo

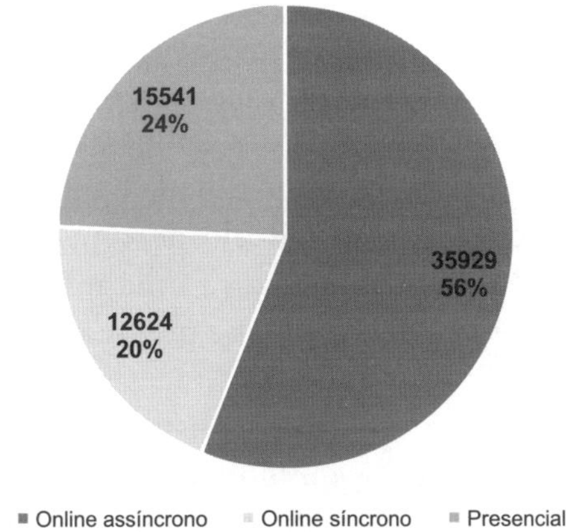

Fonte: Materiais internos da VLI

Os 75,8% de ações online é a irrefutável evidência da consolidação do modelo implantado pela Universidade VLI. Esse resultado é o somatório dos esforços para disponibilizar um ambiente de aprendizagem intuitivo, ações síncronas com metodologias ativas e treinamentos assíncronos envolventes e de qualidade.

Os números e avanços alcançados demonstram a necessidade de continuidade do aumento das ações de digitalização de conhecimento e da promoção de um ambiente de desenvolvimento inclusivo e democrático, com amplo acesso e incentivo à autonomia dos colaboradores.

Incrementar o número de certificações também é um objetivo da Universidade Corporativa a partir da ampliação das formações online.

Conforme Ricardo (2012, p. 85) a certificação é uma busca comum entre as Universidades Corporativas, principalmente por causa do investimento necessário e das necessidades de aprendizagem. Na VLI optou-se por priorizar as certificações dos cargos operacionais mais críticos (Maquinistas e Operadores de carga e descarga de navios) e outras certificações de mercado que objetivem a melhoria contínua e permitam um melhor apoio ao negócio (Green Belt e 6D's, por exemplo).

O desenvolvimento das competências que sustentam o negócio, a ampliação da Universidade VLI para além da organização e os trabalhos futuros de apoio educacional às ações de ESG (*Environmental, Social, and Governance*) imputam a assumida responsabilidade de continuidade dos investimentos em educação.

Conclusão

Conclui-se que a construção de ações online de qualidade que ofertem ao colaborador uma experiência de qualidade e motivadora são transformadoras para o negócio e para o modelo de Universidade Corporativa. Os resultados alcançados contribuem para uma mudança de cultura de educação interna e quebra os paradigmas e pragmatismos referente ao modelo de ensino online.

Um ambiente atrativo e intuitivo disponível para todos os níveis organizacionais também é um símbolo cultural do incentivo ao desenvolvimento de todos. Isso, por sua vez, oportuniza a todos ascensão na carreira, um recrutamento interno mais forte e a educação acessível para todos).

Os resultados apresentados são corolários para o trabalho de toda equipe de educação da Universidade VLI, que se dedicam todos os dias para a oferta de soluções educacionais com qualidade, aplicabilidade e retorno para o negócio.

Assinala-se também que as ações apresentadas estão em sinergia com os novos modelos de aprendizagem. Os mais de 75% de participações em ações online em 2021, juntamente com o dado citado por Ferragut *et al* (2021, p. 2) — de que mais de 82% de todo o tráfego de dados na internet mundial é relacionado à visualização de vídeos —, validam o modelo de educação online adotado.

Esta produção contribui para as organizações que desejam criar Universidades Corporativas, ou para as que já possuem, visto que a migração e ampliação das ações de desenvolvimento para o modelo online é uma real necessidade. Seja no estudo de viabilidade, ou nos métodos de desenho do projeto, este artigo fornece valiosos aprendizados na implantação de LMS, seus métodos de organização e disponibilização de conteúdo. Também serve como referência teórica e prática para o alcance de uma Universidade Corporativa online.

Por fim, registra-se que esta produção também contribui para o registro e compartilhamento de lições aprendidas com o compartilhamento das soluções desenvolvidas durante o processo de digitalização da Universidade VLI.

Referências Bibliográficas

FERRAGUT, Daniel et al. Uma análise de entrega de vídeo sob demanda em infraestrutura borda-nuvem. Disponível em: https://www.ic.unicamp.br/~reltech/PFG/2021/PFG-21-10.pdf. Acesso em 09 out. 2022.

FREITAS, Carlos Machado de et al. Plano de contingência da Fiocruz diante da pandemia da doença pelo Sars-Cov-2 (Covid-19). FIOCRUZ, 2020. Disponível em: https://portal.fiocruz.br/sites/portal.fiocruz.br/files/documentos/plano_de_contingencia_fiocruz_covid19_2020-03-13_v1-1.pdf. Acessado em: 06 out. 2022.

RAMOS, David *et al.* Trilhas de aprendizagem em ambientes virtuais de ensino-aprendizagem: Uma revisão sistemática da literatura. In: *Brazilian Symposium on Computers in Education* (Simpósio Brasileiro de Informática na Educação–SBIE). 2015. p. 338. Disponível em: http://ojs.sector3.com.br/index.php/sbie/article/view/5182/3570. Acesso em: 07 out. 2022.

RICARDO, Eleonora Jorge. **Educação corporativa e aprendizagem**: as práticas pedagógicas na era do conhecimento. Rio de Janeiro: Qualitymark Editora, 2012.

_____ **Educação a distância**: professores-autores em tempos de cibercultura. São Paulo: Editora Atlas, 2013.

VERGARA, Sylvia Constant. **Métodos de pesquisa em Administração.** São Paulo: Atlas, 2005.

VLI INSTITUCIONAL. 2022. Disponível em: https://www.vli-logistica.com.br/quem-somos/. Acesso em: 09 out. 2022.

ZANELLA, Liane Carly Hermes et al. Metodologia da pesquisa. SEAD/UFSC, 2006. Disponível em:<https://www.atfcursosjuridicos.com.br/repositorio/material/3-leitura-extra-02.pdf. Acesso em 08 out. 2022.

CAPÍTULO 10

A Transformação Digital e as Universidades Corporativas: *entrevista com ChatGPT*

ELEONORA JORGE RICARDO

Introdução

Em plena finalização do livro para entregá-lo à Alta Books houve uma grande mobilização da sociedade como um todo com o lançamento de uma tecnologia com base na Inteligência Artificial denominada *ChatGPT* (Figura 1). Como pesquisadora e testemunha das transformações que já estão ocorrendo, resolvi incluir este artigo no livro para discutir sobre o assunto e sinalizar como podemos usar tal recurso.

Da noite para o dia o *ChatGPT* virou o assunto do dia — ou, melhor, dias — e agora, meses, pois sua capacidade de interação e resposta sobre diversas áreas do conhecimento realmente é algo muito interessante e desafiador para a sociedade atual entender como a inteligência artificial será usada no cotidiano, e não mais de forma restrita nos laboratórios de pesquisa para alguns poucos pesquisadores.

Mas as pessoas não se deram conta que ela já vem sendo usada cotidianamente. Talvez o susto seja realmente como estabelecemos o diálogo com uma máquina, um robô que conversa conosco e responde questões, revisa textos e tantas outras coisas lhe são possíveis ao devolver em respostas. Bancos já estavam usando inteligência artificial para responder as perguntas de seus clientes nas centrais de atendimento. Eu estava falando com uma máquina ou um humano? Agora, inclusive, já estamos falando em humanos e máquinas para distinguir com quem estamos interagindo, trabalhando ou produzindo alguma coisa.

Entendo o quanto é importante desmistificar o uso de tecnologias e simplificar a compreensão sobre como tal recurso pode ser usado dentro das empresas para aprendizagem e, também, ajudar nas avaliações, no planejamento ou até mesmo na produção de materiais didáticos e imagens; afinal, seu uso é ilimitado em diversas aplicações. Portanto, é preciso imaginar, planejar e aplicar. É evidente que seu uso precisa ser equilibrado.

Durante a minha construção do livro, vi explodir o tema e logo imaginei o quanto ele já aprendeu sobre Universidades Corporativas? Resolvi simular uma entrevista com o *ChatGPT* e testar sua capacidade de articular e devolver respostas na nossa área e saber se já o nutriram o suficiente sobre o tema com as bases de informações disponíveis. Penso, inclusive, que Pierre Lévy — que escreveu sobre a inteligência coletiva — talvez agora veja no *ChatGPT* um exemplo de modelagem de inteligência coletiva a partir da IA.

Figura 1 *ChatGPT*

Fonte: https://openai.com

É natural que surja com o tipo de estrutura pensada para aplicação da IA, inclusive, uma discussão ética sobre o uso desta tecnologia — seja no trabalho, no ambiente acadêmico, na saúde e em outros segmentos. Isso está acontecendo agora e ocorrerá nos anos vindouros. O debate também traz questões em torno dos direitos autorais e sobre como assegurar postos de trabalhos para humanos.

Creio que o tema será pauta da mídia durante um bom tempo (Figura 1) a cada inovação e confrontos sobre a substituição do homem por robôs. Esse é um assunto também abordado pelas escolas de negócios que já querem mostrar seu protagonismo propondo formações de executivos para os novos tempos. Já outros manifestam grande revolta contra a IA e o modelo do *ChatGPT* — tentando até embargar o avanço de seu desenvolvimento.

Figura 2 Notícia sobre o desaparecimento de empregos com IA

Fonte: <https://g1.globo.com/tecnologia/noticia/2023/05/19/muitos-empregos-vao-desaparecer-com-ia-diz-criador-do-chatgpt-em-evento-no-brasil.ghtml>

Há uma grande preocupação em garantir o espaço para humanos na esfera produtiva e, claro, é uma questão importante para as rodas de discussão em todos os segmentos produtivos. Todavia, precisamos estar atentos sobre a importância de ressignificar o trabalho à medida que a IA evoluir. O nosso papel como indivíduos, pensadores, criadores, mentes pensantes é refletir em como preparar as pessoas para a reorganização de seus papéis profissionais e condições nos diversos espaços em que o homem é o ator principal de um mundo que não irá parar de passar por transformações.

A discussão em torno da inclusão digital se torna já tão importante que cada vez mais será fundamental abrir espaços de formação e capacitação para todos os que estão ou não na esfera produtiva.

Pesquisas dirigidas por equipes híbridas compostas por humanos e máquinas já existem. Não teremos o robô limitado a complementar atividades humanas ou substituindo o trabalho braçal, teremos, com certeza, mais inovações e mais surpresas. Tivemos agora só o aperitivo do que está por vir.

Segundo Sejnowski (2019), a empresa de condução autônoma Waymo já investiu US$1 bilhão na construção de sua base de testes para carros autônomos. Já começaram, por exemplo, as avaliações de desempenho desse modelo sem motoristas circulando em cidades nos Estados Unidos com a condução de humanos — e o futuro bem próximo das cidades inteligentes será sem os condutores para bater aquele papo no trânsito engarrafado.

Como sabemos, a Inteligência Artificial é nutrida por dados, e isso só é viável graças ao Big Data. Tais dados, por exemplo, alimentam tecnologias como o *ChatGPT* para que ele possa responder perguntas, revisar textos, sugerir novas versões textuais, traduzir e realizar tarefas ainda mais desafiadoras. As versões pagas e gratuitas da solução já trazem um mundo de facilidades para a sociedade — uma revolução em tempos em que pensávamos que já sabíamos tudo sobre as tecnologias disponíveis.

É evidente que muitos ficaram assustados em um primeiro momento — e ainda ficam —, pois muitas profissões podem desaparecer com o uso da IA. Mesmo que uma IA possa criar outra IA por meio do aprendizado de máquina ou aprendizado profundo, a capacidade inventiva e abstrata do homem ainda será difícil de ser imitada, até porque somos também imprevisíveis. Temos características que nos diferenciam da IA: a nossa criatividade, a nossa capacidade de desfrutar do ócio criativo e dele inventarmos máquinas, arte e outras coisas que dependem do nosso intelecto e de sentir uma emoção, além de nossa habilidade contextual fazem parte da nossa humanidade. Mas há cientistas que querem transformar a IA de tal forma que opere como o cérebro humano e suas complexidades.

Nós também somos uma tecnologia avançada e complexa. Nosso cérebro é plástico — uma máquina possante ainda pouco explorada! Será que já sabemos tudo sobre ele? Em minhas leituras, deparei-me com um livro muito interessante contando sobre os estudos realizados em torno do cérebro de Einstein. Sugiro, inclusive, sua leitura: *Viajando com o cérebro de*

Einstein, de Carolyn Abraham (2005). Imaginem que o médico que realizou a autopsia dessa mente brilhante acabou por roubar o seu cérebro. A curiosidade científica deste homem era descobrir de onde vinha tamanha inteligência, o que Einstein teria a mais em sua formação e o que o diferenciava dos demais seres humanos comuns: nós mortais! O estudo conseguiu demonstrar uma diferença no lóbulo frontal. O cérebro viajou por longas distâncias, e durante um bom tempo passou pelas mãos de pesquisadores interessados pela genialidade do criador da teoria da relatividade.

É importante trazer questões que Domenico de Masi abordou em alguns de seus livros — como *Uma Simples Revolução* (2019) e seu best-seller mais conhecido *O Ócio Criativo* (2000) — com a finalidade de esclarecer algumas questões sobre as tecnologias e as mudanças ocorridas na transição da sociedade industrial para a pós-industrial.

Em uma *Simples Revolução*, Domenico (*idem*) discute questões sobre tecnologias, trabalho e produção, sobre o armazenamento de dados nos chips e a expansão de sua capacidade de guardar tantas informações — e mesmo as mudanças que foram provocadas por sua criação. Além de tratar de fatos concretos, chama a atenção sua visão futurista sobre o fim da aposentadoria e a hipótese de um dia o mundo inteiro acordar desconectado. O que seria de nós um dia ou dois ou três sem acesso à internet, WhatsApp ou Instagram? Um apagão tecnológico. Mas, além dessas reflexões, apresenta a transição da sociedade industrial, com suas tecnologias, novas fontes de energia, máquinas, urbanização e automação para a sociedade pós-industrial, centrada nas informações, símbolos, valores e estética, além de sua capacidade de substituição de operários e empregados por robôs. Também sinaliza a virada do século XX para o XXI, tempo em que a educação, o conhecimento teórico, a programação social, a pesquisa científica e as produções de ideias são determinantes no desenvolvimento da sociedade.

Já em *O Ócio Criativo*, Domenico de Masi nos apresenta a criatividade como diferencial humano. Seu estudo destaca o cérebro e o processo criativo; também sinaliza a respeito da importância do espaço do ócio no processo de criação de conhecimentos. Nessa esfera privilegiada, as máquinas não operam e a imaginação humana encontra o seu destino inventivo e supremo. Cada vez mais se torna importante gerar um ambiente propício ao ócio criativo para que os conhecimentos possam ser gestados.

Assim, determinados medos e ameaças que vêm e vão com o surgimento e crescimento das tecnologias só podem ser confrontados com o espírito criativo — digo, inventivo. Penso que um novo tempo, uma nova humanidade está surgindo, em que o olhar sobre o trabalho associado à metáfora do suor será substituído pelo encontro do ser consigo mesmo, com sua capacidade imaginativa, criativa para responder os desafios de descobrir novas formas de gerar bem-estar, em uma sociedade que deve se reinventar e gerar espaços inclusivos que estimularão mais as descobertas, as inovações e as novas estruturas de produção e serviço, em um mundo em que as máquinas com funções definidas realizarão tarefas, permitindo que o homem trilhe por novas formações e processos de evolução.

Importante destacar a relevância — no cenário presente e futuro — de desenvolver uma cultura de aprendizagem em todos os níveis e espaços de nossa sociedade, visto que a transformação tecnológica está cada vez mais acelerada. As escolas, as universidades e as empresas terão que criar ambientes de aprendizagem provocadores; despertar a inventividade e a criatividade será essencial.

Diálogo com o ChatGPT sobre Universidades Corporativas

Como podemos usar recursos da IA e aplicá-los em nossa área? Minha experiência inicial com esse tipo de tecnologia do *ChatGPT* foi conduzida no formato de uma entrevista, e com suas respostas pude fazer algumas observações. É importante destacar que essas máquinas aprendem com nossas interações e se nutrem dos dados que fornecemos.

As perguntas que realizei foram direcionadas para tentar entender sua forma de devolver as respostas e os conteúdos sobre Universidades Corporativas, tecnologias inovadoras e metodologias. Vejamos agora:

Eleonora: — Gostaria de realizar uma entrevista com você sobre as universidades corporativas, o uso de tecnologias associadas às novas metodologias de aprendizagem. Você pode me auxiliar respondendo algumas perguntas sobre esse tema?

ChatGPT

Com certeza! Ficarei feliz em ajudar respondendo suas perguntas sobre universidades corporativas e o uso de tecnologias associadas às novas metodologias de aprendizagem. Vamos começar?

Eleonora: — As universidades corporativas se centralizam na estratégia organizacional para definir suas atividades. Como tem sido esse processo evolutivo das universidades corporativas no Brasil e a sua relação com os negócios?

ChatGPT

As universidades corporativas têm se mostrado cada vez mais relevantes no ambiente empresarial brasileiro, especialmente nos últimos anos. Isso se deve à necessidade das empresas de manterem seus funcionários atualizados e capacitados para lidar com as mudanças constantes do mercado e com as novas tecnologias.

O processo evolutivo das universidades corporativas no Brasil tem sido marcado pela incorporação de tecnologias e metodologias mais avançadas de ensino e aprendizagem. Atualmente, é comum o uso de plataformas de aprendizagem online, jogos educacionais, simulações, vídeos e outras ferramentas que permitem uma aprendizagem mais interativa e engajadora.

Além disso, a relação das universidades corporativas com os negócios tem sido cada vez mais estreita. As empresas têm utilizado essas instituições para desenvolver competências específicas em seus funcionários, alinhadas com as estratégias organizacionais. Isso ajuda a aumentar a eficiência e produtividade das equipes, além de contribuir para o alcance dos objetivos de negócio.

Em resumo, podemos dizer que as universidades corporativas no Brasil têm evoluído em direção a uma maior integração com as estratégias de negócio das empresas e com a utilização de tecnologias e metodologias de ensino mais avançadas. Essa evolução tem contribuído para o aumento da competitividade das empresas no mercado brasileiro e global.

É possível perceber que o primeiro bloco de respostas que o *ChatGPT* apresenta está municiado de algumas informações sobre as Universidades Corporativas, seus objetivos e sua evolução no Brasil. Ele mostra a importância estratégica das Universidades Corporativas. Isso indica que esse conhecimento disseminado em livros e artigos especializados que circulam por intermédio do trabalho humano já chegou a esse tipo de IA.

Já na segunda pergunta — sobre a quantidade de Universidades Corporativas no país e no mundo —, a sua devolutiva mostra a inexatidão em torno desses dados ao afirmar que "são centenas". Isso reflete, na verdade que ele não tem esses dados. Não é uma questão tecnológica, na verdade isso depende de estudos de especialistas, de pesquisas sérias, de um censo — que com certeza precisa ser realizado —, de um estudo que tanto a Anitec e outros atores devem realizar e que é essencial para mostrar o avanço dessa modalidade de aprendizagem nas empresas e como está sendo seu processo evolutivo e seu impacto nas empresas e na sociedade. Inclusive, tais resultados podem contribuir para se pensar em incentivos destinados às Universidades Corporativas e políticas públicas e nutrir com informações as bases de dados — inclusive o *ChatGPT*. Verifiquem a resposta:

ChatGPT

Não há um número exato de universidades corporativas no Brasil, uma vez que algumas empresas podem ter programas de treinamento e desenvolvimento de competências para seus funcionários sem necessariamente ter uma estrutura formal de universidade corporativa. No entanto, estima-se que existam centenas de universidades corporativas em todo o país, abrangendo empresas de diversos setores e tamanhos.

Globalmente falando, não há uma contagem exata de universidades corporativas no mundo, mas é possível afirmar que esse modelo de educação corporativa é cada vez mais comum em empresas de todos os continentes e setores.

De forma geral, a expansão das universidades corporativas está diretamente relacionada à necessidade das empresas de manterem seus funcionários capacitados e atualizados, além de aumentarem sua competitividade em um mercado cada vez mais dinâmico e exigente.

Seguindo a análise, é evidenciado na resposta do *ChatGPT* o fato de empresas adotarem o termo Universidade Corporativa quando, na verdade, são setores de treinamento. Não se trata de uma questão "formal" como o *ChatGPT* aponta, visto que é apenas um olhar de quem nutriu a máquina — o que nos chama atenção para o fato de que nem tudo que ele compartilha pode ser considerado certo. Portanto, fiquem atentos sobre a correção de tais informações, pois sem querer a IA pode induzir ao erro.

Esclarecendo e corrigindo a resposta do *ChatGPT*, uma Universidade Corporativa significa posicionar estrategicamente os programas de capacitação — sejam internos, externos ou ambos. Isso tem a ver com a realização do propósito da organização. Logo, há uma relação direta com o planejamento estratégico e, consequentemente, com práticas e o desenvolvimento de uma cultura de aprendizagem destinada ao negócio.

Também procurei saber sobre o impacto da pandemia nas Universidades Corporativas, e a devolutiva foi:

ChatGPT

A pandemia da Covid-19 afetou as universidades corporativas de diversas maneiras, exigindo uma rápida adaptação das empresas para continuar oferecendo programas de treinamento e desenvolvimento de competências para seus funcionários.

Uma das principais mudanças foi a migração para o ensino a distância, com a utilização de plataformas digitais para a oferta de cursos e capacitações online. Essa transição permitiu que as empresas continuassem oferecendo programas para seus funcionários, mesmo diante das restrições de mobilidade e da suspensão de atividades presenciais.

Outra mudança importante foi a revisão dos conteúdos e objetivos dos programas para que estivessem mais alinhados com as necessidades do trabalho remoto e com as novas demandas do mercado em meio à pandemia. Algumas empresas também investiram em capacitações relacionadas a saúde e segurança no trabalho, a fim de prevenir a disseminação do vírus e garantir a saúde dos funcionários.

Além disso, a pandemia acelerou a adoção de tecnologias e metodologias de ensino mais avançadas pelas universidades corporativas, com a utilização de ferramentas de gamificação, inteligência artificial, realidade virtual, entre outras, para tornar a aprendizagem mais interativa e engajadora.

Em resumo, a pandemia da Covid-19 provocou mudanças significativas nas universidades corporativas, com a necessidade de adaptação para o ensino a distância, a revisão dos conteúdos e objetivos dos programas de capacitação e o investimento em Tecnologias mais avançadas.

Como é possível apreender por meio da resposta entregue pelo *ChatGPT* que de fato a pandemia impactou as Universidades Corporativas, mobilizando suas estruturas para migração do modelo presencial para o online. Ou seja, a adoção da EAD online com certeza retrata a realidade dos acontecimentos nas empresas e os programas educacionais gerados pelas Universidades Corporativas. Certamente, as fontes de dados que foram usadas para alimentar a máquina fazem referência ao cenário da educação corporativa durante esse período, trazendo dados importantes sobre o uso de tecnologias que foram usadas — e que, com certeza, continuam a ser aplicadas, como plataformas digitais, ferramentas de gamificação, inteligência artificial e realidade virtual.

O *ChatGPT* entregou também outras informações interessantes, como conteúdos sobre saúde ministrados durante a pandemia para os colaboradores e o desafio de equilibrar as atividades e capacitações com o trabalho remoto provocado pela falta de mobilidade devido ao isolamento social.

Aproveitando para retomar a questão em torno de conceitos — visto que em alguns momentos durante a interação ele usava o termo treinamento —, interpelei perguntado se ele sabia diferenciar o que é treinamento e o que é uma Universidade Corporativa. A seguir a resposta:

ChatGPT

Sim, é possível diferenciar treinamento e universidade corporativa.

O treinamento geralmente se concentra em habilidades específicas e em um curto período de tempo, com o objetivo de capacitar os funcionários para realizarem tarefas específicas em suas funções. O treinamento pode ser presencial ou online, e normalmente é oferecido por um curto período de tempo.

Por outro lado, as universidades corporativas são estruturas mais amplas, que visam desenvolver as habilidades dos funcionários ao longo de suas carreiras. As universidades corporativas oferecem programas de desenvolvimento de liderança, educação executiva, treinamento técnico, desenvolvimento profissional e habilidades comportamentais, entre outros. As universidades corporativas são normalmente estruturas permanentes dentro de uma organização e possuem uma abordagem mais estratégica para a formação de seus funcionários.

Em resumo, enquanto o treinamento é mais focado em habilidades específicas e de curto prazo, as universidades corporativas têm um escopo mais amplo e são mais estratégicas, visando o desenvolvimento dos funcionários ao longo do tempo.

Lendo a resposta e analisando os atributos de uma Universidade Corporativa, o fator tempo e desenvolvimento de competências não são elementos para diferenciar o que é treinamento e o que é educação corporativa — ou o que caracteriza uma Universidade Corporativa, nem sequer a questão tecnológica. Mesmo alguns fornecedores confundem o papel do treinamento e o papel da educação corporativa como se fossem sinônimos. Ambas podem oferecer capacitações de curta duração e desenvolver competências específicas, mas a grande questão é o quanto são estratégicas essas ofertas, as estruturas conceituais e práticas, a cultura de aprendizagem, o modelo curricular/trilhas, o alinhamento com o planejamento estratégico organizacional, o posicionamento na organização, além dos componentes obrigatórios que devem constar em uma Universidade Corporativa e que não fazem parte das estruturas de treinamento.

Com certeza há um salto de um modelo para o outro, mas percebo que tudo isso faz parte de um processo evolutivo ou de concepção da empresa. Entendo, portanto, que o *ChatGPT* pode ajudar sim em pesquisas. Tive o cuidado também de verificar se as respostas vinham de algum artigo ou tese ou livro, mas com certeza a capacidade de articular diferentes dados de diferentes fontes é um ponto a ser considerado.

É importante destacar que essa IA não tem todas as respostas e nem 100% de acerto, por isso meu trabalho humano (tão importante) na análise das respostas da máquina. É preciso uma base de conhecimento para poder analisar e apontar onde estão as contribuições e os pontos de correção.

Outra questão que procurei abordar foi o uso do metaverso pelas Universidades Corporativas e as contribuições que o *ChatGPT* poderia apontar. A resposta foi:

ChatGPT

O metaverso é uma tecnologia ainda em desenvolvimento, mas que tem grande potencial para a educação corporativa. Ele permite a criação de espaços virtuais compartilhados, onde os funcionários podem se conectar e interagir entre si e com o conteúdo de aprendizagem. Isso cria uma experiência mais colaborativa e social de aprendizagem, o que é importante para a troca de conhecimento e o trabalho em equipe.

O metaverso foi uma febre inicial da fase pandêmica e que ainda perdura. Ele já é usado pelas empresas, mas dado o custo de sua criação e mão de obra — e mesmo pela escassez de especialistas —, seu avanço pode ser pontual. É preciso, nesse caso, popularizá-lo para baixar os altos valores, e como o próprio *ChatGPT* informou, ele é uma tecnologia em desenvolvimento com potencial. Temos a possibilidade de oferecer experiências e engajamento por meio da imersão. A referência de seu uso para troca de conhecimentos e trabalho em equipe são sugestões pertinentes para esse tipo de tecnologia, visto que pode simular um espaço real.

A adoção de tecnologias como realidade virtual, realidade aumentada, inteligência artificial, metaverso e outras que ainda possam surgir, precisa ser cada vez mais estudada e usada explorando o potencial delas para a aprendizagem. Mas tudo precisa ser comedido, planejado e usado dentro de um objetivo específico para a aprendizagem.

A experiência do usuário, de fato, pode ser algo importante para determinadas empresas e processos de aprendizagem de forma a facilitar determinados processos e até realizar atividades que em sala de aula presencial seriam inviáveis. Imaginem uma experiência de combate a um incêndio com explosões, ou de fuga de uma plataforma de petróleo. Esse tipo de tecnologia poderá ajudar bastante em muitas capacitações que demandam a vivência.

Vale destacar as respostas da IA quando perguntei acerca de aspectos negativos sobre o uso excessivo e indiscriminado da inteligência artificial, realidade virtual, realidade aumentada e metaverso. O *ChatGPT* nos indicou diversos problemas que podem surgir a partir do uso indiscriminado de tais tecnologias.

O que foi possível apreender das informações fornecidas pela IA é que o uso excessivo das tecnologias é prejudicial para os funcionários das empresas submetidos às capacitações — seja pela desvinculação da realidade, desconexão social, dependência tecnológica ou prejuízos para a habilidade crítica. Tais observações apontadas pelo *ChatGPT* nos chamam atenção para a necessidade de uso equilibrado das tecnologias nas capacitações. A própria máquina com os dados que a alimentam pode indicar uso comedido das tecnologias.

Por fim, para encerrar a nossa entrevista com o *ChatGPT*, tendo estabelecido como princípio um diálogo para nossa interação, solicitei que ele fizesse suas considerações finais sobre o bate-papo que tivemos em relação às Universidades Corporativas e, ainda, solicitei autorização para compartilhar neste livro suas respostas — e que, evidentemente, ele concordou!

ChatGPT

Embora o uso de tecnologias como inteligência artificial, realidade virtual, realidade aumentada e metaverso possa trazer muitos benefícios para a aprendizagem nas universidades corporativas, o uso excessivo e indiscriminado dessas soluções também pode apresentar alguns pontos negativos:

- **Inteligência Artificial**: o uso excessivo de algoritmos de aprendizado de máquina pode levar à personalização excessiva do conteúdo, criando uma bolha de informações em que os funcionários só recebem informações que confirmam seus próprios preconceitos ou pontos de vista. Isso pode limitar a capacidade dos colaboradores de se exporem a diferentes perspectivas e opiniões, o que pode ser prejudicial para o desenvolvimento de habilidades de pensamento crítico.
- **Realidade Virtual**: o uso excessivo da realidade virtual pode levar à desconexão do mundo real. Se os funcionários passam muito tempo em ambientes virtuais, podem acabar negligenciando as habilidades sociais e de comunicação que são fundamentais para o sucesso no mundo real.
- **Realidade Aumentada**: o uso excessivo da realidade aumentada pode criar uma dependência de tecnologia. Os funcionários podem acabar confiando demais nas informações fornecidas pelas tecnologias de realidade aumentada, em vez de desenvolverem suas próprias habilidades de observação e resolução de problemas.
- **Metaverso**: o uso excessivo do metaverso pode criar um ambiente de trabalho virtual muito diferente do mundo real, o que pode limitar a capacidade dos funcionários de se adaptarem a situações reais. Além disso, o metaverso pode levar à desconexão social, uma vez que os funcionários podem acabar se isolando em um ambiente virtual em vez de interagir uns com os outros no mundo real.

Vale destacar que fica evidenciada nas respostas do *ChatGPT* a importância das Universidades Corporativas para as empresas e seus colaboradores. Certamente os dados inseridos na máquina traduzem a relevância do tema:

ChatGPT

Fico feliz em ter compartilhado meu conhecimento e opiniões sobre universidades corporativas e tecnologias aplicadas à aprendizagem corporativa. É importante ressaltar que as universidades corporativas têm um papel crucial no desenvolvimento de habilidades e competências dos funcionários, e devem ser vistas como uma parte importante da estratégia de negócios das empresas.

Além disso, as tecnologias mencionadas nesta entrevista são apenas algumas das inúmeras ferramentas disponíveis para as empresas e as universidades corporativas. As inovações tecnológicas estão em constante evolução e, como resultado, há muitas outras possibilidades de aplicação no futuro.

Por fim, acredito que é essencial que as empresas invistam em programas de aprendizagem contínua e que os funcionários estejam dispostos a se engajar nesses programas para garantir que estejam preparados para os desafios que surgem no ambiente de trabalho em constante mudança.

Mais uma vez, agradeço a oportunidade de discutir este tema tão importante e estou sempre disponível para conversas futuras sobre o assunto.

Você pode compartilhar minhas respostas em seu livro. Será um prazer contribuir para o seu trabalho e ajudar outras pessoas a entender melhor sobre as universidades corporativas e tecnologias aplicadas à aprendizagem corporativa. Se precisar de alguma informação adicional, estou à disposição.

Uma última ponderação que gostaria de expor em torno da interação com o *ChatGPT 3.5* é que ele não guarda memória das interações com nós humanos. Passado um tempo de nossa "entrevista", retomei novamente à questão sobre o número de Universidades Corporativas, e justamente, ele esclareceu que não guarda as interações e que não tem como retomar a conversa/diálogo/troca, visto que há uma questão de privacidade:

ChatGPT

Sim, é isso mesmo. Eu, como modelo de linguagem da OpenAI, não mantenho memória entre interações. Cada solicitação é tratada de forma independente, e eu não retenho informações sobre conversas anteriores. Isso foi projetado com considerações de privacidade em mente, garantindo que as interações sejam seguras e protegidas. Se tiver mais perguntas ou se precisar de informações, estou aqui para ajudar!

Como somos ricos, podemos guardar as nossas lembranças de nossas interações, podemos lembrar as nossas conversas sem medo de ter algum problema ético como as máquinas e a IA. Nossa memória é seletiva — e graças a Deus que é assim —, mas ela é um bem nosso! Por isso, preservar a nossa saúde mental é tão importante e por isso o Alzheimer tão devastador. Desenvolver a nossa mente, nossa memória, é fundamental! Evidente que certas funções do cérebro humano — inclusive a memória seletiva — estão sendo estudadas para serem copiadas e modeladas para IA.

Augusto Cury nos chama atenção para que tenhamos, inclusive, cuidado com a nossa memória e sua exposição ao estresse:

> [...] A memória que já é seletiva pode ser ainda mais bloqueada pelo estresse intenso, que por sua vez bloqueia o "código da intuição criativa", fazendo com que o *Homo bios*, o instinto, prevaleça sobre o *Homo sapiens*, a capacidade de pensar. [...] O estresse pode fechar janelas da memória em concursos, em entrevistas, apresentações públicas, situações novas, desafios empresariais, gerando péssimos desempenhos intelectuais em pessoas brilhantes (CURY, 2008, p. 15).

Portanto, nós humanos somos preciosos, somos singulares, já que nossa criatividade nos faz únicos! Temos o nosso sistema nervoso central que nos ajuda em nossa capacidade criativa com seus impulsos, e, assim, somos movidos para criar, inventar, escrever, pintar, e gerarmos tudo o mais que a imaginação possa produzir. Logo, não fiquemos tão ansiosos sobre o uso da inteligência "artificial", temos que ser na nossa individualidade aquilo que somos em nossa essência e que nenhum programa de computador pode imitar.

Conclusão

A experiência que tive ao usar o *ChatGPT* foi importante para a minha área de estudo. Pude perceber que esse tipo de tecnologia tem muito a contribuir com as Universidades Corporativas, seja pelo acervo de dados inseridos, seja pela articulação das informações e sua capacidade de entregar respostas objetivas e direcionadas para as questões levantadas.

Evidentemente que nessa interação entre homem e máquina realizei, antes e depois, outros testes para tentar analisar a exatidão de suas respostas, inclusive, sugerindo que ele melhorasse o conteúdo das devolutivas. Qualquer um pode sentar e estabelecer conexão e ensinar a máquina, ou seja, alimentar com dados corretos. É bom dizer que há dados inseridos até certo prazo no *ChatGPT*, ou seja, a informação tem prazo de validade. Se não for atualizado com novos dados, determinadas informações ficarão obsoletas.

Outro ponto importante é que, com esse tipo de tecnologia, por mais que agilize nossas vidas, possa ser usada como um grande acervo de informações e gerar outro tipo de produtos, é preciso ter cautela quanto à veracidade e ao uso ético de tal recurso tecnológico. Nos tempos atuais em que a intolerância em muitas áreas da sociedade se manifesta, o uso da IA deve ser acompanhado para que ela não seja utilizada para propagar, por exemplo, *fake news* ou disseminar uma cultura antissocial.

Nossos jovens precisam ser ensinados a usar esse tipo de tecnologia. Muitas empresas contratam jovens aprendizes, e eles podem usá-la a partir de um olhar crítico e ético. Tal orientação se aplica às equipes de trabalho nas empresas de uma forma geral e, principalmente, para as equipes de Universidades Corporativas responsáveis pelos processos de aprendizagem nas organizações.

O humano sempre terá o seu lugar — seja em que esfera for —, já que sua criatividade é fundamental para fazer a sociedade avançar. Dessa forma, é importante estimularmos o ócio criativo, a inventividade, a habilidade de criar e reinventar, além de outros atributos que temos — e um deles é a memória, que é rica, repleta de lembranças e afetividades, a nossa capacidade de sentir e de dar sentido à vida e às coisas. Tudo isso nos torna essenciais, a base para que o mundo possa continuar a existir, e ainda que mais máquinas inteligentes e humanoides transitem, a alma e o espírito inventivo são experiências únicas e singulares que nos pertencem.

Referências Bibliográficas

CURY, A. **O código da inteligência.** Rio de Janeiro: Ediouro, 2008.

DE MASI, D. **Uma simples revolução.** Rio de Janeiro: Sextante, 2019.

_____. **O ócio criativo.** Rio de Janeiro: Sextante, 2000.

SEJNOWSKI, T. J. **A revolução do aprendizado profundo.** Rio de Janeiro: Alta Books, 2019.

CAPÍTULO 11

Metodologias Nativas e Tecnologias Interativas na Educação Corporativa em Tempos de Transformação Digital

Débora Duran[1]

Introdução

A reflexão sobre a importância das metodologias nativas e das tecnologias interativas no âmbito da educação corporativa requer, *a priori*, uma análise crítica das implicações decorrentes da transformação digital. Como as dinâmicas pedagógicas não são neutras e nem tampouco podem ser descoladas e deslocadas dos contextos históricos e organizacionais nos quais se inserem, não é possível refletir sobre o *como* sem levar em consideração os *porquês* e *para quês* — responsáveis pela mobilização das

1 Débora Duran é pedagoga, mestre e doutora em educação pela Faculdade de Educação da USP. Realizou diversas especializações e estágio pós-doutoral em ciências militares na Escola de Comando e Estado-Maior do Exército (ECEME). Professora e pesquisadora, foi assessora do Departamento de Educação e Cultura do Exército (DECEx) e atualmente faz parte da Chefia de Educação e Cultura do Ministério da Defesa (CHEC-MD).

práticas educativas. Sendo assim, do global ao local, é fundamental ter em mente o curso das transformações ocorridas nas últimas décadas para que seja possível compreender o âmago de alguns desafios educacionais da contemporaneidade.

Atualmente, a defesa das metodologias ativas e das denominadas tecnologias digitais de informação e comunicação (TDIC) para fins didáticos assume um lugar de destaque no ideário pedagógico. Contudo, ainda que o discurso esteja revestido de argumentos teóricos de matriz escolanovista, construtivista, sociointeracionista, conectivista ou conexionista, o que se revela, na prática, é algo bem diferente. Na contramão do que se pretende defender, a ênfase exacerbada na importância dos métodos e das tecnologias resvala nos pressupostos tecnicistas da década de 1960, agora com nova roupagem. Em outras palavras, estamos diante do neotecnicismo.

Em tempos de cibercultura e de inteligência artificial (IA) como bem sabemos, não há mais lugar para metodologias reativas e técnicas repetitivas. No mundo digital hiperconectado, transdisciplinar e complexo, as práticas educativas voltadas à formação de cidadãos e profissionais — quer seja na educação básica, superior, corporativa ou militar — devem estar ancoradas em epistemologias e pedagogias compatíveis com os desafios da transformação digital. Contudo, é fundamental que a ordem das prioridades seja respeitada, já que não faz sentido começar pelos procedimentos antes de se ter clareza dos propósitos e do sentido dos processos formativos.

Neste texto pretendemos apresentar uma reflexão alternativa à tendência vigente. Afastando-nos de uma abordagem prescritiva que geralmente apresenta um kit de metodologias e tecnologias, pretendemos destacar a importância de uma reflexão provocativa que tem como ponto de partida a identificação dos porquês e para quês que revelam as necessidades capazes de orientar o curso das escolhas metodológicas. A rigor, as metodologias precisam ser "nativas", isto é, concebidas e desenvolvidas de acordo com as demandas do contexto educacional e das especificidades da cultura organizacional.

Da revolução informacional à transformação digital

A partir da Segunda Guerra Mundial, dois processos distintos — a globalização e a revolução tecnológica — passaram a se relacionar de forma visceral e interdependente. Diante desse fenômeno, inúmeros autores vislumbraram uma revolução sem precedentes e outros, ainda, anunciaram a chegada de uma nova era. McLuhan (1972), ainda com foco na eletrônica, profetizou a emergência da aldeia global, mesmo quando não tinha elementos factuais para refletir sobre a transformação digital propriamente dita. Desde então, têm surgido inúmeras propostas para designar a nova sociedade emergente, dentre as quais podemos citar alguns exemplos bem conhecidos, tais como: sociedade pós-industrial (Bell, 1974), sociedade informática (Schaff, 1990), sociedade da mente (Minsky, 1985), sociedade pós-moderna (Lyotard, 1998) e sociedade em rede (Castells, 1996).

Em linhas gerais, podemos afirmar que o aprofundamento do processo de globalização, aliado ao ritmo acelerado do desenvolvimento tecnológico, culminou numa revolução sem precedentes que pode ser denominada revolução informacional (Lojkine, 1999). De acordo com Machado (1997), na Grécia antiga, quem trabalhava não estudava, pois não dispunha do ócio necessário à atividade intelectual. Séculos mais tarde, na época da revolução industrial, houve uma aproximação entre conhecimento e trabalho, uma vez que era preciso garantir alguns saberes básicos aos trabalhadores para que pudessem produzir satisfatoriamente nas rotinas mecânicas das linhas de montagem. No modelo fordista-taylorista, a matéria-prima deu lugar à mão de obra como elemento crucial num mercado de trabalho marcado pela produção em massa e, com a chegada da era digital, a informação tornou-se a base do sistema produtivo marcado pela interconexão das redes sociotécnicas e pela tendência à personalização. Da antiguidade clássica aos dias atuais, as relações entre o mundo do conhecimento e o mundo do trabalho foram se transformando, passando da separação à aproximação, e desta à (quase) fusão.

Como bem destaca Castells (1996), vivemos em tempos de capitalismo informacional. Trata-se de uma nova fase do capitalismo na qual as tecnologias de informação e comunicação assumem um papel decisivo nas configurações socioculturais, econômicas e geopolíticas. A esse respeito, convém lembrar que a denominada sociedade da informação não pode ser ingenuamente percebida como uma sociedade diferenciada por mudanças quantitativas — isto é, tão somente pela capacidade de produção, armazenamento e disseminação de informações —, já que se manifesta por meio de transformações qualitativas nas relações institucionais, profissionais e pessoais. As tecnologias digitais atuam de forma quase irresistível em escala global e, a cada dia, revelam fortes impactos na estimulação de determinados comportamentos; na emergência de novas práticas culturais, educacionais e laborais; na definição de padrões estéticos, preferências políticas e estilos de consumo; e, ademais, na internalização de novos valores. Como verso e anverso de uma mesma moeda, esse *modus operandi* apresenta um potencial promissor quando pensamos em conexão, inclusão e democratização, mas revela-se assustador quando consideramos as possibilidades de desinformação, alienação e manipulação (Pacepa, 2015; MacDonald, 2019).

No clássico *A Vida Digital*, Negroponte (1992) afirma que a informática não teria mais nada a ver com computadores, mas com a vida das pessoas. O autor explica que a digitalização, desde seus primórdios, tem impelido inúmeras mudanças na sociedade em suas mais diversas dimensões e dinâmicas. Partindo de sua visão inicial mais ampla e genérica, hoje nos valemos da ideia de transformação digital enquanto designação para um fenômeno que não é mais incremental e adicional enquanto tendência, mas estrutural e exponencial como realidade imposta. Trata-se de uma metamorfose ainda mais profunda que faz referência à transformação radical das práticas tradicionais por meio da utilização de tecnologias digitais voltadas à criação de novos modos de funcionamento ou modelos de negócio que se apresentam como alternativas originais para procedimentos convencionais ou soluções inéditas para os problemas complexos das organizações.

Em relação ao mundo corporativo, o célebre estudo do *MIT Sloan Management Review* em parceria com a Capgemini Gonsulting (2013) é enfático quanto ao "imperativo digital": ou as empresas adotam as tecnologias de forma efetiva ou se tornarão obsoletas no mercado competitivo. No entanto, não se trata apenas de lançar mão das tecnologias para melhorar o desempenho ou garantir uma mudança estrutural como sinônimo de maior conectividade — ainda que seja fundamental. O maior desafio diz respeito a uma transformação cultural que está baseada em alguns pilares fundamentais que transformam um DNA em digital: "inovação e pessoas, estabelecendo uma cultura que fomente a flexibilidade cognitiva, o pensamento crítico e se baseie em conhecimento do comportamento humano e crescimento sustentável" (Gabriel, 2019, p. 8).

No caso das Forças Armadas, destaca-se a necessidade de adaptação ao combate em tempos de guerra irregular e cibernética e/ou cognitiva — ambas permeadas pelos desdobramentos da digitalização que não se limitam e nem tampouco se reduzem à sofisticação das armas e equipamentos. Como afirma Murray (2020), a adequação aos desafios da guerra é um problema persistente, mas raramente examinado. A seu ver, as organizações militares estão mais vinculadas ao *ethos* do passado do que com o apresto para enfrentar o futuro, em consonância com a crítica feita por Visacro (2018, p. 27) sobre "o quão inócuo e anacrônico se tornou o uso da força militar calcado em preceitos e parâmetros da Era Industrial". Para os autores, os militares deparam-se com um duplo desafio relacionado ao teatro de operações, pois ao mesmo tempo em que são obrigados a se adaptar às mudanças tecnológicas e geopolíticas ocorridas em tempos de paz, necessitam também acompanhar a velocidade das transformações impulsionadas pela própria dinâmica da guerra.

Apesar das peculiaridades que envolvem as atividades profissionais de civis e militares, a transformação digital revela-se, por motivos diferentes, como desafio comum a todos os cidadãos brasileiros. Da Defesa Nacional à competitividade internacional, direta ou indiretamente, a Estratégia Brasileira para a Transformação Digital (E-Digital) contempla diagnóstico, visão de futuro, conjunto de ações e indicadores para o monitoramento do alcance dos objetivos propostos. A definição das ações estratégicas atribui ao Governo o papel de habilitador e facilitador da transformação digital no setor produtivo do país, na capacitação da sociedade para o enfrentamento dessa nova realidade, e na atuação do Estado para a prestação de serviços e garantia de direitos. Para tanto, a E-Digital[2] está fundamentada em dois grupos de eixos temáticos: eixos habilitadores e eixos de transformação digital.

> Os eixos habilitadores visam criar um ambiente propício para o desenvolvimento da transformação digital da economia brasileira, com iniciativas essenciais para alavancar a digitalização. Tais iniciativas incluem infraestrutura e acesso às tecnologias de informação e comunicação; ações em pesquisa, desenvolvimento e inovação; desenvolvimento de um ambiente regulatório adequado; normas e regimes que promovam confiança no mundo digital; aquisição de competências educacionais e profissionais adequadas à economia digital e; a inserção internacional do Brasil. Esse ambiente habilitador propicia atividades em prol da transformação digital, tanto no governo quanto no setor produtivo. Sendo assim, as ações específicas foram agrupadas em eixos:

....

2 As diretrizes da E-Digital estão disponíveis em: https://www.gov.br/mcti/pt-br/acompanhe-o-mcti/transformacaodigital/estrategia-digital. Acessado em: 10 nov. 2023.

- transformação digital da economia (eixo da economia baseada em dados, eixo de um mundo de dispositivos conectados e eixo de novos modelos de negócio viabilizados pelas tecnologias digitais); e
- transformação digital do governo, com vistas ao pleno exercício da cidadania no mundo digital e à prestação de serviços à sociedade.

Em relação à economia, a transformação digital é responsável pela reformulação de mercados existentes e criação de novos mercados. Tecnologias emergentes desenvolvidas para o uso e análise de dados — tais como sensores inteligentes e *IoT*[3] — podem ser integrados aos produtos e cadeias de valor existentes, o que propicia a criação de novas economias de escopo. Há, no Brasil, evidências incontestes de transformação nos modelos de negócios e de convergência entre diversos setores, de modo que essa nova realidade se constitui num desafio não só para as empresas, mas também para aqueles que são responsáveis pela elaboração das políticas públicas (OCDE, 2020).

No âmbito da administração pública federal, a transformação digital também se revela como imperativa. A Estratégia de Governo Digital[4] é um documento que apresenta as metas para a transformação digital de serviços no âmbito da administração pública federal (direta, autárquica e fundacional), cuja atualização ocorre a cada três anos. A EGD 2020-2022 está assente em seis princípios básicos que devem qualificar o governo: centralidade do cidadão, integração, inteligência, confiabilidade, transparência e eficiência.

Em relação aos objetivos, pretende-se:

- ofertar serviços públicos digitais;
- avaliar a satisfação nos serviços digitais;
- oferecer canais e serviços digitais simples e intuitivos;
- fornecer acesso digital único aos serviços públicos;
- disponibilizar plataformas e ferramentas compartilhadas;
- permitir a integração dos serviços públicos;
- elaborar políticas públicas baseadas em dados e evidências;
- desenvolver serviços públicos do futuro e tecnologias emergentes;
- implantar serviços preditivos e personalizados ao cidadão;

3 Do inglês, *Internet of Things* (Internet das Coisas).

4 Decreto nº 10.332, de 28 de abril de 2020, atualizado pelo Decreto nº 10.996, de 14 de março de 2022.

- implementar a Lei Geral de Proteção de Dados no âmbito do Governo Federal;
- garantir a segurança das plataformas de governo digital e de missão crítica;
- disponibilizar a identidade digital ao cidadão;
- reformular os canais de transparência e dados abertos;
- permitir a participação do cidadão na elaboração de políticas públicas;
- propor o Governo como plataforma para novos negócios;
- otimizar as infraestruturas de tecnologia da informação;
- transformar o digital em fonte de recursos para políticas públicas essenciais; e
- capacitar equipes de governo com competências digitais.

O trabalhador e o cidadão do século XXI não podem mais deixar de ser aprendizes, uma vez que as demandas por atualização e reflexão crítica são, agora, constantes. Não por acaso, motes como *lifelong learning* e aprender a aprender e desaprender tornaram-se apelos constantes nos discursos pedagógicos. Como não há mais profissionais formados, mas profissionais formando-se, tanto na E-Digital como na EGD encontramos referências explícitas à "aquisição de competências educacionais e profissionais adequadas à economia digital" e à "capacitação das equipes de governo com competências digitais".

Iorio (2018, p. 32) sustenta que a transformação digital não pode estar relacionada apenas à tecnologia, já que se refere ao comportamento humano. E, a seu ver, no mundo dos negócios não é diferente, pois se trata de escalar um negócio (fim) por intermédio das competências profissionais que se utilizam das ferramentas digitais (meio). Dentre elas, destacam-se as seguintes: flexibilidade cognitiva, execução inovadora, análise do comportamento humano, pensamento crítico, crescimento sustentável e altruísmo digital.

Quadro 1 Seis competências para surfar na transformação digital

Competência	Descrição	Comportamentos
Flexibilidade cognitiva	Capacidade adaptativa diante dos cenários em transformação.	Muda o comportamento em decorrência das mudanças ambientais e abraça desafios como propulsores do aprendizado.
Execução inovadora	Preencher uma demanda reprimida com um produto tecnicamente viável e com alto valor agregado, ainda que não seja algo inédito.	Prioriza a execução em vez da ideação e atua de forma criativa.
Análise do comportamento humano[5]	Identificação de tendências profundas e mudanças nas demandas de consumidores com base em insights interdisciplinares.	Toma o cliente como ponto de partida na dinâmica dos negócios e considera aspectos quanti-qualitativos para compreender as tendências comportamentais.
Pensamento crítico	Atitude de desafio do *status quo* para identificar oportunidades de geração de valor.	Questiona o porquê das coisas para identificar propósitos, identifica lacunas no mercado e desafia a si próprio.
Crescimento sustentável	Busca de geração de valor para o cliente por meio da agregação de valor ao ecossistema em que opera.	Prioriza o impacto positivo no mercado em que trabalha e não apenas o lucro, foca a retenção e a fidelização de clientes antes de pensar em crescimento.
Altruísmo digital	Priorizar o ser humano como centro da experiência do negócio com foco no modelo de negócio H2H (Human-to-Human).	Considera apenas a existência de um modelo de negócio: H2H, em vez de B2B (Business-to-Business) ou B2C (Business-to-Consumers).

Fonte: Adaptado de Iorio (2018)

Transformação digital e educação corporativa

No contexto da transformação digital, a educação corporativa assume um papel fundamental no cenário global. O exército americano criou o

5 Na proposta original o autor aventa a ideia de especialista em comportamento humano. Optamos por outro termo, uma vez que o título de especialista é conferido somente aos portadores de diploma de pós-graduação *lato sensu*, nível especialização.

acrônimo VUCA[6] para designar uma realidade volátil, incerta, complexa e ambígua e, mais recentemente, Cascio (2018)[7] propôs o termo BANI para caracterizar um mundo frágil, ansioso, não-linear e incompreensível. Temos, ainda, dois acrônimos adicionais relativos à convergência tecnológica: NBICs (Nano-Bio-Info-Cogno-Tecnologias) e GRAIN[8] (Genética, Robótica, Inteligência Artificial, Nanotecnologia). Nesse sentido, o momento histórico que ora atravessamos traz em sua esteira algumas palavras de ordem ou palavras-chave, a saber: complexidade, adaptabilidade, flexibilidade, competitividade, inovação, criatividade, criticidade, responsabilidade, agilidade e conectividade, dentre outras. Temos, assim, o ***porquê*** das novas demandas emergentes no contexto educacional das organizações.

As empresas mais bem-sucedidas, em vez de esperar que as escolas tornem seus currículos mais relevantes para a realidade empresarial, resolveram percorrer o caminho inverso — e trouxeram a escola para dentro da empresa. Abandonaram o paradigma de que a educação seria um capítulo da responsabilidade social da empresa e passaram de forma muito pragmática a entender que o diferencial decisivo de competitividade reside no nível de capacitação em todos os níveis de seus funcionários, fornecedores principais, clientes e até mesmo membros da comunidade onde atuam (Meister, 1999, p. 15).

Como o óbvio nunca é tão óbvio quanto parece — apesar do risco de redundância —, vale a pena frisar três aspectos fundamentais relacionados aos objetivos da educação corporativa. Os ***para quês*** precisam estar plenamente alinhados com o planejamento estratégico das organizações e, consequentemente, ancorados na gestão de competências. O desenvolvimento de competências não se dá por meio de ações isoladas de treinamento, daí a necessidade de um processo de formação planejado e contínuo que vá além da informação para produzir os resultados almejados. A estratégia, que por sua vez envolve missão, visão e metas, deve estar necessariamente ancorada em valores socialmente legítimos e aceitáveis.

6 Do inglês, *volatility, uncertainty, complexity, ambiguity*. Termo anunciado pelo U.S. Army War College para designar o cenário pós-guerra fria.

7 Do inglês, *brittle, anxious, nonlinear, incomprehensible*. Apesar de ser geralmente atrelado ao contexto pandêmico do coronavírus, o termo BANI foi proposto pelo antropólogo e futurologista Jamais Cascio num evento realizado pelo Institute For The Future (FTF), em 2018.

8 Segundo Douglas Mulhall (2002), trata-se de uma convergência tecnológica, de natureza molecular, que definirá o nosso futuro.

À primeira vista, mesmo sem perceber, corremos o risco de pensar nas conexões entre transformação digital e educação corporativa com base numa perspectiva utilitarista. Dito de outro modo, se cedermos à tentação da abordagem reducionista poderemos confundir desafio educacional com tarefa instrumental, como se o objetivo primeiro e primário das metodologias ativas e das tecnologias interativas fosse tão somente preparar os profissionais para se adequarem de forma passiva e acrítica à lógica do lucro e às exigências do mercado. No entanto, como as práticas educativas envolvem sempre aspectos técnicos, tecnológicos e éticos, uma reflexão de natureza pedagógica nos obriga a pensar no papel dos trabalhadores como cidadãos que precisam ser considerados como sujeitos e não como objetos da educação corporativa.

As tecnologias digitais podem trazer incontáveis avanços para a educação dos trabalhadores, mas não podemos negar que há, também, riscos de retrocesso, daí a importância da crítica sociológica. Bauman (2000) nos apresenta o conceito de modernidade líquida e amor líquido para explicar o aprofundamento do individualismo na sociedade de consumo. Se, até a Segunda Guerra Mundial, o mundo era marcado pela solidez e rigidez social, institucional e intelectual, a partir da década de 1960 um novo tipo de funcionamento passou a se impor nas dinâmicas entre economia, sociedade e instituições. Da tradição, da moral e da qualidade dos relacionamentos à lógica consumista, individualista e quantitativa das conexões, os tempos sólidos deram lugar aos tempos líquidos, em que as tecnologias digitais tornaram os vínculos frágeis, fluidos e provisórios.

> O que todas essas características dos fluidos mostram, em linguagem simples, é que os líquidos, diferentemente dos sólidos, não mantêm sua forma com facilidade. Os fluidos, por assim dizer, não fixam o espaço nem prendem o tempo. Enquanto os sólidos têm dimensões espaciais claras, mas neutralizam o impacto e, portanto, diminuem a significação do tempo (resistem efetivamente a seu fluxo ou o tornam irrelevante), os fluidos não se atêm muito a qualquer forma e estão constantemente prontos (e propensos) a mudá-la; assim, para eles, o que conta é o tempo, mais do que o espaço que lhes toca ocupar; espaço que, afinal, preenchem apenas "por um momento". Em certo sentido, os sólidos suprimem o tempo; para os líquidos, ao contrário, o tempo é o que importa. Ao descrever os sólidos, podemos ignorar inteiramente o tempo; ao descrever os fluidos, deixar o tempo de fora seria um grave erro. Descrições de líquidos são fotos instantâneas, que precisam ser datadas. (Bauman, 2000, p. 6-7).

O *Admirável Mundo Novo* (atual), não exatamente como na utopia de Huxley (1932), revela marcas de perplexidade por colocar em xeque a estabilidade sólida e explicitar a dicotomia líquida que envolve liberdade e segurança. Sennett (2009), em sua obra *A Corrosão do Caráter*, também aponta para alguns riscos do capitalismo informacional que impõe a substituição das rotinas burocratizadas pela flexibilização do trabalho. Apesar de suas aparentes vantagens, esse processo põe em risco o caráter dos profissionais, uma vez que rompe com a linearidade que outrora marcou as histórias de vida e deu sentido às narrativas de longa duração.

> [...] O termo caráter concentra-se sobretudo no aspecto a longo prazo de nossa experiência emocional. É expresso pela lealdade e o compromisso mútuo, pela busca de metas a longo prazo, ou pela prática de adiar a satisfação em troca de um fim futuro. Da confusão de sentimentos em que todos estamos em algum momento em particular, procuramos salvar e manter alguns; esses sentimentos sustentáveis servirão a nossos caracteres. Caráter são os traços pessoais a que damos valor em nós mesmos, e pelos quais buscamos que os outros nos valorizem [...]. [...] Como decidimos o que tem valor duradouro em nós numa sociedade impaciente, que se concentra no momento imediato? Como se podem buscar metas de longo prazo numa economia dedicada ao curto prazo? Como se podem manter lealdades e compromissos mútuos em instituições que vivem se desfazendo ou sendo continuamente reprojetadas? Estas as questões sobre o caráter impostas pelo novo capitalismo flexível [0133] (Sennett, 2009, p. 10-11).

De acordo com o autor, o ritmo acelerado de mudanças de emprego, de função e de moradia compromete os vínculos com familiares, amigos e vizinhos, de modo que os laços afetivos vão se tornando cada vez mais frágeis e superficiais. Adicionalmente, a preferência pela juventude e a desvalorização dos profissionais mais experientes em nome da adaptação flexível enfraquecem os laços de lealdade e confiança devido às relações de curto prazo caracterizadas pela superficialidade e pelo imediatismo. No limite, a seu ver até mesmo o flexitempo, hoje denominado *home office*, contribui gradativamente para a degradação do caráter devido ao controle excessivo (ainda que escamoteado), ao desapego temporal e à tolerância à fragmentação.

Da crítica sociológica à realidade cotidiana das organizações, as evidências revelam que não se pode mais ignorar o papel crucial da dimensão psicológica na performance profissional. Muito embora não possamos resolver todos os problemas decorrentes dos dilemas do mercado competitivo, o fato é que ignorar as contradições que impactam as condições de trabalho e a qualidade de vida dos trabalhadores é uma atitude insustentável e irresponsável. Dos estudos iniciais de Damasio (1996) às pesquisas recentes nos contornos das neurociências, está provado que existem relações viscerais entre razão e emoção, de modo que quando há comprometimento na área afetiva, fatalmente haverá prejuízo na área cognitiva. Dito de outro modo, profissionais insatisfeitos por se sentirem explorados, desrespeitados, desvalorizados ou subestimados não se engajarão e nem tampouco se envolverão efetivamente nas iniciativas organizacionais voltadas ao desenvolvimento de competências. Por esse motivo, pode até haver investimento em metodologias e tecnologias, mas se não houver motivação pessoal, o esforço para a aprendizagem organizacional será em vão.

O relatório *Tendências na Gestão de Pessoas em 2022* publicado pelo Great Place to Work Brasil apresenta dados alarmantes da pesquisa realizada pela International Stress Management Association (ISMA-BR). Dentre os 100 milhões de trabalhadores brasileiros, aproximadamente 32% sofrem com a Síndrome de Burnout — ou Síndrome do Esgotamento Profissional. A partir de janeiro de 2022, a Organização Mundial de Saúde (OMS) passou a considerar o fenômeno como uma questão ocupacional, de modo que as empresas se tornaram responsáveis por atuar na prevenção, identificação e tratamento da doença. Como se pode notar, não se pode mais tratar o trabalhador como objeto ou fonte de lucro, uma vez que ambientes de trabalho emocionalmente saudáveis são, hoje, condição *sine qua non* à manutenção do diferencial competitivo. Portanto, como cuidar das pessoas impõe-se, agora, como objetivo estratégico, a educação corporativa não pode se limitar a atender aos interesses da organização sem levar em conta as necessidades pessoais dos trabalhadores.

Feitas as devidas advertências no sentido de valorizar as pessoas e não apenas focalizar os processos e resultados no contexto da educação corporativa, podemos então prosseguir na reflexão sobre os desafios pedagógicos propriamente ditos. Lévy (1999) destaca a importância do hipertexto e do ciberespaço enquanto tecnologias da inteligência capazes de promover o fortalecimento da inteligência coletiva na ambiência da cibercultura. Dos espaços de concentração aos espaços de distribuição da informação, a democratização do saber extrapola os limites das instituições formais de ensino e impõe novos estilos de aprendizagem que colocam em xeque o papel dos docentes como transmissores e dos alunos como receptores. O imperativo da reprodução da informação é substituído pela ênfase na construção do conhecimento que deve, agora, ser potencializado nas comunidades de prática, redes colaborativas e educação online.

Ao discorrer sobre a educação na era digital, Gómez (2015) assevera que a capacidade de usar a tecnologia da informação é cada dia mais decisiva. Tomando de empréstimo a terminologia proposta por Bauman, entendemos que estamos diante de um ambiente de "liquidez informacional", uma vez que o ritmo de produção, distribuição, consumo e abandono da informação é cada vez mais veloz. Portanto, a formação de cidadãos e profissionais capazes de viver num mundo volátil tornou-se um compromisso social urgente.

> [...]. Outra consequência desse ritmo acelerado e exponencial de produção e consumo de informação fragmentada e complexa é o volume infinito dela, que produz nos indivíduos saturação, desconcerto e, paradoxalmente, desinformação[...]. [...] A saturação de informação gera dois efeitos aparentemente paradoxais, mas na verdade convergentes: a superinformação e a desinformação. Parece claro que o exagero de informações fragmentárias causa indigestão e dificilmente provoca o conhecimento estruturado e útil [...] (Gómez, 2015, p. 18).

Dessa realidade emergem questões de fundamental importância para os profissionais que atuam na educação corporativa. Cada vez mais, faz-se necessário ir além das aparências e desenvolver o raciocínio prévio e posterior à ação, ou seja, o cultivo do pensamento crítico e interrogativo para confrontar o óbvio e o oculto. De mais a mais, é preciso reconhecer o extraordinário potencial formador e não apenas instrutor da internet ao proporcionar a comunicação intercultural e favorecer a superação de limites e contextos locais numa nova ecologia do conhecimento.

Sobre metodologias nativas e tecnologias interativas

No âmbito das organizações — quer sejam públicas ou privadas, militares ou civis —, as competências compatíveis com as demandas da era digital exigem aprendizagens de ordem superior. Para lidar com a incerteza e a complexidade a memorização já não é mais suficiente, uma vez que se faz necessário organizar as ideias em favor de um pensamento crítico, criativo, problematizador, contextualizado, autônomo, prospectivo e autorregulado. Como bem destaca Ricardo (2012), por ser de outra natureza, a educação do trabalhador da era do conhecimento não pode ser confundida com as práticas tradicionais de treinamento, uma vez que está associada à educação continuada. Sendo assim, as conexões em rede e as oportunidades de aprendizagem devem propiciar a postura ativa e colaborativa, bem como o desenvolvimento da autoria e da capacidade de criação dos profissionais em todos os níveis.

No cenário educacional atual as denominadas metodologias ativas ganharam o proscênio acadêmico e corporativo. Curiosamente, ainda que sejam apresentadas, em alguns casos, como uma novidade pedagógica, não se trata de proposta original, uma vez que estão atreladas à Escola Nova, um movimento de renovação do ensino cuja propagação ocorreu nas primeiras décadas do século XX. Sob forte influência do filósofo e pedagogo norte-americano John Dewey — para quem a escola não deveria ser uma preparação para a vida, mas a própria vida —, essa proposta metodológica está centrada na aprendizagem pela experiência e na autonomia dos aprendizes como bases de uma educação democratizadora.

Bacich e Moran (2017), ao refletirem sobre a importância das metodologias ativas para uma educação inovadora, ressaltam que a aprendizagem precisa ser mais viva e significativa. Afirmam, ainda, que as gerações atuais precisam lidar com contextos de incertezas que requerem o desenvolvimento de múltiplos letramentos, resolução de problemas complexos, convivência com a diversidade, trabalho em equipe, compartilhamento de responsabilidades e participação ativa nas redes. Baseando-se nesses argumentos, apresentam, então, uma justificativa para a adoção das metodologias ativas.

> [...] São muitos os métodos associados às metodologias ativas com potencial de levar os alunos a aprendizagens por meio da experiência impulsora do desenvolvimento da autonomia, da aprendizagem e do protagonismo. Nesse sentido, ao tratar de problematização, sala de aula invertida, sala de aula compartilhada, aprendizagem por projetos, contextualização da aprendizagem, programação, ensino híbrido, *design thinking*, desenvolvimento do currículo STEAM, criação de jogos, entre outras, este livro mostra a relevância do papel do professor e sua autonomia para criar novos métodos, respeitando os princípios da metodologia ativa. Desenvolver metodologias ativas por meio das mídias e das TDIC significa reinterpretar concepções e princípios elaborados em um contexto histórico, sociocultural, político e econômico diferente do momento atua [...] (Bacich; Moran, 2017, p. 18).

Como bem destacam os autores, além dos métodos consagrados, há um detalhe muito importante ao qual não se tem dado muito importância: a criação de novos métodos. Notamos, atualmente, uma difusão sem precedentes das metodologias ativas por meio de artigos, livros, vídeos e eventos de caráter acadêmico ou profissional. No entanto, ainda que tal divulgação seja desejável, legítima e necessária, preocupa-nos o fato de ter se transformado num apelo mercadológico, uma onda comercial em que as metodologias se transformaram em objetos de consumo. Nesse contexto, o modismo pedagógico parece estimular um adesismo segundo o qual a inovação pedagógica depende do quanto se apropria de um ou de outro método "da moda" ou "da vez".

Ao refletir sobre liderança inspiradora, Sinek (2018) disseminou o mote "comece pelo porquê" para enfatizar a importância do sentimento de propósito e de pertencimento capaz de mobilizar pessoas. Com a proposta do círculo dourado, ele não pretende explicar o que fazer ou como fazê-lo, já que seu objetivo não é dar uma linha de ação, mas refletir sobre o motivo da ação. Portanto, o raciocínio do autor mostra-se útil para pensarmos na questão das escolhas metodológicas e tecnológicas com base em critérios de sentido.

Na mesma linha de raciocínio, Leontiev (1981), um autor pouco conhecido no âmbito da educação corporativa, tem uma proposta mais precisa quando o objeto da reflexão é de natureza pedagógica. A teoria da atividade — cujos fundamentados podem ser identificados na teoria histórico-cultural elaborada por Vygotsky — compreende três níveis interdependentes: atividade, ações e operações. Uma atividade responde à necessidade de um agente ativo, cujo objeto, ou motivo real, dará direção ao curso das ações. Se o motivo está vinculado à atividade, o objetivo está conectado à ação ou às ações realizadas para alcançar um resultado. Para além do aspecto intencional sobre o que deve ser feito, o aspecto operacional relacionado ao como algo deve ser feito aponta para as tarefas cuja realização dependerá das circunstâncias (LEONTIEV, 1981). Motivos, objetivos e operações, esta é a sequência elaborada por Leontiev e que julgamos adequada para pensarmos na pertinência e/ou adequação metodológica e tecnológica no âmbito da educação corporativa.

Quadro 2 Estrutura da atividade segundo Leontiev

Nível	Foco	Pergunta
Atividade	Motivo	Por quê?
Ações	Objetivos	Para quê? O quê?
Operações	Condições	Como?

Fonte: Adaptação da autora.

De acordo com essa lógica, motivos diferentes impulsionam atividades distintas. Sendo assim, podemos nos valer dessa proposta teórica para estruturar de forma coerente e consistente algumas práticas educativas, já que as escolhas metodológicas correspondem ao nível das operações e não ao nível dos motivos que se constitui no ponto de partida para a realização de uma atividade. Em outras palavras, fica evidente que as metodologias e as tecnologias não deveriam, *a priori*, ser o motivo da atividade pedagógica, pois são meios e não fins. Reiteramos, então, em consonância com trabalhos anteriores, que revolução tecnológica não é sinônimo de inovação pedagógica (Duran, 2010, 2021).

Feitas as devidas advertências, consideramos adequada a organização proposta por Filatro e Cavalcanti (2018). As autoras englobam, na categoria das metodologias inovativas, diversos métodos que podem estar voltados à inovação ao contemplarem aspectos distintos do processo de ensino e aprendizagem em uma matriz de planejamento ou design didático/instrucional. As metodologias ativas focalizam os papéis dos aprendizes nos processos de aprendizagem, as metodologias ágeis destacam o elemento tempo na duração das atividades, as metodologias imersivas se apoiam intensamente em mídias e tecnologias e as metodologias analíticas estão voltadas à avaliação.

Das metodologias ativas para as inovativas, defendemos, adicionalmente, as metodologias nativas. Por metodologias nativas entendemos as propostas alternativas que são concebidas, organizadas e desenvolvidas de forma crítica e criativa a partir das necessidades específicas que se apresentam num dado contexto pelos profissionais envolvidos na orientação e/ou na execução das práticas educativas. Obviamente, entendemos que a adoção das metodologias existentes não é um problema, uma vez que pode representar solução para vários desafios didáticos específicos. No entanto, importa destacar que não se trata de ter receitas prontas, mas de ter ciência dos "ingredientes válidos" enquanto repertório de elementos viáveis que poderão ser utilizados de forma parcial, total ou adaptados — a depender dos motivos que orientarão o sentido da atividade pedagógica no contexto corporativo. Do mesmo modo, ainda que a participação em eventos de capacitação pré-formatados e a contratação de consultores externos possa ser útil, vale a máxima segundo a qual "a sua solução não é problema meu", isto é, respostas prontas nem sempre respondem às perguntas que exigem a expertise e a experiência dos profissionais que conhecem e compreendem as rotinas e as culturas de suas organizações.

As reflexões de Sonenshein (2017) a respeito do "poder do menos" revelam-se oportunas quando nos propomos a refletir sobre metodologias nativas. Num estilo bem-humorado, o autor apresenta dois perfis profissionais distintos: perseguidor e esticador. Os perseguidores correm atrás de recursos o tempo todo, hábito que gradativamente culmina no embotamento da criatividade. Por outro lado, os esticadores, dotados de uma "mentalidade elástica", enxergam possibilidades férteis em solos que são vistos como áridos por aqueles que se limitam a focalizar as respostas prontas e as metodologias existentes. Portanto, muitas vezes as limitações não podem ser consideradas como impeditivos para que metodologias inovadoras e metodologias nativas possam florescer, uma vez que profissionais criativos podem transformar a suposta linha de chegada como ponto de partida para projetos e ações pedagógicas promissoras.

À guisa de conclusão

A partir da caracterização da revolução informacional, anunciamos os ***porquês*** ou necessidades educacionais decorrentes da transformação digital e enunciamos os ***para quês*** atinentes aos objetivos da educação corporativa. Com base nesses esclarecimentos iniciais, passamos à discussão das práticas educativas propriamente ditas, isto é, aos aspectos metodológicos relacionados ao ***como***. De acordo com o exposto, entendemos que numa ambiência profissional proativa e colaborativa as situações de ensino e aprendizagem dispensam posturas reativas e técnicas repetitivas por exigirem metodologias ativas e tecnologias interativas.

Em face do cenário educacional que enfatiza a importância do pensamento crítico e criativo, faz-se necessário refletir com mais atenção sobre a diferença entre meios e fins. Ainda que bem-intencionados, muitos gestores e docentes têm se sentido na obrigação de adotar certos métodos em voga para atestar o caráter inovador das práticas educativas sob sua responsabilidade. Contudo, as metodologias e as tecnologias não podem ser consideradas, por si e em si mesmas, como finalidade, uma vez que a validade e a pertinência metodológica (como) só pode ser efetivamente atestada em relação aos porquês (motivos) e para quês (objetivos) que devem orientar as ações da educação corporativa.

O discurso pedagógico atual está ancorado nas ideias de construção, interatividade, interdisciplinaridade, complexidade, autonomia, criticidade e criatividade. No entanto, muito embora o nome de diversos autores e teorias seja vocalizado para sustentar propostas e projetos supostamente inovadores, o fato é que a ênfase nos métodos, técnicas e tecnologias revela-se como a expressão clara na tendência tecnicista que tanto se pretende superar. Ainda que as tecnologias interativas e a IA se mostrem como marca da transformação digital, o sentido de sua utilização depende da lógica humana que a orienta — razão pela qual não se deve confundir revolução tecnológica com inovação pedagógica.

Referências Bibliográficas

BACICH, Lilian; MORAN, José (orgs.). **Metodologias ativas para uma educação inovadora**: uma abordagem teórico-prática. Porto Alegre: Penso, 2017.

BAUMAN, Zygmunt. **Modernidade líquida**. Rio de Janeiro: Zahar, 2000.

BELL, Daniel. **O advento da sociedade pós-Industrial**. São Paulo: Cultrix. 1974.

BERNAL, Alonso; CARTER, Cameron; SINGH, Ishpreet; CAO, Kathy; MADREPERLA, Olivia. Cognitive Warfare: an attack on truth and thought. *Innovation Hub*, 2020. Disponível em: https://www.innovationhub-act.org/sites/default/files/202103/Cognitive20Warfare.pdf. Acesso em: 25 fev. 2022.

CASTELLS, Manuel. **A sociedade em rede**. (A era da informação: economia, sociedade e cultura; v.1) São Paulo: Paz e Terra, 1999.

DAMASIO, António. **O erro de Descartes**: emoção, razão e o cérebro humano. São Paulo: Companhia das Letras, 1996.

DURAN, Débora. **Letramento digital e desenvolvimento**: das afirmações às interrogações. São Paulo: HUCITEC, 2010.

_____. Coronavírus viraliza educação online. *Jornal da USP*, 2020. Disponível em: https://jornal.usp.br/artigos/coronavirus-viraliza-educacao-online/. Acessado em: 20 set. 2022.

GABRIEL, Martha. Prefácio. In: IORIO, Andrea. **6 competências para surfar na transformação digital**. São Paulo: Planeta do Brasil, 2019.

_____. **Inteligência artificial**: do zero ao metaverso. Barueri, SP: Atlas, 2022.

GÓMEZ, Ángel I. Pérez. **Educação na era digital**. A escola educativa. Porto Alegre: Penso, 2015.

IORIO, Andrea. **6 competências para surfar na transformação digital**. São Paulo: Planeta do Brasil, 2019.

LEONTIEV, Alexei Nikolaevich. The problem of activity in psychology. In: WERTSCH, James (org.). **The problem of activity in Soviet psychology.** Armonk, Nova York: M. E. Sharpe. p. 37-71.

LÉVY, Pierre. **Cibercultura**. São Paulo: Editora 34, 1999.

LYOTARD, Jean-François. **A condição pós-moderna**. 5.ed. Rio de Janeiro: José Olympio, 1998.

LOJKINE, Jean. **A revolução informacional**. 3. ed. São Paulo: Cortez, 1999.

MACHADO, Nilson J. **Cidadania e educação**. São Paulo: Escrituras, 1997.

MCDONALD, Hector. **Verdade**: 13 motivos para duvidar de tudo que te dizem. São Paulo: Objetiva, 2019.

MCLUHAN, Marshall. **A galáxia de Gutenberg**: a formação do homem tipográfico. São Paulo: Companhia Editora Nacional, 1972.

MEISTER, Jeanne. **Educação corporativa**: a gestão do capital intelectual através das Universidades Corporativas. São Paulo: Makron Books, 1999.

MINSKY, Marvin. **The Society of Mind**. Nova York, USA: Touchstone, 1985.

MURRAY, Williamson. **A necessidade de adaptação ao combate**. Rio de Janeiro: BIBLIEx, 2020.

NEGROPONTE, Nicholas. **A vida digital**. São Paulo: Companhia das Letras, 1999.

PACEPA, Ion Mihai; RYCHLAK, Ronald. **Desinformação**: ex-chefe de espionagem revela estratégias secretas para solapar a liberdade, atacar a religião e promover o terrorismo. Campinas: Vide Editorial, 2015.

RICARDO, Eleonora Jorge. **Educação corporativa e aprendizagem.** As práticas pedagógicas na era do conhecimento. Rio de Janeiro: Qualimark, 2012.

SCHAFF, A. **A Sociedade Informática.** São Paulo: Unesp, 1990.

SENNETT, Richard. **A corrosão do caráter:** as consequências pessoais do trabalho no novo capitalismo. 14. ed. Rio de Janeiro: Record, 2009.

SINEK, Simon. **Comece pelo porquê.** Como grandes líderes inspiram pessoas e equipes a agir. Rio de Janeiro: Sextante, 2018.

SONENSHEIN, Scott. **O poder do menos.** O segredo da alta produtividade – você pode fazer muito mais com os recursos disponíveis. São Paulo: HSM, 2017.

The future of Future of Jobs Employment, Skills and Workforce Strategy for the Fourth Industrial Revolution. *World Economic Forum*, 2016. Disponível em: https://www3.weforum.org/docs/WEF_Future_of_Jobs.pdf. Acessado em: 15 set. 2022.

TENDÊNCIAS de gestão de pessoas em 2022. *Great Place to Work (GPTW)*, 2022. Disponível em: https://gptw.com.br/conteudo/downloads/relatorio-tendencias-de-gestao-de-pessoas-2022/. Acessado em: 2 ago. 2022.

TOFFLER, Alvin. **A Terceira Onda.** Rio de Janeiro: Record, 1981.

VISACRO, Alessandro. **A Guerra na Era da Informação.** São Paulo: Contexto, 2018.

PARTE 4

Transformação da Aprendizagem na Era Digital

CAPÍTULO 12

Universidades Corporativas, Trilhas e Aprendizagem na Era Digital da Inteligência Artificial

ELEONORA JORGE RICARDO[1]

O Propósito

Considero fundamental trazer para este texto uma discussão importante em torno das trilhas de aprendizagem na era digital e o papel primordial das Universidades Corporativas para que todos os atores organizacionais participem e estejam engajados nas ações educacionais. Primeiro dizer que, quando estamos falando de trilhas, estamos pensando em percursos desenhados para que colaboradores possam desenvolver competências que foram esboçadas em consonância com a estratégia da corporação.

Um dos pontos que trago inicialmente é a estratégia. O planejamento estratégico de uma organização é fundamental para uma Universidade Corporativa. Sem a sua leitura e entendimento não há como avançar seja na modelagem, seja no desenho das escolas ou academias, na definição das trilhas ou das soluções educacionais.

1 Eleonora Jorge Ricardo é doutora em educação. Presidente da Associação Nacional de Inovação, Trabalho e Educação Corporativa – Anitec. Líder do Ecossistema de Educação Corporativa Hub70.

Quando pensamos em planejamento estratégico estamos pensando no propósito da organização: missão, visão e valores. O propósito move empresas, empresários, colaboradores, fornecedores, clientes e instituições de ensino — ou seja, move o mundo.

Uma boa leitura que gostaria de indicar e que me inspirou para este artigo inicialmente foi o livro *Educação pelo Trabalho* de Norberto Odebrecht. Valioso o estudo desta obra que encontrei nas mãos de um livreiro de rua, usado e amarelado que data de 1991. Imagino que o autor, ao escrever esta obra, não pensou que suas ideias poderiam dar origem a uma Universidade Corporativa. Simplesmente colocou no centro das ações a educação e aprendizagem a serviço de seu propósito. Uma questão muito clara tratada pelo estudo é o entendimento de que as metodologias de aprendizagem deveriam apoiar a operacionalização da Tecnologia Empresarial Odebrecht. Minha visão sobre este *case* é em torno do valor da educação corporativa usada como uma abordagem para disseminação de uma cultura de aprendizagem — sem julgar questões de outra natureza que fujam desta análise.

Todo empresário — e todo CEO — deveria colocar sua Universidade Corporativa como uma de suas prioridades, se engajar ativamente na sua construção, acompanhar de perto as ações e abrir espaço para que essa unidade de educação participe da alta gestão, visto o seu papel para o desenvolvimento da estratégia organizacional. No caso da Odebrecht, a experiência empresarial e o propósito influenciaram sobremaneira na construção de uma metodologia de incremento de seu ecossistema, olhando para o desenvolvimento de líderes e liderados, e ainda, de fornecedores e da comunidade, com uma proposta de horizontalização da organização e agilização de processos, tendo sempre o cliente como foco. Uma educação que chegaria até os canteiros de obras no Brasil e no exterior com a missão de propagar a Tecnologia Empresarial Odebrecht. De acordo com o empresário,

> Os resultados que obtemos a cada momento, por melhores que possam parecer, serão sempre insuficientes, quando confrontados com os resultados que precisamos obter mais adiante, para satisfazer as necessidades e expectativas de todos aqueles com os quais mantemos um relacionamento de interdependência (Odebrecht, 1991, p. 9).

Então, todos os atores pertencentes à cadeia produtiva de uma organização fazem parte dessa relação em que todos estão interligados. É muito interessante notar que o compromisso com a qualidade dos produtos e serviços da organização os beneficie como "parte do contrato de trabalho" — pensando bem, ainda que pareça ao leitor que o empresário pensasse apenas no cliente final, na verdade toda a cadeia era considerada como cliente.

Enquanto a Odebrecht tinha uma tecnologia de trabalho para ser disseminada e enraizada, no caso da Gol Linhas Áreas Inteligentes, o desafio era criar uma cultura, um novo DNA para uma empresa com o desafio de ser inovadora, mudar a cultura da aviação brasileira e democratizar o acesso ao sonho de voar de seus clientes. Nascia uma empresa que tinha em sua equipe uma marca: **um time de águias!** De acordo com Garcione (2021, p. 71):

> Costumávamos dizer que a empresa era dividida em dois grupos: os técnicos e os líderes com 20 anos de experiência e os do atendimento com 20 anos de idade. Com essas premissas e um treinamento especialmente desenvolvido, conseguimos estabelecer uma estratégia para criar uma cultura de trabalho própria e comprometida com o modelo Gol.

A estratégia da Gol foi resultado de uma construção coletiva, pontuando a importância de mesclar a experiência de colaboradores experientes com a daqueles que ainda construiriam juntamente com a empresa a sua história. Era importante que todos falassem a mesma língua e que a cultura de outra empresa não pudesse influenciar uma organização que nascia com DNA próprio.

Atualmente, a Universidade Corporativa da Gol — Academia de Águia — proporciona experiências para seus colaboradores que embarcam com a empresa no ideal de democratizar o acesso da população para viajar de avião.

Em ambos os cases, tanto a **Odebrecht** quanto a **Gol** traçaram claramente propósitos que nortearam as atuações estratégicas e serviram de bússola para suas ações educacionais. Aqui não estamos falando apenas de cumprir com os treinamentos obrigatórios e regulados por legislações, estamos pontuando a educação corporativa como parte do DNA da estratégia organizacional e de como os propósitos projetados pelas empresas devem, de fato, inspirar as Universidades Corporativas a se alinharem ao posicionamento de suas instituições.

Quando falamos de educação corporativa e queremos associar o conceito de cultura de aprendizagem e aprendizagem ao longo da vida, **significa**

que é preciso criar sentido, significados para aquele que se dispõe a aprender. Para além do modismo que hoje toma conta do *lifelong learning*, a aprendizagem ao longo da vida já deveria ter sido adotada há muito tempo pelas empresas.

Aprendizagem ao longo da vida: conexões

A paixão quase popular pela expressão "***lifelong learning***" em algumas empresas e suas Universidades Corporativas nos últimos tempos mostra que houve um amadurecimento dentro das organizações no que se refere ao seu deslocamento das formas tradicionais de treinamento — ou da visão de treinamento com suas tecnologias — para um entendimento necessário sobre a aprendizagem. Isso pode significar um avanço em relação a assuntos que antes pareciam distantes de serem abordados, mas que agora se tornaram reais, dentre elas: **a inteligência artificial** e o **envelhecimento populacional**. Além destas questões importantes, há um ponto que envolve a temática geracional, jovens que não se identificam muitas vezes com a missão, visão e valores de organizações, mas buscam uma identificação com propósitos alinhados com a própria visão de mundo, melhores condições de trabalho, aprendizagem contínua, bem-estar e desenvolvimento.

Já a geração mais madura de trabalhadores está buscando profissionais para orientação profissional, revendo propósitos de vida em função da Covid-19, escolhendo empresas em que possam atuar dentro de outros parâmetros. Junto a esses pontos, as empresas também descobriram que é preciso vencer o apagão de mão de obra no Brasil. Na minha visão, esse é um problema crônico devido a diferentes fatores que o abrangem, desde a qualidade da educação básica ao ensino universitário, mudanças tecnológicas e falta de alinhamento entre formação e mundo do trabalho, envelhecimento populacional e, o que muitas vezes não falamos, o preconceito velado. Ainda bem que hoje podemos falar sobre diversidade e inclusão! Sabemos que há empresas que mascaram o preconceito e querem criar uma imagem de socialmente responsável.

Os profissionais que descobriram que na atualidade podem trabalhar de suas casas e de seus próprios escritórios, adotaram o *home office*. Emerge uma questão que coloca em xeque o trabalho presencial versus produção versus qualidade de vida. Eles querem dividir o tempo entre trabalho, família, lazer e espiritualidade — esses colaboradores querem aprender com o apoio de suas organizações e buscam profissionais especializados para os ajudar em seus posicionamentos profissionais: *coachs* de carreira.

Conectar trabalhadores e empresas ao propósito é fundamental. Agora, ampliando o conceito para além da missão, visão e valores da organização, como integrar o propósito organizacional e o pessoal? Quando assisti ao filme *Estrelas Além do Tempo* (2016) fui impactada. Havia ali a história de mulheres americanas pretas, contabilizadas como máquinas na NASA que revolucionaram a empresa e conseguiram colocar o primeiro norte-americano na órbita do planeta. Estava presente nessa narrativa o propósito individual daquelas três mulheres valorosas que queriam deixar uma marca, que esperavam um momento para crescerem e fazerem a diferença. O propósito delas de vencer o racismo e mostrarem valor profissional fez com que a NASA revisse valores. Além disso, fizeram com que tanto o seu propósito como da organização se fundisse, e os ajudasse a superar as dificuldades da corrida espacial, uma corrida contra a Rússia que avançava em suas pesquisas e abordagens.

Figura 1 O homem no espaço

Fonte: Freepik

Aqui no Brasil, creio que a Gol impulsionou seus negócios graças aos seus colaboradores ao formarem times com propósitos — times que comungavam com o propósito da organização. Hoje, além de convidar para partilhar o propósito da empresa, o desafio é identificar o propósito do colaborador e saber o quanto ambos podem criar alianças e trabalhar juntos. Certamente, trabalhadores e organizações, trabalhadores e empresários poderão dialogar conectando identidades — o que um simples contrato de trabalho não pode pactuar.

Assim, neste novo cenário, treinar, resolver *gaps* de treinamento contabilizando horas, conteúdos e número de treinandos não respondem mais às provocações da atualidade, às instabilidades, às mudanças da sociedade líquida e ubíqua. Cada vez mais veremos as empresas adotando o modelo de Universidades Corporativas e, com tal avanço, assimilando a prática da cultura da aprendizagem e disseminando em suas ações a aprendizagem ao longo da vida.

A **cultura da aprendizagem ou a aprendizagem ao longo da vida** ***(lifelong learning)*** não são conceitos ou práticas novas, nem a educação aberta (*open education*) ou objetos de aprendizagem abertos. Não, isso tudo já estava aí e, com certeza, um dos grandes estudiosos da cultura da aprendizagem e aprendizagem ao longo da vida foi o nosso grande **Paulo Freire**, que discorreu sobre os temas em suas diversas obras, implementando ações, discutindo o assunto em diversas plenárias, englobando a educação e a educação popular ao longo da vida. Todavia, boa parte das empresas não enxergavam esse legado nacional! A literatura em torno da Educação de grandes estudiosos nacionais e internacionais, e de organismos internacionais beberam da fonte de Paulo Freire e de suas práticas educativas e teorias — absorveram propostas que ele deixou como parte do seu legado.

Gadotti, grande estudioso de Paulo Freire, traz à tona pensamentos e preocupações deste grande educador. Gadotti (2023), dissertando sobre a educação de adultos e aprendizagem ao longo da vida, explica que essas expressões não são sinônimas, uma vez que a aprendizagem ao longo da vida não significa aprendizagem apenas na vida adulta. Segundo seus estudos, desde ***Lao-Tsé*** a ideia de aprendizagem ao longo da vida já existia, e de **Aristóteles** aos dias atuais essa visão da educação permanente, ao longo da vida e integral são propagadas. Para Paulo Freire (2000, p. 40) "não é possível ser gente senão por meio de práticas educativas. Esse processo de formação perdura ao longo da vida toda, o homem não para de educar-se, sua formação é permanente e se funda na dialética entre teoria e prática".

Ora, como seres inacabados, inconclusos, precisamos estar sempre aprendendo. Freire sempre nos lembrava e, ainda, nos dias atuais nos alerta para a nossa incompletude. Essa percepção de que somos seres em processo de construção nos desperta para uma visão crítica do mundo, nos provoca para analisar a realidade, e mais, é importante estarmos conscientes que vamos aprender por toda a vida.

Segundo Gadotti (2023, p. 3), a aprendizagem ao longo da vida pode acontecer em qualquer espaço, formal ou não formal. Ela não está restrita aos adultos, mas acontece inclusive até a morte! Portanto, ela não é restrita ao espaço escolar.

> [...] Uma das potencialidades do princípio da "aprendizagem ao longo da vida" é que ele quebra uma visão estanque da educação, dividida por modalidades, ciclos, níveis etc. Ele articula a educação como um todo, independentemente da idade, independentemente de ser formal ou não-formal. Se a educação e a aprendizagem se estendem por toda a vida, desde o nascimento até a morte, significa que a educação e a aprendizagem não se dão somente na escola e nem no ensino formal. Elas se confundem com a própria vida, que vai muito além dos espaços formais de aprendizagem. Assim, podemos dizer que tanto a educação quanto a aprendizagem não podem ser controlados pelos sistemas formais de ensino. Este princípio nos obriga a termos uma visão mais holística da educação[...].

Essa visão holística da **educação/aprendizagem** é essencial quando pensamos em como vamos proporcionar oportunidades para que a aprendizagem aconteça. Influenciado por Freire, e a partir de seus estudos para a sua tese de doutorado, Gadotti (2023) realiza uma retrospectiva apontando que a expressão aprendizagem ao longo da vida (***lifelong learning***) é antiga, mas já o termo **educação ao longo da vida** (***lifelong education***) é mais recente, tendo surgido em 1919 na Inglaterra — associado à formação profissional de trabalhadores. Já na França, o termo educação ao longo da vida foi adotado como **educação permanente.**

Como podemos observar, temas como aprendizagem ao longo da vida, educação ao longo da vida e educação permanente não são objeto de discussões recentes, eles já estavam aí com um largo arcabouço de teorias e práticas, políticas públicas, seminários e congressos que transitam desde as gerações passadas até os dias atuais.

Evidentemente, surgiram linhas de pensamento que buscaram sistematizar e alinhar tais práticas e conceitos para uma política educacional

— trata-se de uma educação que deveria ser pensada e praticada ao longo da vida. Para os que querem se aprofundar no tema, sugiro a leitura na integra de Gadotti (2023), uma vez que além de uma abordagem crítica do tema, traz uma leitura histórica dos fatos que se sucederam, incluindo, as decisões em torno das políticas educacionais na França e em outros países europeus e o posicionamento da UNESCO,

> [...] a expressão *Lifelong Education* foi traduzida, na França, por "Éducation permanente". É assim que ela aparece nos anos 50 e 60 na literatura pedagógica e foi consagrada no Relatório Edgar Faure, da Unesco, *Aprender a ser*, em 1972, como "pedra angular" da "cidade educadora" e "ideia mestra" das futuras políticas educativas. A matriz fundadora da Educação ao Longo da Vida é a **Educação Permanente**. Há total coerência entre essas duas expressões. Uma pode ser substituída pela outra sem qualquer perda de significado [...] (Gadotti, 2023, p. 2).

A verdade é que há controvérsias em torno do posicionamento ideológico quando do uso do termo educação ao longo da vida ou educação permanente, entre uma visão de uma educação social e democrática e a outra de uma abordagem para atender às necessidades do mercado. Mas como resgatar o sentido da aprendizagem ao longo da vida ou da educação ao longo da vida?

> [...] O conceito de Educação/Aprendizagem ao longo da vida, no mínimo, apresentava certas ambiguidades. Não poderia ser considerado um conceito "neutro". Era preciso saber de que educação e de que aprendizagem ao longo da vida se tratava [...] [...] O conceito de "*Lifelong learning*", como vimos, surgiu na Europa logo depois da Primeira Guerra Mundial. Ele atendia, de um lado, à necessidade de reeducar os adultos, cuja escola não havia sido capaz de educá-los para a paz e, de outro lado, à crescente expectativa de vida. Era preciso oferecer mais oportunidades de aprendizagem à população idosa cada vez mais numerosa. Na América Latina, o conceito teve pouca repercussão [...] [...] O que é novo é que a aprendizagem ao longo da vida é apresentada como um "princípio organizador e norteador" da educação para o século XXI, "operacionalizando" o conceito de Educação Permanente [...] (Gadotti, 2023, p. 3-4).

Se a questão do termo **educação permanente** em um dado momento foi focada como um caminho para formação profissional continuada, a ênfase passa a recair sobre a expressão **aprendizagem ao longo da vida**, distinguindo a primeira que preservaria o sentido humanista, enquanto a aprendizagem ao longo da vida passou a carregar a sua relação com o mercado e a sociedade do conhecimento (Gadotti, 2023). Na verdade, a discussão em torno da **educação permanente *(lifelong education)* e aprendizagem ao longo da vida** (***lifelong learning***) se estende durante anos e contrapõe visões: a social e a mercadológica. Há defensores em ambos os lados, há mudanças de paradigmas e de discursos. Para quem quiser se aprofundar mais sobre o tema, poderá estudar a abordagem que a França adotou e a que o Reino Unido usou. E perceberá que não havia um consenso.

A discussão proposta por Gadotti (2023) nos coloca em um impasse entre o tipo de aprendizagem que queremos partilhar, disseminar e propor. Na verdade, há, de acordo com seus estudos, duas perspectivas em torno da educação/aprendizagem ao longo da vida. Uma delas é a visão **humanitária** da aprendizagem ao longo da vida, já a outra segue a perspectiva do capital sob uma ótica **utilitária.**

Infelizmente, nossa sociedade nos pressiona a assumir posições entre isso ou aquilo, como se tudo fosse simples, mas sabemos que o mundo é complexo! É como seguir um dogma ou outro, por exemplo — se você segue uma visão, necessariamente você precisa excluir a outra. Todavia, podemos quebrar essa lógica linear, cartesiana e buscar o melhor em cada conceito ou prática e construir caminhos e soluções que auxiliem na particularidade de cada caso.

Se a educação/aprendizagem ao longo da vida pode ter uma perspectiva humanitária e ao mesmo tempo ajudar a sanar questões que envolvem a necessidade humana de se desenvolver constantemente para satisfazer a si mesma, a sociedade e o espaço do trabalho, então, qual o problema? O pensamento é complexo, e não precisamos escolher entre isso ou aquilo, mas, ressignificar e criar uma terceira via.

Lembro que anos atrás **a Universidade Corporativa dos Correios** usava como referência para a sua base pedagógica Paulo Freire. Com essa escolha, já estavam ali embutidas práticas e valores que envolviam a cultura de aprendizagem, a aprendizagem contínua, a autonomia e o autodesenvolvimento.

Por trás da aprendizagem ou educação ao longo da vida estão inseridas discussões sobre a responsabilidade do Estado com relação à educação como direito de todos e o espaço público. Há um embate entre ideologias e práticas que envolvem a abordagem que atribui ao Estado a obrigação de prover condições para a aprendizagem e a abordagem empresarial, que estaria atenta ao desenvolvimento de seus colaboradores para suprir suas demandas.

Como conciliar duas vertentes antagônicas? Com o avanço tecnológico, terão que estabelecer uma ponte para que possam caminhar juntas a fim de dar conta da aceleração das mutações que a sociedade está enfrentando. Se teremos que conviver com as máquinas — como os humanoides —, nos restará planejar um presente/futuro em que homens e máquinas conviverão dentro de outra perspectiva. Elon Musk lançou em 2023 o Optimus Gen 2, a Boston Dynamics desenvolveu o Atlas, e outras empresas também estão criando robôs associados à inteligência artificial. Não serão usados apenas para carregar cargas em trabalhos pesados ou repetitivos, mas realizarão — juntamente com a IA — atividades mais desafiadoras.

Logo, o que está acontecendo com a mudança de paradigmas atuais e futuros exigirá do Estado, empresas e trabalhadores uma atuação tripartite. Cada um terá uma participação ativa e responsável no que se refere à questão da aprendizagem ou educação ao longo da vida, aos aspectos tecnológicos e culturais para e sobre o desenvolvimento do cidadão do século XXI em tempos de inteligência artificial.

Figura 2 Trabalho, tecnologias e aprendizagem no século XXI

Fonte: Freepik

Se entendermos que aprendizagem ao longo da vida não se restringe à aprendizagem durante a vida adulta apenas, mas que ela acontece do nascimento até a morte, pois estamos aprendendo sempre, ora no espaço formal, ora no não formal, ora com o outro, ora sozinhos, ora em aulas, ora em situações coletivas, ora com filmes, ora com robôs, ora em sistemas mais complexos. Assim, temos que cultivar uma cultura de aprendizagem capaz de dar conta das mudanças e quebrar antigos padrões comportamentais que não cabem mais na sociedade globalizada, tecnológica e diversa.

No Brasil, apesar de estudos demográficos e epidemiológicos que mostravam o envelhecimento populacional, o marketing do país do futuro criou a falsa ideia de uma nação eternamente jovem, mas, agora, temos jovens de cabelos brancos. Já sabemos que a pirâmide etária se inverteu, que o número de idosos aumentou e que o ápice agora está mais largo que a base. Agora, como fica a questão do etarismo? O apagão de mão de obra cresce com a demanda de profissionais especializados. Os 40, 50 e 60+ não são contratados e não aparecem na conta como um dos caminhos para o enfrentamento desse cenário.

Outras nações despertaram para a realidade do envelhecimento populacional e responderam a esse processo natural com ações de aprendizagem continuada ou formação continuada (denominação usada na Espanha). Outras formas de preconceito se tornam obstáculos para uma aprendizagem ao longo da vida inclusiva e humanitária, mas vamos chegar lá, vamos superá-los.

Em outra oportunidade pretendo aprofundar as questões das políticas públicas para a educação de adultos no Brasil e os estudos que discutem a política nacional de educação de adultos que envolve a Educação de Jovens e Adultos (EJA). Neste momento, dentro da proposta lançada nestas linhas está a importância que a aprendizagem ao longo da vida tem na atualidade e suas conexões com o desenvolvimento contínuo e as implicações para profissionais e empresas.

É importante chamar atenção para a necessidade de instrumentalização dos profissionais da educação corporativa, além dos pedagogos, que de alguma forma já possuem no currículo disciplinas que abordam a aprendizagem ao longo da vida. Todavia, é essencial que **administradores, engenheiros, profissionais da comunicação e de outros segmentos tenham acesso a uma literatura básica sobre temas e práticas pedagógicas, visto que são formações cujas grades curriculares não englobam disciplinas**

oriundas da educação e que, agora, estão sendo demandas na atualidade — transcendendo princípios adotados apenas para os treinamentos.

Os fundamentos que aponto — e que são essenciais para quem atua ou pretende desenvolver iniciativas que tratam da cultura de aprendizagem — ajudarão a distinguir o que, de fato, tem fundamento histórico e prático no Brasil e no mundo daquilo que é apenas uma chamada para dar a impressão de que é algo inovador, quando na verdade há milhares de pesquisadores, grupos de pesquisa, nacionais e internacionais, estudando o tema há anos e que já existem Universidades Corporativas que a adotaram, inclusive, seguindo princípios de Paulo Freire para a aprendizagem ao longo da vida.

As conexões entre teorias e práticas, histórias e propósitos são essenciais na construção de sentidos, na elaboração de narrativas que tenham significado para a propagação de conhecimentos. Essas relações nos auxiliam a tecer histórias como a da Gol e a dos Correios e de outras instituições que criaram espaços para uma cultura da aprendizagem, que disseminaram conhecimentos valiosos e que foram propagados no ombro a ombro, nas oficinas de manutenção, no trabalho operacional para a logística de distribuição de produtos e em outros espaços não formais de aprendizagem que também podem dialogar com a aprendizagem formal. Assim, a cultura da aprendizagem, aliada ao propósito de empresas e trabalhadores, pode cooperar com a construção de sentidos e conhecimentos significativos para as gerações presentes e futuras.

Trilhas de aprendizagem, aprendizagem ao longo da vida e propósitos

Diante de tantos desafios que temos que enfrentar — seja em função da carência de mão de obra especializada, queda da taxa de natalidade, envelhecimento populacional, tecnologias inovadoras, adicionando as formas de preconceito que nos cegam diante de possíveis encaminhamentos e soluções —, é preciso encarar o que nos impede de tomar o leme do barco e operacionalizar ações conjuntas em prol do desenvolvimento, por exemplo, de trilhas de aprendizagem que possam apresentar propostas de desenvolvimento de atores ativos, capazes de optar pelos itinerários que querem percorrer, mediante o desafio do próprio desenvolvimento, do desenvolvimento em prol da sociedade e também da organização à qual está vinculado.

Os **desalentados e os nem-nem perderam pelo caminho seus propósitos ou nem sequer os descobriram.** Outros não conseguem coadjuvar o propósito pessoal com a da empresa ou vice e versa. Gerar mais volume de conteúdos e oferecer milhares e milhares de vagas desconectadas das reais necessidades de trabalhadores — que não precisam de currículos obsoletos — desmobiliza a participação e o engajamento de profissionais aos programas de capacitação, desconecta jovens das perspectivas presente e futura de inserção no mercado de trabalho e de ocupação de outros espaços na sociedade, além de dificultar também a reinserção dos 40, 50, 60+.

Consiste em cuidar para que a inserção de portadores de deficiência e outros segmentos discriminados aconteça e lhes seja oferecido acesso às trilhas de aprendizagem significativas, impactantes, estimulantes — que despertem autoria e criatividade, nutrindo o espírito e engajando-os verdadeiramente.

É importante olhar a individualidade daquele que segue a trilha de aprendizagem, respeitar cada indivíduo na sua diversidade, com suas narrativas, com suas construções. Precisam ser incentivados a descobrir sentidos que os mobilizem a descobrir os conhecimentos construídos e seus saberes — é preciso saber. O aprendente domina o objeto ao qual se propõe estabelecer uma conexão de saber. As trilhas de aprendizagem são extremamente importantes para o desenvolvimento de um indivíduo, considerando sua história, como ele aprende e a orientação para os devidos ajustes do caminho.

Uma trilha de aprendizagem não é um passeio por distintas tecnologias, mas uma proposta de desenvolvimento com diferentes alternativas de entrada e saída em consonância com distintos aspectos que envolvem o aprendente ou aquele que sempre estará aprendendo em conjunto com diferentes abordagens e possibilidades — sejam elas tecnológicas, metodológicas ou de conhecimentos a serem abordados com vistas ao desenvolvimento de competências ou metacompetências.

A trilha de aprendizagem também é um modelo de currículo que as empresas descobriram como uma alternativa ao currículo tradicional com todos os seus elementos. Na verdade, compreendendo que estamos hoje abordando tanto as metodologias ativas como uma forma de reinventar a sala de aula e a educação corporativa, que o conceito de trilhas de aprendizagem faz mais sentido como uma abordagem que coloca o aprendente no centro do processo em vez do professor ou do instrutor ou do conteúdo.

Seja qual for a metodologia adotada, deve-se ter em mente que é preciso abrir caminho para novas abordagens para o aprendente, a fim de que possa construir o seu **saber + fazer.**

O currículo tradicional como organização de conteúdos definidos segue uma lógica, mas já tem sido questionado e está sendo revisitado pelas teorias crítica e pós-crítica. Se ele é o fruto de um momento histórico e social, em que há uma intencionalidade e expressa as necessidades de formação do indivíduo para a sociedade, dentro de um cenário, então, o tempo de hoje nos mostra uma urgência para entender os novos desafios que envolvem questões sociais, políticas e econômicas, com novos valores para uma geração que não quer se conectar com o que não faz sentido na construção de suas narrativas. Tadeu e Moreira (2013, p. 14) afirmam:

> O currículo não é um elemento inocente e neutro de transmissão desinteressada do conhecimento social. O currículo está implicado em relações de poder, o currículo transmite visões sociais, particulares e interessadas, o currículo produz identidades individuais e sociais particulares. O currículo não é um elemento transcendente e atemporal, ele tem uma história, vinculada a formas específicas e contingentes de organização da sociedade e da educação.

Seja o currículo tradicional ou trilhas de aprendizagem, seja o currículo na visão crítica ou pós-crítica, é evidente que há uma intencionalidade empenhada nos processos de aprendizagem corporativa ou acadêmica; há questões econômicas, políticas, sociais, culturais.

Enfim, a questão é: na mão de quem esse processo de aprendizagem deve estar e que sentido deve ter, e que narrativas serão construídas? Que práticas pedagógicas e práticas profissionais serão adotadas? E onde ser quer chegar e quais os espaços de influência e de poder se quer dar ao aprendente.

Eu prefiro pensar que cada um tem o seu próprio propósito, e que encontrar o sentido é que nos mobiliza para a aprendizagem ou para aderirmos ao propósito de um terceiro, que pode ser uma organização — seja ela uma empresa com fins lucrativos ou a uma instituição do terceiro setor. Essa visão é que nos torna conscientes das escolhas que fazemos, do que pode fazer parte ou não das minhas escolhas e das trilhas de que quero participar e conjugar e que farão parte do meu histórico, do meu portfólio. Só assim a personalização da aprendizagem cumpre seu objetivo, adaptando-se às minhas necessidades, características e finalidades, inclusive laborais. É também uma questão de identidade.

A identidade é que diz quem eu sou, é o que define pessoas e também organizações. Podemos imaginar que a Gol Linhas Áreas Inteligentes tenha uma identidade que tenha atraído profissionais para um propósito, e daí o engajamento, valores que fazem parte da organização e que atraíram profissionais para um percurso que fazia sentido tanto para o empresário como seus colaboradores, ou seja, o time de águias!

Empresas que desejam melhorias em seus resultados precisam trabalhar seus valores, a sua cultura, a sua identidade e o seu propósito. Além disso, devem criar sinergia entre seus colaboradores e propósitos e conjugar interesses institucionais e de seus profissionais, encontrando alternativas para a aprendizagem ativa, já que a aprendizagem ao longo da vida acontece em qualquer idade — seja para jovens ou pessoas na idade madura que precisam ter em suas bases a construção de sentidos.

De acordo com Ferrandez Arenaz, Gairin Sallan e Tejada Fernandez (1990, p. 13–14)

> [...] a educação é uma causalidade inacabada em direção a níveis mais elevados de aprimoramento [...]. [...]. Se assim entendemos a educação, não faz sentido falar da educação de adultos como um momento particular da existência humana. É preciso considerar com mais exatidão como uma situação normal do processo educativo [...][...] Se consideramos a idade adulta a partir dos 18 anos de idade, ainda que seja pelo critério de participação social, se encontram no contexto de formação multivariada de adultos, alguns continuam com o processo formal que iniciaram na educação infantil, ainda que tenha um contexto de aprendizagem e não de educação, concluirá os estudos com o diploma universitário, já outros se preparam para desempenhar uma profissão, abandonando o sistema formal, ainda que prossigam com os processos de educação não formal, também há aqueles que ao concluírem a educação básica com êxito mais ou menos pessoal, irão para o mundo produtivo e se afastarão dos processos formativos formais e não formais, não faltam os socialmente marginalizados e os desfavorecidos culturalmente [...] (**Tradução nossa**).

Então, vejamos que quando falamos sobre o adulto, na cultura espanhola um jovem de 18 anos é considerado um adulto; no Brasil um jovem de 16 anos já pode votar para Presidente da República, mas aos 18 anos também pode assumir outras responsabilidades. Ou seja, a ideia de adulto tem relação com a questão cultural de cada país e de seu momento histórico, político, econômico e social. Precisa ser analisada a questão dos idosos também sob o aspecto da melhoria de qualidade de vida que pode estender sua permanência no mundo do trabalho por mais tempo e seus processos de aprendizagem. Minha experiência na Universidade Aberta da Terceira Idade da UERJ foi realmente edificante, no sentido de constatar a capacidade que pessoas com mais de 60 anos têm de realização.

Há leis para os maiores de 60 anos que já estendem proteções aos idosos. Isso também significa que os 60+ poderão assumir responsabilidades que implicam em questões relacionadas, por exemplo, ao direito, à propriedade e à sua vida econômica. Isso é importante ser dito, pois o idoso sofre para obter um empréstimo para a casa própria e, às vezes, nem consegue comprar nem uma geladeira.

Assim, ainda que a UNESCO nos dê certas linhas básicas de orientação sobre o que é educação de adultos, educação continuada, educação ao longo da vida, aprendizagem ao longo da vida, educação permanente, cada nação, cada empresa e cada indivíduo seguirá de acordo com a sua

Figura 3 60+

Fonte: Freepik

realidade, suas bases contextuais —, ou seja, histórica, política, econômica, social e outros aspectos que possam ser considerados.

Precisamos, então, considerar que o propósito, as trilhas de aprendizagem e a aprendizagem ao longo da vida precisam estar conectadas aos cenários, aos contextos nos quais estão inseridos. Que os preconceitos possam cair por terra e que possamos desenhar processos de aprendizagem mais inclusivos, mais inovadores e não engessados.

Referências Bibliográficas

FERRANDEZ ARENAZ, A.; J. GAIRIN SALLAN; J, TEJADA FERNANDEZ. **El processo de aprendizaje em el adulto: teoria e prática.** Madrid: Diagrama, 1990.

GADOTTI, M. **Educação popular e educação ao longo da vida.** Disponível em: chrome-extension://efaidnbmnnnibpcajpcglclefindmkaj/https://paulofreire.org/images/pdfs/Educacao_Popular_e_ELV_Gadotti.pdf. Acessado em: 10 de nov. 2023.

GARGIONI, T. **26 semanas para voar**: como a Gol revolucionou e popularizou a aviação comercial brasileira. TARCISIO GARGIONI, 2023.

GUIMARAES, A. R. S.; MIRANDA, R. C. R. **Empresas com propósito. Rio de Janeiro:** Alta Books, 2023.

MOREIRA, A. F.; TADEU, T. Sociologia e teoria crítica do currículo: uma introdução. In.: MOREIRA, A. F.; TADEU, T. **Currículo, cultura e sociedade.** São Paulo: Cortez, 2013.

ODEBRECHT, N. **Educação pelo trabalho**: tecnologia empresarial Odebrecht. Salvador: Fundação Emílio Odebrecht, 1991.

CAPÍTULO 13

A Cultura da Aprendizagem em Tempos de Transformações

RICHARD UCHOA[1]

Como Criar uma Cultura de Aprendizagem

Empresas que não aprendem, quebram!

A transformação digital é vista como um dos grandes desafios para os negócios tradicionais, mas, na minha visão, ela é apenas uma muleta. Quem não está cansado de ouviu falar do caso da Kodak que inventou a câmera digital e quebrou porque não queria deixar de vender filmes para revelar? O que ninguém conta nessa história é o *case* da Fuji Filmes — a maior concorrente da Kodak na época —, que usou a mesma tecnologia de filmes para se tornar um gigante no setor de saúde. É a mesma situação e a mesma disrupção tecnológica, mas a Fuji Filmes prosperou, enquanto a Kodak não.

Ninguém mais aguenta ouvir falar do caso clássico da Blockbuster, que não se adaptou ao streaming. Outra grande inverdade! O que poucos sabem é que, em 2007, a Blockbuster comprou a Movielink e se tornou a maior empresa de streaming,

1 Richard Uchoa é CEO da Revvo.

aluguel por assinatura e loja física. Como que a Netflix conseguiria competir? Três anos depois, a Blockbuster pediu falência.

A Netflix não venceu a Blockbuster por causa da transformação digital, mas, sim, por causa da sua cultura de aprendizagem. Para começar, você sabia que a Netflix não começou como uma empresa de streaming? Ela começou na era da internet discada, quando não havia banda suficiente para transmitir música em alta velocidade, muito menos filmes.

No seu primeiro ano, ela foi um fracasso porque quis criar um modelo de aluguel por título — igual ao seu concorrente Blockbuster. Para o consumidor, entre ir para uma loja na esquina de casa para alugar um filme e esperar um a dois dias para recebê-lo por correio, a primeira opção é mais atrativa. Ela logo pivotou o modelo para ser uma assinatura mensal com títulos ilimitados sem multa de atraso. Aqui, veio a primeira inovação que fez a empresa começar a crescer, mas ainda com muitas dificuldades.

No ano 2000, a Netflix quebraria. A empresa tinha 100 colaboradores e um prejuízo de US$57 milhões. Reed, fundador da Netflix, viu que a única solução seria uma parceria logística — ou mesmo a venda para o seu concorrente. A Blockbuster, na época, era uma empresa 6 mil vezes maior que a dele, com receita de US$6 bilhões, 85 mil funcionários e 9 mil locadoras no mundo.

A sua proposta era a Blockbuster comprar a Netflix, e eles liderariam a divisão da blockbuster.com — o braço digital da empresa. Quando ouviram o preço de US$50 milhões, declinaram a oferta. "Parecia que eles estavam rindo da nossa cara", escreve Reed no seu livro *A Regra é Não Ter Regras* (Planeta Portugal, 2020), que detalha a cultura da Netflix (Hasting, 2020).

O não da Blockbuster fez a empresa seguir em frente e ter que inovar. Eles lançaram ferramentas de avaliações de filmes. Aperfeiçoaram a logística para que 80% dos seus clientes pudessem receber filmes em casa em menos de 24 horas após o pedido.

Em 2005, ela começou a criar algoritmos para entender o perfil dos seus clientes e poder recomendar os filmes conforme os seus interesses. Ela aos poucos aprendeu que cada pessoa tinha um perfil diferente. Alguns amavam lançamentos, já outros, preferiam os clássicos. Em datas específicas, ela aprendeu que um tipo de filme saía mais do que outro. Os gostos também variavam por estado, cidade e às vezes até pelo CEP. Assim, aos poucos, ela foi ganhando a confiança e preferência do seu consumidor.

Enquanto, a Netflix tinha obsessão por dados e aprendizagem, a Blockbuster era obcecada por lançamentos. Quem não se lembra de um filme novo ocupando múltiplas prateleiras da locadora? Ela comprava milhões de títulos dos filmes recém-lançados que ocupavam os principais pontos na loja. Quando um novo filme era lançado, o antigo iria para os fundos da loja até desaparecer totalmente. Ela simplesmente menosprezou o fato de existir clientes querendo filmes mais velhos ou catálogos mais ecléticos. Como o espaço e o estoque da loja eram limitados, ela priorizava os lançamentos.

O mais incrível da história é que Blockbuster tinha milhões de clientes cadastrados, todo histórico de locação e o maior banco de dados do mundo sobre as preferências dos seus clientes. Isso foi totalmente ignorado. Já a Netflix valorizava tanto os dados e recomendações, que ela lançou um desafio para a comunidade e pagaria US$1 milhão para quem desenvolvesse um algoritmo melhor do que o dela. Essa diferença de mentalidade fez com que a Netflix aprendesse com dados e a Blockbuster dependesse dos modelos tradicionais de encher as prateleiras com o novo *hit* do momento. Em 2006, a Netflix alcançou a marca de 5 milhões de assinantes.

Com o crescimento do seu concorrente, a Blockbuster começou a ficar preocupada e passou a copiá-lo. Ela lançou um serviço de assinatura que permitia ao usuário retirar filmes em loja ou por correspondência. Em 2007, quando a Netflix finalmente lançou o seu serviço de streaming, a Blockbuster não queria ficar para trás, e rapidamente comprou um concorrente chamado Movielink. A estratégia era imbatível, a Blockbuster se tornaria a maior empresa de streaming e locação de DVD por assinatura ou loja física. Os seus acordos com as grandes produtoras a colocaria muito à frente de qualquer concorrente.

Mais uma vez, o que fez a Netflix virar o jogo foi a sua cultura de aprendizagem. Ambas as empresas chegaram à mesma conclusão quando lançaram o streaming: as pessoas queriam assistir filmes na televisão grande deitadas no sofá, e não numa pequena tela do computador. Era um problema quase impossível de resolver. Mesmo que elas enfrentassem o desafio técnico de colocar internet na TV (apesar de nenhuma das duas entender nada de fabricar televisões), precisariam trocar as televisões em bilhões de lares. Algo que nenhuma das duas teria competência de enfrentar.

A forma como cada uma encarou esse mesmo problema foi o que definiu o desfecho da história. A Netflix começou a se perguntar como trazer o streaming para a TV e rapidamente fez parcerias com Xbox e Playstation. Ela também usou as empresas de TV a cabo como um canal para chegar ao consumidor. Sem trocar nenhuma TV, ela conseguiu viabilizar a missão que parecia ser impossível de permitir assistir streaming do sofá. Depois, ela fez parcerias com fabricantes de TV e até lançou o botão

Netflix no controle remoto. Já a Blockbuster, diante do mesmo problema, desistiu e fechou a Movielink dezoito meses depois da sua aquisição. Em 2010, a Blockbuster pediu falência porque não conseguia mais ser competitiva — apesar de poucos anos antes ser a líder em streaming.

A história não termina aqui. Vencer a batalha contra *a* Blockbuster foi apenas o início da sua trajetória. Quando lançou o streaming, a Netflix oferecia apenas mil títulos, enquanto o seu catálogo de DVD tinha mais de 10 mil. O desafio do streaming na TV estava endereçado, mas como convencer os estúdios de Hollywood a digitalizarem o seu acervo? O cinema ainda era um grande sucesso — a exemplo do filme *Avatar*, que se tornou o maior sucesso em bilheteria da história em 2009. No entanto, o fechamento da Blockbuster criou um vácuo no mercado de filmes saindo de cartaz. Ainda existia a opção de vendas e aluguel de DVDs, mas era um mercado em queda, e a Netflix era a opção em ascensão com 20 milhões de assinantes em 2010.

Ironicamente, em 2012, a Netflix conseguiu um excelente contrato de licenciamento de conteúdo com a Disney, que ignorou esse mercado de streaming por muitos anos. Muitas produtoras começaram a querer fechar acordos com a Netflix por ser uma receita mais segura do que o mercado em queda de DVDs. No entanto, a Netflix não conseguia trazer os melhores filmes recém-lançados — ela ainda era vista como um serviço de conteúdo "velho".

O que nenhuma produtora sabia era que a Netflix tinha uma cultura de aprendizagem muito enraizada. Ela analisava dados de absolutamente tudo — e aprendia com eles. Ela sabia quando alguém parava de assistir, o que fazia alguém voltar e quais conteúdos eram viciantes. Com muitos dados e aprendizagem, ela decidiu pivotar o seu modelo e testar um conteúdo próprio. Em vez de pagar para licenciar conteúdo, ela gastaria esse dinheiro produzindo os próprios títulos.

Quem era famoso por criar conteúdo próprio era a HBO, que tinha produzido hits como *The Sopranos* e *Sex in the City*. Em 2011, a HBO lança *Game of Thrones* — que se torna um grande sucesso. A Netflix queria embarcar nessa mesma onda, mas, além de não ser era uma produtora, nunca havia produzido nada.

Aos poucos, começa uma nova guerra: Netflix vs. HBO. A HBO era um serviço pago, mas via provedoras de TV a cabo. Se ela lançasse um streaming próprio, poderia perder os seus contratos atuais. Já a Netflix queria lançar séries próprias, mas não tinha essa expertise. Começou uma corrida: a HBO queria aprender a ser Netflix e a Netflix queria aprender a ser HBO. Quem venceria?

A HBO lançou o seu primeiro serviço de streaming em 2010 com a HBO Go, mas era apenas para computadores e não tinha uma versão mobile ou streaming para TV. Apenas em 2015 ela lançou o seu streaming para TV com HBO Now, mas sempre precisava estar vinculado a um contrato de TV paga. O aplicativo não era grande coisa, dava erro, o filme travava e não existia o algoritmo de recomendação da Netflix. O sucesso do streaming só veio em 2020, depois do HBO Max, um novo aplicativo de streaming que permitia assinatura totalmente desvinculada da TV a cabo.

Enquanto a HBO demorou dez anos para lançar um serviço decente para se considerar um concorrente forte, a Netflix entrou no mercado de conteúdo muito mais rápido — apesar de não saber como produzir conteúdo. Como tudo na Netflix, ela sabia que o primeiro passo era aprender. Em vez de produzir internamente, ela decidiu contratar um estúdio parceiro para aprender com ele. *House of Cards* é a primeira série contratada da Netflix que seria distribuída exclusivamente na sua plataforma. Os seus concorrentes lançavam um episódio por semana, mas a Netflix decidiu lançar todos ao mesmo tempo. Uma grande novidade que gerou muito boca a boca. Certamente, a análise de dados e sua cultura de aprendizagem mostraram que seria uma estratégia acertada.

Após seu primeiro sucesso, a Netflix contratou outras séries e continuou aprendendo até ter conhecimento suficiente para produzir os seus próprios filmes e séries. Após muitos anos com conteúdo antigo e pagando *royalties* para estúdios externos, em 2018 mais da metade dos conteúdos na plataforma eram próprios. Somente em 2019, ela lançou 37 filmes e 25 séries e programas de TV. Pelo visto, a cultura de aprendizagem fez a Netflix se tornar a HBO antes que o contrário acontecesse.

A briga de streaming está apenas começando. Recentemente, entraram outras grandes empresas nesse mercado. Enquanto a Netflix estava engatinhando no streaming e produção de conteúdo, a Disney estava comprando o seu império. Ela investiu mais de US$80 bilhões comprando estúdios famosos como Pixar, Marvel, Lucasfilm (dono do *Star Wars*) e 21st Century Fox. Sendo dona de tanto conteúdo, ela lançou em 2019 o Disney+ — apenas com conteúdo próprio.

Outros gigantes de tech estão entrando no mercado de streaming, como a Apple e a Amazon. Aqui no Brasil, a Rede Globo também entrou nesse mercado lançando o Globo Play. No entanto, a guerra hoje não é mais sobre quem tem a melhor tecnologia, mas sim, o melhor conteúdo. O investimento na área de conteúdo é astronômico, basta ver os maiores orçamentos em 2021: Disney (US$25 bilhões), WarnerMedia (dona da HBO) + Discovery (US$18 bilhões), Netflix (US$17 bilhões), Viacom (US$5 bilhões) e Amazon Prime (US$3 bilhões) (*Inside Wire*, 2022).

O mais irônico de toda essa história é por que a Blockbuster nunca pensou em criar o próprio conteúdo? Isso era independente de tecnologia. Em vez de pagar *royalties* para as grandes produtoras de filmes, ela poderia ter lançado os próprios títulos. Mas ela não tinha uma cultura de aprendizagem. Nos seus 25 anos de existência, a única adaptação feita no seu modelo de negócios foi a transição de VHS para DVDs.

Enquanto isso, a Netflix sobreviveu a quatro grandes revoluções — de uma empresa de DVD por correspondência, streaming, filmes e séries antigas na internet, lançando conteúdos próprios em parcerias com produtoras, tornou-se uma das maiores e bem-sucedidas produtoras do mundo. Se ela permanecesse no *streaming*, sem produzir os seus conteúdos exclusivos, seria engolida pela Disney, HBO, Amazon e outros. Ela foi a primeira a entrar no streaming, praticamente criou esse mercado sozinha derrotando a Blockbuster. Mas se tivesse se acomodado, estaria morta nessa nova etapa da guerra dos conteúdos. O que fez a Netflix sobreviver do DVD até hoje foi sua cultura de aprendizagem.

Velha vs. Nova Economia

A Netflix, como muitas outras startups, faz parte de um grupo de empresas que o Diego Barreto, VP de finanças e estratégia do iFood, chama de *Nova Economia*, no seu livro com o mesmo título (Barreto, 2021). São empresas como a Uber (que mudou a forma de pedir um táxi), a Airbnb (que trouxe um novo modelo de se hospedar durante uma viagem), a iFood (que revolucionou como pedimos comida em casa) e a Revvo (que está revolucionando a forma de as organizações aprenderem) — além de milhares de outros casos parecidos. Mas o que diferencia uma empresa da nova economia da velha?

Como vimos, não é apenas a tecnologia. A tecnologia da Uber foi copiada por muitas empresas, inclusive os taxistas. O Itaú tem mais tecnologia que o Nubank. A Blockbuster se tornou número um em streaming muito antes de a Netflix dominar esse mercado. Também não é o novo vs. o antigo. O Google surgiu apenas quatro anos depois do Yahoo! O Facebook pouco depois dos seus concorrentes MySpace e Orkut.

A grande diferença está na forma com que elas pensam e aprendem. Enquanto as empresas da velha economia visualizam os seus negócios pelo ponto de vista da DRE (receita menos despesa é igual a lucro), as organizações da nova economia focam o cliente. A Netflix fez isso com o seu algoritmo de recomendação e ao não poupar recursos para trazer o streaming para a TV. O Nubank faz isso não cobrando taxas no cartão de crédito e conta corrente. A Uber faz isso oferecendo um serviço mais fácil e barato do que o táxi.

Perceba que tanto no caso do Netflix quanto no da Blockbuster, ambos tinham acesso à mesma tecnologia. Os bancos tradicionais também têm tecnologia de ponta. Walmart e Amazon são gigantes de e-commerce. Não é a tecnologia que diferencia as empresas, mas sim, a cultura e a mentalidade dos seus líderes. Enquanto as startups da nova economia estão focadas em resolver problemas para os clientes, os dinossauros da velha economia estão focados em resolver problemas dos acionistas (Barreto, 2021). Um bom exemplo foi a Blockbuster resistindo de remover a multa de atraso por representar 70% do seu lucro — apesar de ser uma péssima experiência para o cliente.

Alguém pode dizer que essa diferença acontece porque uma empresa de capital aberto precisa dar respostas aos acionistas que buscam retornos de curto prazo, já as startups não têm essa pressão. No entanto, a Amazon abriu o capital em 1997 quando era ainda uma criança no mercado de e-commerce. A Netflix abriu em 2002 e o Google em 2006. Todas elas sofrem a mesma pressão das empresas da velha economia.

Taylor ainda é CEO

Em resumo, as empresas da velha e da nova economia pensam diferente. Focam coisas divergentes. Encaram problemas de maneiras opostas. Têm culturas distintas. Crescem de forma desigual. A maneira dissemelhante de pensar cria diferentes culturas de aprendizagem — e é esse tema que queremos focar. Vamos começar analisando como as empresas da velha economia operam e aprendem.

Os pilares das empresas da velha economia foram criados pela chamada escola da Administração Científica, concebida por Frederick Taylor. Estabelecido no início do século passado, o Taylorismo tinha como objetivo aumentar a produtividade e eficiência nas empresas padronizando o trabalho. Muitas das suas ideias estão presentes até hoje no nosso dia a dia, como descanso remunerado e repouso no fim de semana (Masterclass, 2022).

Antes de Taylor, o mercado industrial era muito precário. As pessoas trabalhavam 12 horas por dia com pouco descanso, as condições eram inseguras e as relações trabalhador patrão eram hostis. Ele estudou profundamente os movimentos dos trabalhadores de uma siderúrgica e percebeu que a produtividade aumentava quando havia descanso entre a produção de uma peça a outra. No final do dia, o rendimento foi maior e havia mais peças produzidas do que no modelo anterior (Dignan, 2019).

Nos seus estudos, ele começou a oferecer um aumento de 15% a 35% nos salários aos trabalhadores se eles começassem a produzir exatamente da maneira instruída. Posteriormente, ele permitia que as pessoas voltassem da maneira antiga sem a remuneração adicional. Ele logo viu que a produtividade podia ser aumentada com pessoas mais bem treinadas, descanso e salários maiores. A qualidade do trabalho também era melhor, reduzindo desperdício e acidentes (Dignan, 2019).

A base do Taylorismo era substituir métodos empíricos e improvisados por métodos científicos e testados. Para isso, tornou-se necessário selecionar os futuros colaboradores pelas suas aptidões e treiná-los constantemente para executar o seu trabalho. O próximo passo era supervisionar o trabalho para garantir a sua execução com disciplina e respeito, assim evitando desperdícios. E por último, ele acreditava na divisão do trabalho — cada pessoa precisava executar apenas uma tarefa do processo, como na linha de montagem. Todas essas características estão presentes no mercado de trabalho de hoje (*idem*).

O seu método científico trouxe muitos ganhos imediatos, como a melhoria nas condições de trabalho, redução de fadiga com o descanso remunerado, sistemas de incentivo e remuneração variável conforme a produtividade, investimento em treinamento e colaboradores mais bem capacitados reduzindo erros e desperdícios. Quando você tem um ambiente de maiores salários para os trabalhadores e mais lucro para os patrões, isso naturalmente melhora a relação entre as duas partes e chama a atenção do mundo. Seu método foi amplamente disseminado pelo planeta e ele ficou conhecido como o pai da administração científica.

A obra-prima de Taylor ajudou a modernizar o ambiente de trabalho durante o século XX. Todos os cursos de Administração e MBAs até hoje estudam suas teorias e os impactos que teve no mercado de trabalho.

É possível perceber que muitas empresas seguem esse modelo até hoje. O chefe determina as regras do jogo, recruta e treina colaboradores para seguirem o seu modelo de trabalho e gestão. Se alcançar o resultado, o trabalhador será recompensado por meio de bonificações. As empresas ainda controlam o que as pessoas fazem e como elas deveriam pensar. O colaborador, muitas vezes, tem hora para chegar, mas não para sair. Se desligar o computador mais cedo, mesmo com o trabalho em dia, terá sua atenção chamada por seu supervisor ou ouvirá piadinhas como: "está desmotivado?" A maior arma que o supervisor tem para controlar a sua equipe chama-se orçamento. Assim, a forma para conduzir a equipe a realizar as tarefas do jeito que o chefe quer é incluí-las ou não no orçamento. Parece que Taylor é CEO de muitas empresas de hoje: "você precisa fazer do meu jeito, seguindo os meus padrões, na velocidade que eu mandar, atingir o nível de resultado que eu determinar, e será muito bem recompensado por isso — muito além das suas maiores expectativas. A única coisa que precisa fazer é obedecer a ordens e deixar de fazer as coisas do seu jeito para fazer do meu." Esse é o pensamento da velha economia. É exatamente esse pensamento que fez a Blockbuster virar pó.

O modelo antigo de fazer negócios

Uma empresa da velha economia pode ter mesas de pingue-pongue e cervejas liberadas à vontade, mas enquanto tiver essa mentalidade, nunca será da nova economia. Como disse anteriormente, as empresas de diferentes economias pensam de formas distintas — e isso é nítido no seu modelo de gestão.

Um bom exemplo é o processo de planejamento de cada empresa. Enquanto, a diretoria das empresas com mentalidade da Blockbuster faz planos de cinco anos, com metas anuais bem definidas para cada departamento e colaborador, as com a mentalidade do Vale do Silício fazem planejamento de um ou dois anos e *OKRs* trimestrais. *OKRs* é uma metodologia de planejamento inventada por Andrew Grove, CEO da Intel (Grove, 2020), e amplamente utilizada pelas empresas do Vale do Silício, como Google *e* Facebook.

O problema do modelo tradicional de planejamento com metas fixas e anuais é a capacidade da empresa de se adaptar no meio do caminho. A mensagem dada aos colaboradores da ponta é que uma pequena cúpula de cima sabe mais do que eles sobre aquele negócio e tem mais capacidade de ditar o rumo e as metas da organização. O colaborador que não participa desse processo recebe as metas prontas — que muitas vezes serve para desestimulá-lo por ser quase impossível de serem alcançadas.

Orçamento Base Zero começou a ser o modelo idolatrado nas empresas da velha economia. A cada ano, cada gestor precisa justificar o seu orçamento. Frases de que custo é igual a unha e precisa ser cortado a cada dia ilustra a mentalidade de Taylor presente em muitas grandes empresas. Enquanto isso, a Netflix não tem política de viagem, regras para reembolso ou almoços corporativos, e busca pagar mais que qualquer empresa no mercado. Não existe um certo ou errado, apenas mentalidades distintas.

O problema da mentalidade da velha economia é que começa a predominar a cultura do comando e controle. O chefe precisa controlar metas, entregas, horários, gastos, viagens e quase tudo o mais, pois o seu colaborador está lá apenas para obedecer. Novas ideias não são ouvidas, ou quando são, elas são usadas pelo gestor como se fossem dele. A produtividade — tão valorizada por Taylor — começa a perder a relevância, pois o controle se torna mais importante. A eficiência se torna mais importante que a eficácia.

Isso acontece simplesmente pela falta de confiança do gestor em os seus colaboradores. Esse chefe acredita que trocar controle por autonomia trará resultados negativos para a empresa. O resultado só vem se as coisas forem feitas do seu jeito. Quando era mais jovem, ele aprendeu assim e agora precisa ensinar o mesmo modelo para o seu time. Ele não pode apresentar fragilidades ou insegurança, por isso, precisa mostrar que tem o controle, mesmo que ele esteja errado ou o modelo seja contraproducente e impacte o resultado da sua equipe.

Grandes empresas da velha economia usam o modelo 20/70/10 de Jack Welch para gerir e bonificar os seus colaboradores. O conceito é recompensar bem os 20% dos melhores colaboradores, os chamados *top performers*. A empresa deve manter e aperfeiçoar os 70% dos colaboradores medianos e desligar os 10% que respondem abaixo do esperado (WELCH, 2001). Qual o problema desse modelo amplamente utilizado por grandes empresas tradicionais? Ele cria politicagem, valoriza o trabalho individual e cria uma cultura de concorrência interna.

A partir do momento que você sabe que está competindo com outras pessoas para ser bonificado ou desligado, você começa a priorizar a sua carreira antes do resultado da empresa. Para estar entre os 20%, você precisa ter um bom relacionamento com o seu gestor, pois ele irá avaliá-lo no final do ano. Quando um colega precisar de ajuda, você provavelmente pensará duas vezes, pois se ele atingir o resultado, isso poderá custar o seu bônus, ou pior, seu emprego.

O modelo 20/70/10 faz empresas como a Blockbuster comprar a Movielink para entrar rapidamente no mercado de streaming e alguém ganhar um bônus. E ajuda o mesmo gestor a fechar a empresa no ano seguinte se não atingir as metas. No entanto, ela não permite ao gestor experimentar parcerias com videogames e fabricantes de televisão porque ninguém sabe qual será o resultado dessa experiência, e dificilmente será bonificado por fracassos. Como é arriscado e algo novo, não está no planejamento de cinco anos, não está na meta individual do departamento e a ideia é dispensada porque se der errado, você fará parte dos 10% que perdem o emprego.

É um modelo que prioriza e valoriza o trabalho e o desempenho individual — igual à época de Taylor. Empresas com essa cultura lembram o filme *O Lobo de Wall Street* (2013). Cada pessoa tem a sua meta e fará de tudo para alcançá-la. O que importa é o resultado e o desempenho individual. O problema é que ninguém alcança o resultado sozinho, pois sempre dependerá de outras pessoas.

O grande problema de remunerar o desempenho individual é se tornar dependente daquele colaborador. Quando você tem um super-herói na empresa — aquele colaborador que carrega o time nas costas ou faz a meta do mês quase sozinho —, você mata a cultura de colaboração. O gestor, que depende do resultado do seu melhor colaborador, sempre flexibilizará regras e protegerá o seu pupilo em detrimento dos demais. Essa competição, que na visão do gestor é saudável, começa a criar uma cultura tóxica na equipe, aumenta o *turnover* e reduz a aprendizagem. Em vez de arriscar e experimentar coisas novas, todos seguem o comando do gestor e tentam replicar o colaborador número um.

O que o chefe não enxerga é que ninguém é igual a ninguém. Todas as pessoas são diferentes, mas nas empresas tradicionais há pouca diversidade. O gestor sempre busca trazer pessoas iguais a ele ou outro *top performer*. Pessoas que são ou pensam diferente dele são cortadas do processo seletivo. Como o seu bônus depende da entrega do seu time, ele também não pode arriscar, e as empresas vão ficando cada vez mais homogêneas e burocráticas.

Então, afinal, o que é uma cultura de aprendizagem? É exatamente o que diferencia uma empresa como Airbnb do mercado hoteleiro? A Uber dos taxistas? A Netflix da Blockbuster? O Facebook do Orkut (quem lembra disso)? Ou a Revvo dos seus concorrentes? A resposta não está no modelo de negócios, na tecnologia, nos recursos financeiros ou mesmo nas pessoas. Normalmente, no início, essas startups estão em desvantagem em todos esses quesitos.

O que diferencia as empresas de sucesso das demais é a sua capacidade de aprender e se adaptar. Se pudesse resumir o que é uma cultura de aprendizagem em uma frase, seria essa: a capacidade de uma empresa ou pessoa de aprender e se adaptar às circunstâncias apresentados pelo mercado.

Agora, a grande questão é: como fazer isso? É relativamente óbvio que para sobreviver a empresa precisa se adaptar. Mas se essa necessidade é tão clara, por que essas empresas não o fizeram? Elas não são compostas por pessoas má formadas ou totalmente incompetentes — bem pelo contrário, muitas delas tinham profissionais que seriam considerados os melhores para sua época. Em nenhum dos casos foi uma queda rápida, em que o tempo foi um fator crucial para não se adaptar. Ao contrário, as empresas tiveram bastante tempo — em alguns casos, décadas —, mesmo assim não conseguiram. Por quê?

Por que os resultados não vêm?

Todo início de ano é parecido na maioria das empresas do mundo: há um planejamento e uma meta a ser alcançada. Os líderes mais seniores dedicam muitas horas analisando os resultados do ano anterior, pensando na estratégia do próximo ano, discutindo os números que desejam alcançar e separando os recursos necessários — sejam eles financeiros, humanos ou de outro tipo. Normalmente, há um otimismo no começo do ano e certa confiança no plano. No entanto, ao longo do ano, os resultados alcançados são diferentes dos planejados. Quem nunca viveu isso?

Nessas horas, sempre há dezenas de justificativas: o mercado mudou, o concorrente lançou um novo produto, os custos subiram, crise, política — e muitas outras. Quando o problema é interno, a culpa é de vendas, do marketing, da produção, da demora de lançar um produto, da falta de recursos ou, até mesmo, de erros de planejamento. Esses são os motivos latentes e visíveis a todos para justificar o resultado.

A parte oculta nessa história é a falta de comunicação entre as equipes. A ausência de um líder engajador que tenha empatia e consiga inspirar as pessoas a entregarem mais resultados e o time a trabalhar em equipe. Uma cultura sem feedback que não estimula o desenvolvimento e aprendizado.

A intolerância ao erro que impede a inovação. Pessoas sem protagonismo, visão sistêmica, confiança, gestão de tempo, foco em resultado e inteligência emocional. Ou eventualmente, uma cultura tóxica, que afeta a saúde mental dos colaboradores e não oferece segurança psicológica.

Como Criar uma Cultura de Aprendizagem

Esse é o real motivo pelo qual as empresas não conseguem aprender e se adaptar. Não tem nada a ver com diplomas, cursos ou treinamentos. Podemos fazer parceria com as melhores universidades ou empresas de treinamento, mas enquanto não mudarmos a cultura da empresa para sair do Taylorismo para um novo modelo de trabalho, continuaremos presos ao mindset antigo. E, como reiteramos, a mudança da velha para a nova economia não se passa por tecnologia ou modelo de negócios, mas sim, por algo muito mais profundo: uma cultura de aprendizagem. Vamos agora ver como criá-la.

A cultura do erro

Sabe por que a lâmpada é o ícone da inovação? Muito provavelmente porque Thomas Edison fracassou mais de 10 mil vezes ao tentar inventá-la. Dizem que após mais de nove mil fracassos, Edison estava tentando uma nova abordagem e provocou uma pequena explosão. O seu assistente disse: "Qual o seu problema? Você está louco? Quase nos matou! Até quando você vai ficar tentando. Já foram mais de 9 mil fracassos".

Edison respondeu: "Eu não fracassei, apenas descobri a nona milésima maneira de não inventar a lâmpada. Mas eu aprendi como criar uma pequena explosão, que talvez seja útil mais para frente" (Robbins, 2017).

Thomas Edison entendia o que era uma cultura de aprendizagem. Nesse ambiente, o erro é tolerado — até mesmo, incentivado. Não há como inovar se não houver espaço para erro. Porém, desde crianças, somos ensinados que não podemos errar. Na escola, as provas são desenhadas para premiar quem acerta mais. Quanto mais perguntas respondidas corretamente, mais pontos você ganha, e para cada pergunta errada, você perde pontos. Se você errar mais do que um determinado número de perguntas, você é reprovado. Em outras palavras, o nosso modelo de educação ensina que aprendizagem é baseada na capacidade de acertar perguntas — e errar é sinônimo de fracassar. Esse sistema desestimula a criatividade e favorece a memorização.

Para aprender, você precisa ter a liberdade de explorar e errar. Imagine se a Netflix estivesse preocupada em apenas acertar e não errar. Certamente, ela nunca teria entrado no mercado de streaming, já que as TVs na época não tinham internet. Ela estaria preocupada apenas em observar o seu concorrente Blockbuster e tomar decisões mais acertadas. A Netflix não teria criado as próprias séries com medo de serem um fracasso.

Como acredita Reed Hastings da *Netflix,* a empresa precisa ter uma cultura de flexibilidade, liberdade e inovação, e não criação de regras e prevenção de erros (HASTING, 2020). Uma empresa com muita politicagem e burocracia interna cria colaboradores mais preocupados com a sua ascensão de carreira do que com adaptação e aprendizagem. Quando um funcionário gasta mais tempo pensando em como agradar o seu chefe ou não ser demitido, é um sinal de que não há uma cultura de aprendizagem na organização.

Permitir erros é a única forma de estabelecer uma cultura de aprendizagem. As empresas mais bem-sucedidas do mundo sabem que a única forma de cultivar inovação é por meio de tentativa e erro. Como ninguém sabe de tudo, o colaborador precisa de liberdade para experimentar coisas novas, coletar os resultados e aprender. O problema não deve ser errar, mas sim, cometer o mesmo erro duas vezes.

É difícil para um líder tolerar um erro que pode expô-lo. Como justificar para os seus superiores que alguém da sua equipe errou? É por isso que a cultura do erro precisa ser da organização, e não de um departamento. Se os líderes não toleram esse tipo de comportamento, não será implementado na organização. Por isso, o primeiro passo para a mudança é mudar a mentalidade dos líderes.

Se você acha que inovar é caro e arriscado, experimente o custo de não inovar e ficar obsoleto.

Dados são o novo petróleo

A frase "manda quem pode e obedece quem tem juízo" agora é "manda quem tem dados e obedece quem tem juízo". Uma cultura de aprendizagem é sustentada por dados. Atualmente os dados são considerados valiosos, pois os

> "dados são o novo petróleo", a frase de Clive Humby um matemático londrino especializado em ciência de dados, é bastante usada no mundo de

> negócios para defender a ideia de que dados são tão valiosos quanto petróleo. Mas a frase original de Humby não para por aí, ele diz: dados são o novo petróleo. Têm valor, mas se não forem refinados não podem ser utilizados... então os dados precisam ser quebrados e analisados para terem valor (Ripari, 2023).

Diferentemente do petróleo, dados não são finitos e custam muito menos para serem capturados, armazenados e analisados. O maior valor está na inteligência que os dados podem fornecer na hora de tomar uma decisão. O mercado de dados é tão valioso que existem várias profissões dedicadas a isso, como engenheiro de dados, *business intelligence* e *data analytics*. Acho difícil alguém no mundo de hoje negar a importância de dados; no entanto, nem todos sabem utilizá-los para tomar uma decisão.

A Netflix era mestre em usar dados para entender o comportamento dos seus assinantes e tomar decisões estratégicas para o negócio. O fato de ela entender o perfil e gosto dos seus assinantes permitiu-lhe ir muito além de recomendar séries e filmes. Os dados eram geolocalizados por CEP, bairros e cidades — o que possibilitou a ela montar centros de distribuição com menos estoque, já que sabia o gosto dos assinantes naquela região. Já a Blockbuster, quando quis copiar o seu concorrente montando centros de distribuição para o seu serviço de assinatura, comprava um estoque completo de títulos baseada no “achismo” do diretor de logística ou suprimentos.

Até na hora de decidir onde montar o centro de distribuição, a Netflix usava dados. Ela revisava os seus locais a cada seis meses e rodava algoritmos buscando CEPs que permitiam a entrega de DVDs mais rapidamente e com menor custo para cada região. Era frequente a Netflix mudar o centro de distribuição de endereço para atender melhor aquele público. Já a Blockbuster tentava descobrir onde ficavam os centros de distribuição da Netflix para montar um ali próximo. Quando conseguia, alugava um imóvel com contrato mais longo para negociar o melhor preço com o inquilino. Quando a Netflix mudava de endereço porque os dados sugeriam essa necessidade, o concorrente estava preso naquele imóvel por muito mais anos. Dá para ver a diferença que faz usar dados na tomada de decisão de uma empresa. E vale lembrar que a Blockbuster era a maior detentora de dados sobre os seus clientes do mundo — no entanto, nunca analisou um megabyte.

Mas a maioria das empresas não são Amazon, Netflix ou Uber com orçamentos milionários e centenas de analistas de dados para atacar grandes problemas existenciais. Contudo, isso não as impede de tomar decisões a partir dos dados. Imagine que você é dono de uma padaria e queira introduzir um novo produto. Em vez de comprar um estoque grande e garantir o melhor preço do seu fornecedor, compre um estoque reduzido — mesmo que isso gere um custo inicial maior. Faça um teste e analise os dados de compra e comportamento dos clientes antes de se comprometer com um estoque maior.

Uma forma rápida de testar hipóteses para coletar dados e aprender rapidamente são testes A/B. Nesse modelo, você cria duas hipóteses e entrega uma para metade do seu público e a segunda para a outra metade. Você começa a observar os comportamentos dos dois públicos para validar a sua hipótese e chegar às suas próprias conclusões.

Obsessão pelo cliente

"Existe apenas um chefe, o cliente.
E ele pode demitir todos na empresa,
desde o presidente, simplesmente gastando
o dinheiro em outro lugar."

Sam Walton, fundador do Wallmart

Nenhuma empresa sobrevive sem ter clientes. A mentalidade antiga é que o cliente sempre tem razão, mas sabemos que isso não é verdade. Quebrar processos e regras para atender clientes pode ser perigoso e não replicável. Sabemos que não conseguiremos agradar todos os clientes e resolver todos os problemas. Por isso, a cultura de aprendizagem tem outra abordagem, problemas precisam ser resolvidos antes que eles aconteçam. E quem faz isso muito bem é a própria Amazon.

Jeff Bezos, fundador da Amazon, diz para os seus colaboradores acordarem todos os dias morrendo de medo, mas não dos concorrentes, e sim dos clientes. Eles são leais a nós, só até o momento em que outra empresa oferecer um serviço melhor. No caso da Amazon, eles não são orientados ao cliente, mas sim, obcecados por eles. Bezos quer que os seus colaboradores foquem as soluções e não os problemas. Ele quer estar sempre à frente e antecipar a resolução de problemas antes mesmo de eles surgirem (Anderson, 2020).

Ter obsessão pelo cliente é conhecê-lo, saber o que ele precisa e focar a sua experiência e sucesso. No caso da Blockbuster, o cliente reclamava das multas de atraso, da pouca seleção de títulos (apenas lançamentos) e, na reta final, de assistir streaming no computador. Para cada desafio, a Netflix foi criando uma solução, enquanto a Blockbuster foi ignorando, atendendo tarde demais ou desistindo quando era muito complexo (Hasting, 2020).

As empresas com uma cultura de aprendizagem têm áreas chamadas de Customer Success (CS) — traduzido para Sucesso do Cliente. O objetivo é entender as suas reais necessidades e garantir que elas estão sendo atendidas. A área de CS é independente e não pode responder à área de produto ou entrega. Ela é a voz do cliente na empresa e o seu foco é ouvir o cliente e questionar modelos mentais atuais para aprender e adaptar.

Não é uma área de suporte ou atendimento que fica passivamente esperando o cliente entrar em contato. O CS fica analisando dados e busca se antecipar aos problemas. Processos são desenhados para que haja interações proativas do CS em vários momentos da compra. Saindo um pouco do mundo de tecnologia, a Reserva, empresa de moda masculina, faz isso muito bem-feito. Quando você compra uma blusa de presente para o seu pai, por exemplo, o vendedor liga no dia seguinte para saber se o presente foi um sucesso. Ele não está tentando lhe vender nada, apenas saber se você alcançou o sucesso que desejava com a sua compra (Meisler, 2021).

Sem ter obsessão pelo cliente e focar o seu sucesso, a sua empresa não aprende. Como são os clientes que determinam onde querem gastar o seu dinheiro, é sua obrigação entender a melhor forma de agradá-los. O mundo atual é muito volátil, incerto, complexo e ambíguo — ou VUCA, em inglês. A forma que os seus clientes gostavam de ser atendidos ontem não é a mesma de hoje. O critério de sucesso do mês passado mudou e outra proposta de valor precisa ser criada. Você só consegue estabelecer uma cultura de aprendizagem se ouvir o seu cliente — e mais do que ouvi-lo, tiver obsessão pelo sucesso dele.

Sem conhecimento, não há prosperidade

O padre Diego de Landa (1524-1579) foi designado para converter os indignos maias ao Cristianismo na região de Yucatán, no México. Após muitas tentativas sem sucesso, decidiu tentar outra estratégia. Ele queimou mais de 5 mil registros escritos e mandou executar os poucos maias alfabetizados. A grande parte da população era analfabeta e acabou se tornando submissa aos espanhóis. Na sua concepção, uma civilização sem registro e conhecimento não prospera (Inga, 1987). Infelizmente, ele estava certo. Pouco se sabe da população maia, apenas o que está escrito nos cinco livros ainda existentes dessa época.

Isso vale para a nossa empresa: sem conhecimento, a empresa não prospera. A gestão do conhecimento vai muito além de documentar processos e ter manuais de procedimentos padrões escritos. Apesar de isso ser importante, muitas vezes, esses documentos ficam numa estante juntando poeira ou esquecidos numa pasta do computador. Além de documentar o conhecimento, a organização precisa ter uma rotina de capacitar os seus colaboradores.

Na minha visão, toda empresa no futuro será uma instituição de ensino. Além do seu negócio principal, ela será obrigada a desenvolver os seus talentos se quiser prosperar. Na velha economia, o treinamento era restrito às empresas que tinham orçamento para pagar coffee break. O custo de logística, transporte, hospedagem e alimentação, por exemplo, inviabiliza muitas iniciativas.

Atualmente, com o avanço das tecnologias digitais, é viável qualquer empresa criar a sua própria Universidade Corporativa Digital. Por meio de uma plataforma de ensino a distância, é possível criar vídeos e treinamentos para o seu colaborador com um custo muito baixo. Muitas empresas têm uma área de marketing que cria conteúdo para as redes sociais, e sucederá a mesma coisa para aprendizagem. Com um celular na mão, qualquer profissional se tornará um produtor de conhecimento. Haverá profissionais cada vez mais dedicados em garantir que haja uma cultura de aprendizagem na organização.

Treinamento não é cultura de aprendizagem

No entanto, treinamento — seja online ou presencial — não é uma grande novidade. Quase todo gestor reconhece a importância de ter um colaborador bem treinado. Ele pode não reconhecer a importância de uma ou outra iniciativa de treinamento, mas entende que o colaborador precisa de conhecimentos técnicos para executar o seu trabalho. Esse ponto vencemos na época de Taylor.

Por isso, muitas empresas investem em treinamento. Claro que treinar é importante, mas ainda é a visão da velha economia. Precisamos migrar para uma cultura de aprendizagem. Podem parecer sinônimos, mas há uma diferença enorme entre ambas.

Para começar, a **cultura do treinamento** pressupõe que o conhecimento é existente e precisa ser disseminado de alguém que sabe para outros que não sabem. Contratamos especialistas para nos ensinar o que fazer. No caso da Netflix, seria como contratar um Ph.D. para ensinar a equipe a fazer streaming para a TV. A cultura de aprendizagem pressupõe que o conhecimento não existe ou não é estático, e precisa ser adaptado para cada realidade. Mesmo temas mais consolidados — como liderança e vendas — precisam ser contextualizados para a necessidade da organização.

Outro problema da cultura do treinamento é que ele sempre é reativo e busca resolver um problema do passado. Quando as vendas caem, buscamos treinar os vendedores. Quando acidentes aumentam, buscamos treinar a prevenção. Na **cultura da aprendizagem** é bem diferente, pois o objetivo é trazer a aprendizagem para o coração da estratégia da empresa de forma que ela possa ser proativa e desenvolver as habilidades críticas para o seu futuro — e não apenas corrigir erros do passado.

Por exemplo, se a empresa busca crescer e abrir novas filiais, a primeira pergunta seria como desenvolver o time que estará à frente desses negócios. Isso vem muito antes de definir quais serão os endereços e novos produtos a serem oferecidos. Sem a estratégia de aprendizagem estar alinhada com a estratégia da organização, ela sempre terá uma cultura de treinamento.

Outro erro comum na **cultura de treinamento** é encarar aprendizagem como um evento pontual. Quem nunca contratou um treinamento de líderes, vendas ou qualquer outro assunto que foi lá, entregou um conteúdo fantástico por três ou quatro dias, a avaliação do treinamento foi sensacional, mas na semana seguinte tudo voltou como era antes? Depois o gestor reclama que treinamento não funciona.

O problema não é o treinamento, mas a cultura de treinamento que enxerga que colocar um especialista em sala de aula para ensinar o seu colaborador resolve o problema. É como se você fosse para a academia uma única vez e achasse que ficaria em forma. O grande problema do treinamento pontual é que as pessoas esquecem. Falar uma vez por ano não é o suficiente para o colaborador fixar o conhecimento.

A **cultura da aprendizagem** substitui a ida pontual à academia por um estilo de vida saudável. Aprendizagem não é um evento, mas um processo contínuo. Não acontece em um prédio, mas sim, em qualquer lugar. O conhecimento não pertence a poucos, mas todos têm algo a ensinar.

O próximo ponto é o protagonismo do colaborador. Na cultura do treinamento, quem define o que precisa ser treinado é o RH ou gestor.

Uma lista de habilidades é desenvolvida para cada cargo e um plano de treinamento padronizado é criado. O problema desse modelo é que esquecemos o colaborador. É igual a uma empresa que esquece o seu cliente.

O colaborador precisa ser o principal interessado na sua aprendizagem, e não o gestor ou RH. Ele é o centro do processo. Para que isso aconteça, ele precisa querer. Os princípios da andragogia são:

- **necessidade de aprender** – adultos precisam saber por que precisam aprender um determinado assunto. Se você não entende a necessidade por trás daquele conhecimento, você fará pouco esforço para aprendê-lo;
- **autonomia** – o adulto é responsável pela sua própria vida, ele tem a capacidade de tomar as próprias decisões e autogestão;
- **experiências** – a aprendizagem é construída a partir das suas experiências e conhecimentos prévios. Não podemos ignorar que cada um traz a sua bagagem ao entrar na sala de aula;
- **prontidão para aprender** – a disposição do adulto em aprender aumenta quando aquilo que é ensinado está relacionado a situações reais de seu dia a dia;
- **orientação para aprendizagem** – o adulto aprende mais quando os conceitos apresentados são focados na vida e nos problemas que vivencia; e
- **motivação** – o adulto só aprende se estiver motivado.

A cultura do treinamento busca empurrar conteúdo para o colaborador e ignora os princípios acima. Se o colaborador não quiser aprender, não adianta tentar forçá-lo. Quando o RH ou o gestor são os únicos interessados naquele conhecimento, é quando a empresa investe, mas não vê retorno.

Quando uma empresa quer migrar da cultura de treinamento para a da aprendizagem, o primeiro ponto que buscamos desenvolver é o protagonismo da aprendizagem. É trabalhar a motivação do colaborador para que ele entenda que ele é dono da sua carreira. A aprendizagem será fundamental para que ele possa evoluir e crescer na organização. E também mostrar que quem não aprende para no tempo e pode ser substituído por uma nova tecnologia — ou a empresa pode ser a próxima Blockbuster.

A tecnologia facilitou e ajudou a baratear muito para uma empresa desenvolver uma cultura de aprendizagem. O custo para implementar uma plataforma, trazer vários cursos com os melhores especialistas, fazer lives e eventos digitais que não precisam de sala, coffee break e transporte caiu drasticamente nos últimos anos. Segundo a pesquisa da ABTD (2022), uma empresa investe em média R$997,00 por colaborador por ano. As *edtechs*, como a Revvo, da qual sou fundador, trazem modelos inovadores com centenas de cursos por um décimo deste valor.

Com o avanço da tecnologia, centenas de novas soluções surgiram oferecendo muita opção e qualidade para as empresas criarem a sua própria Universidade Corporativa Digital. O problema é conseguir avaliar qual solução funciona e qual é um desperdício de dinheiro.

Por isso, a melhor forma de você iniciar esse processo na sua empresa é levar os conceitos que apresentamos até agora:

1. **cultura do erro** – não tenha medo de errar. Comece pequeno e aprenda com os seus erros;
2. **dados são o novo petróleo** – acredite em Deus, os demais que tragam dados. Você precisa de dados e métricas por trás de tudo. O grande problema do presencial é que não tem dados. Já no online, é possível medir tudo. O principal dado a ser analisado é o engajamento;
3. **obsessão pelo seu cliente** – o foco está no colaborador. Ele precisa estar feliz com a entrega das capacitações. Mais importante ainda, ele precisa ter sucesso com os treinamentos. Não adianta ele adorar os seus cursos, mas isso não ajudá-lo a bater meta; e
4. **sem conhecimento, não há prosperidade** – antes de ensinar, você precisa aprender. Já está de parabéns por ler até aqui, mas continue se desenvolvendo e criando a sua própria cultura de aprendizagem.

Por último, eventualmente, nem todos os colaboradores vão querer se desenvolver. Muitos preferem ficar na zona de conforto. Esse é um momento crucial para a organização. Ela precisará decidir o que fazer diante desse cenário. Ela pode tolerar ou desligar o colaborador. As que toleram acabam voltando para a cultura de treinamento. O RH e o gestor voltam a ser os protagonistas da aprendizagem, correndo atrás dos subordinados para fazerem os cursos. As que desligam, enviam um recado muito claro para os demais e conseguem fazer essa migração.

Agora, depois de tudo que você leu, fica a minha última recomendação: pare de treinar e comece a investir numa cultura de aprendizagem na sua empresa. Se precisar de ajuda, pode contar conosco da Revvo, uma das maiores empresas de aprendizagem digital do país. Boa sorte e boa aprendizagem!

Referências Bibliográficas

ABTD – Associação Brasileira de Treinamento e Desenvolvimento. Panorama de Treinamento 2022. Disponível em: https://conteudo.abtd.com.br/lppesdquisatd2022. Acesso em: 10 dez. 2022.

ANDERSON, Steve. **As cartas a Bezos:** 14 princípios para crescer como a Amazon. Rio de Janeiro: Sextante, 2020.

BARRETO, Diego. **Nova economia:** entenda por que o perfil empreendedor está engolindo o empresário tradicional brasileiro. São Paulo: Gente, 2021.

DIGNAN, Aaron. **Brave New Work:** Are You Ready to Reinvent Your Organization? Nova York: Portfólio, 2019.

GROVE, Andrew. **Gestão de alta performance:** tudo o que um gestor precisa saber para gerenciar equipes e manter o foco em resultados. São Paulo: Benvirá, 2020.

INGA, Clendinnen. **Ambivalent conquests:** maya and spaniard in Yucatán, 1517–1570.

INSIDE WIRE. From Disney to Peacock: Here's What the Top 7 Streamers Will Spend on Content in 2022. Disponível em: https://indiewire.com/2022/03/straming-wars-content-spend-disney-netflix-hbo-paramount-1234706867/. Acesso em: [sem data de acesso].

MASTERCLASS. Understanding taylorism: the history of scientific management theory. Disponível em: http://www.masterclass.com/articles/understanding-taylorism-the-history-of-scientific-management-theory. Acesso em: 30 dez. 2022.

MEISLER, Rony. **Rebeldes têm asas.** São Paulo: Gente, 2021.

RIPARI, C., Por que dados são considerados o novo petróleo? Disponível em: https://administradores.com.br/noticias/por-que-dados-sao-considerados-o-novo-petroleo. Acesso em: 10 out. 2023.

ROBBINS, Tony. **Desperte o seu gigante interior:** Como assumir o controle de tudo em sua vida. Lisboa: Bestseller, 2017.

WELCH, Jack. **Winning:** The ultimate business how-to book. Nova York: Harper Collins, 2021.

CAPÍTULO 14

Liderança Ágil no Século 21:

a importância do learning agility para o sucesso na entrega de resultados

Mario Rondon[1]

Nos ambientes empresariais contemporâneos, a busca por estratégias e líderes capazes de enfrentar os desafios imprevisíveis e complexos do mundo BANI (Frágil, Ansioso, Não Linear e Incompreensível) e VUCA (Volátil, Incerto, Complexo e Ambíguo) torna-se mais crucial do que nunca. Nesse contexto, o artigo *Liderança Ágil no Século 21: a importância do learning agility para o sucesso na entrega de resultados* propõe um olhar aprofundado sobre a Metodologia STAR e *o learning agility*, explorando sua relevância e aplicabilidade na transformação de líderes e práticas no ambiente das Universidades Corporativas.

Muitas tecnologias, muitas metodologias, a educação a distância crescendo, a inteligência artificial avançando e o impacto

1 Mario Rondon é Gerente de Cultura e Experiência de Aprendizagem na Futurize. Mestre em educação; especialista em *mindset ágil* e *growth hacking*; piloto militar e civil. Professional Scrum Master, Líder Ágil e Gerente de Projetos. Professor nos cursos de administração, gestão de pessoas e aviação civil. Facilitador em treinamentos com foco em alta performance, liderança, mentalidade ágil, gestão das emoções e comunicação e gestão do tempo. Master Trainner e Master em PNL.

de tantas mudanças repercutem nas decisões das equipes das Universidades Corporativas sobre quais alternativas há para o desenvolvimento de líderes. É evidente que a EAD e o *e-learning* avançarão, cada vez, mais e que o *microlearning* já é uma tendência. Mas, como vamos preparar as nossas lideranças?

Dentro desse cenário desafiador, emerge a Metodologia STAR, uma abordagem inovadora que transcende o aprendizado teórico convencional, visando efetivamente à transformação de líderes e práticas dentro das organizações. Este artigo busca desvendar como a Metodologia STAR se diferencia, oferecendo uma nova perspectiva para os desafios reais enfrentados pelas Universidades Corporativas no ambiente empresarial em constante mudança.

Ademais, o conceito *de learning agility*, delineado pelos estudos de Ferry e Korn (2014) destacam cinco elementos fundamentais essenciais para capacitar líderes a prosperar em um ambiente BANI e VUCA. Exploraram de que maneira esses elementos são abordados, proporcionando uma compreensão mais profunda de como podem ser aplicados para criar líderes ágeis e adaptáveis.

À medida que avançamos no século XXI, a construção de conteúdos para Universidades Corporativas torna-se uma necessidade premente. Este texto explora como essa construção vai além dos métodos convencionais, ressaltando a importância de uma abordagem inovadora para preparar líderes, capacitando-os a enfrentar os desafios do cenário empresarial contemporâneo.

Além disso, a introdução da repetibilidade na Metodologia STAR é discutida como uma peça fundamental na criação de uma cultura de aprendizado contínuo dentro das organizações. O impacto direto dessa repetibilidade no desempenho individual e organizacional é explorado, evidenciando como essa prática contribui para a busca por excelência e adaptação às rápidas mudanças no mercado.

Diante dessas reflexões, o artigo também aborda como o *learning agility* não apenas garante a sobrevivência, mas também impulsiona a prosperidade em ambientes empresariais voláteis e incertos. Essa capacidade de adaptação representa uma vantagem estratégica para as organizações que buscam não apenas sobreviver, mas se destacar nesse cenário desafiador e em constante evolução.

No vasto e imprevisível céu do cenário empresarial contemporâneo, onde nuvens de incerteza e tempestades de mudança pairam constantemente, a demanda por líderes ágeis e adaptáveis[2] nunca foi tão imperativa. Assim como um piloto habilidoso que navega por céus tumultuados, os líderes enfrentam um ambiente BANI (frágil, ansioso, não linear e incompreensível) e VUCA (volátil, incerto, complexo e ambíguo), onde a habilidade de aprender "agilmente" se torna a bússola que orienta o voo seguro e bem-sucedido.

Para as empresas que negligenciam o desenvolvimento do *learning agility* em seus profissionais, a jornada assemelha-se a um voo sem um plano de voo claro. As turbulências da inércia começam a sacudir a aeronave organizacional, ameaçando a estabilidade e a trajetória ascendente.

A incapacidade de ajustar as asas da liderança às mudanças rápidas resulta em turbulências operacionais. A organização, sem uma trajetória clara, fica vulnerável a choques inesperados e desafios que se aproximam rapidamente, comprometendo a eficácia do voo.

A falta de uma abordagem proativa para desenvolver *learning agility* traduz-se em um voo cuja altitude estagna. O aprendizado lento e a resistência à adaptação impedem que a empresa alcance alturas mais elevadas, limitando o potencial de inovação e crescimento.

Em um ambiente onde a agilidade é a corrente de ar que impulsiona o progresso, a incapacidade de nutrir o *learning agility* cria desafios adicionais. Organizações podem ver talentos valiosos sendo levados por correntes mais rápidas, representadas por concorrentes ágeis que oferecem ambientes propícios para o desenvolvimento contínuo e o aprendizado acelerado.

Diante desses desafios, fica claro que a falta de líderes ágeis não é apenas uma falha individual; é uma turbulência que afeta todo o voo organizacional. Navegar pelos céus da liderança no mundo BANI e VUCA requer mais do que uma bússola; exige asas ágeis e uma mentalidade pronta para se adaptar às correntes de mudança. Ao explorarmos os céus da liderança por meio do *learning agility*, descobrimos não apenas uma bússola, mas asas robustas que capacitam líderes a conquistar alturas desconhecidas e moldar o futuro empresarial com resiliência e excelência.

2 A utilização de "ágeis e adaptáveis", nessa frase, pode ser tida como redundância. Afinal, quando se fala de mentalidade ágil, em seu conceito mais amplo e, possivelmente, mais adequado, o termo está se referindo a nossa capacidade de nos adaptarmos frente às mudanças de cenário, independentemente da velocidade com que isso ocorra. Entretanto, a intenção do autor ao usar as duas palavras em separado aqui — "ágil" e "adaptáveis" —, aponta para o imperativo de desenvolvermos nossa capacidade de estarmos abertos a percebermos, o quão mais rápido for possível, a nossa capacidade de mudarmos as estratégias sempre que necessário.

Uma jornada desafiadora no mundo corporativo

Visualizar uma empresa como um avião navegando em altitudes desconhecidas, enfrentando turbulências inesperadas, reflete a realidade das organizações modernas. Nesse cenário, onde as nuvens da mudança obscurecem constantemente o horizonte, líderes eficazes tornam-se essenciais para ajustar o curso, assimilar rapidamente novos conhecimentos e guiar suas equipes com destreza.

No dinâmico céu dos negócios, a estabilidade é transitória. A cada momento, ventos de mudança e correntes de incerteza desafiam a trajetória planejada. Os líderes, como pilotos experientes, não apenas lidam com as turbulências, mas também antecipam e adaptam-se a elas, mantendo a aeronave corporativa em um voo suave.

Cada decisão é análoga a ajustar os controles de voo em resposta a condições meteorológicas imprevisíveis. Os líderes enfrentam não apenas as tempestades do mercado, mas também procuram oportunidades nas nuvens, onde outras empresas veem apenas obscuridade. A agilidade torna-se a essência da pilotagem eficaz, permitindo que os líderes respondam com flexibilidade às condições em constante mudança.

Assim como o piloto avalia constantemente o terreno abaixo, os líderes corporativos devem manter um olhar atento sobre o ambiente de negócios, ajustando estratégias conforme necessário. Em um mundo onde a única constante é a mudança, a capacidade de aprendizado ágil é o combustível que impulsiona o "avião corporativo" por caminhos inexplorados.

Nessa jornada desafiadora, a figura do líder assemelha-se ao comandante da cabine de pilotagem, tomando decisões informadas em tempo real, aprendendo com cada altitude alcançada e cada nuvem superada. O *learning agility*, nesse contexto, é o manual de voo que capacita os líderes a ajustarem-se aos ventos da inovação, enfrentarem as tempestades da concorrência e manterem o curso rumo ao sucesso sustentável.

Desvendando o conceito de *learning agility*

O *learning agility* é a peça-chave na engrenagem da liderança organizacional eficaz. Longe de ser uma habilidade abstrata, é um conjunto concreto de características que capacitam os líderes a prosperarem em ambientes desafiadores. Vejamos:

- **busca por feedback:** líderes ágeis buscam ativamente feedback, transformando críticas em oportunidades de crescimento pessoal e profissional;
- **disposição para correr riscos:** a ousadia é crucial; líderes ágeis entendem que o maior risco muitas vezes é não arriscar nada;
- **capacidade de colaborar:** vai além da coordenação de esforços; é aproveitar a diversidade para impulsionar a inovação; e
- **experimentação:** líderes ágeis têm uma mentalidade de teste constante, aprendendo com cada experiência, bem-sucedida ou não.

O *learning agility* não é um conceito vago, mas sim um conjunto de comportamentos que fortalecem a liderança. Em um mundo empresarial dinâmico, líderes ágeis não apenas se adaptam, mas prosperam, impulsionando suas organizações por meio da aprendizagem constante e aplicação inteligente desses princípios.

Desdobrando os cinco elementos do *learning agility* segundo os estudos de Ferry e Korn

Ferry e Korn (2014) identificaram cinco elementos fundamentais que esboçam a excelência na liderança em ambientes dinâmicos. São eles:

- **mentalidade de busca ativa por feedback:** reflete a compreensão de que avaliações contínuas são cruciais para o desenvolvimento;
- **mentalidade de busca por informação:** destaca a importância de buscar ativamente informações relevantes para permanecer atualizado;
- **mentalidade de risco em performance:** reflete a disposição de assumir novos desafios, reconhecendo que o crescimento está fora da zona de conforto;
- **mentalidade de colaboração:** reconhece a diversidade como uma força propulsora para a inovação; e
- **mentalidade de experimentação:** enfatiza a necessidade de ousar testar novas abordagens para a adaptação em um ambiente de mudança constante.

Esses elementos formam um arcabouço prático para líderes que buscam prosperar em ambientes empresariais em constante evolução.

As nove dimensões do *learning agility* com base nos estudos de Burke

Os estudos conduzidos por Burke (2010; 2014) oferecem uma visão holística do *learning agility*, identificando nove dimensões que lançam luz sobre a complexidade dessa habilidade crucial para a liderança ágil. Vejamos quais são:

- **busca por feedback:** Burke (*idem*) destaca a importância de uma busca ativa por feedback construtivo. Líderes ágeis não apenas aceitam de maneira passiva as avaliações, mas buscam ativamente insights valiosos sobre seu desempenho. Essa dimensão ressalta a humildade e a prontidão para ajustes contínuos.
- **busca por informação**: a dimensão da busca por informação destaca a necessidade de líderes ágeis se manterem continuamente informados. Esses líderes não se satisfazem com o conhecimento existente, buscando ativamente diversas fontes para permanecerem atualizados em um ambiente empresarial dinâmico;
- **risco em performance**: a coragem de assumir riscos calculados em relação à performance é crucial. Segundo Burke (*idem*) líderes ágeis, buscam ativamente novos desafios, cargos e projetos, reconhecendo que o crescimento muitas vezes está ligado à disposição de enfrentar o desconhecido;
- **risco em relacionamentos**: esta dimensão destaca a importância de contrapor colegas de maneira saudável. Líderes ágeis não evitam conflitos construtivos; eles os encaram como oportunidades para aprendizado e mudanças positivas, promovendo ambientes de trabalho saudáveis e eficazes;
- **colaboração:** Burke (2010; 2014) enfatiza a colaboração eficaz, indo além do simples trabalho em equipe. Líderes ágeis são hábeis em encontrar maneiras de colaborar que gerem novos aprendizados, aproveitando a diversidade para estimular a inovação e a solução de problemas;
- **experimentação:** a mentalidade de experimentação, ressaltada pelos estudos, é essencial. Líderes ágeis estão dispostos a testar abordagens, ideias e ferramentas para determinar o que realmente funciona. Cada experimento é uma oportunidade de aprendizado;
- **reflexão:** Burke (*idem*) destaca a importância de desacelerar para avaliar o desempenho. Líderes ágeis reservam tempo para reflexão,

avaliando suas ações e buscando constantemente maneiras de aprimorar sua eficácia;

- **flexibilidade**: a dimensão da flexibilidade destaca a necessidade de estar aberto a novas ideias. Líderes ágeis não estão presos a conceitos obsoletos; eles são ágeis em sua capacidade de se adaptar a novos paradigmas; e
- **velocidade:** agir com rapidez é fundamental. Líderes ágeis aceleram o que está funcionando e abandonam prontamente o que não se mantém ágil em suas decisões e ações.

Cada uma dessas dimensões, conforme delineadas pelos estudos de Burke (*idem*), forma o mosaico do *learning agility*. Líderes que incorporam essas dimensões não apenas lideram com eficácia em ambientes BANI e VUCA, mas também moldam um futuro em que a agilidade é a pedra angular da liderança bem-sucedida.

A construção de conteúdos para Universidades Corporativas na era da agilidade

Na construção de conteúdos para Universidades Corporativas, é vital reconhecer que, em um cenário BANI e VUCA, a abordagem convencional de aprendizado corporativo se torna inadequada. Essa realidade requer uma adaptação radical na forma como o conhecimento é transmitido e absorvido. A Metodologia STAR, empregada pela Futurize na construção de conteúdos para o universo corporativo, ao oferecer uma abordagem inovadora e dinâmica, torna-se fundamental para esse ambiente, permitindo a aplicação eficaz de técnicas e estratégias que se ajustam às necessidades variadas de diferentes contextos organizacionais.

À medida que a agilidade se torna uma qualidade crucial para liderar, o foco no desenvolvimento de líderes ágeis é essencial para enfrentar os desafios futuros do mundo corporativo. Este capítulo explora como a Metodologia STAR se destaca ao provocar o desenvolvimento desses líderes, capacitando-os a transcender a gestão tradicional. A ênfase no *learning agility*, identificado por pesquisadores como Ferry e Korn (2014) e Burke (*idem*), é fundamental para a formação de líderes que não apenas são necessários, mas são essenciais para orientar equipes em ambientes dinâmicos e desafiadores.

A elaboração de conteúdos para as Universidades Corporativas deve ser orientada por resultados mensuráveis e tangíveis, impactando diretamente o desempenho individual e coletivo dos colaboradores. A Metodologia STAR vai além da teoria, visando melhorar não apenas o conhecimento acadêmico ou cognitivo, mas também sua aplicação prática. Cada módulo de aprendizado, com base nessa metodologia, precisa ser meticulosamente elaborado para transformar conceitos abstratos em ações tangíveis, diferenciando-se na realidade do ambiente corporativo e contribuindo para o sucesso — tanto individual quanto organizacional.

As tecnologias e o design instrucional podem auxiliar na preparação de conteúdos apropriados para as Universidades Corporativas adequarem o uso das metodologias aqui apresentadas.

Metodologia STAR — uma jornada transformadora para líderes ágeis

Ao desvendar os quatro pilares da Metodologia STAR, compreende-se a sua importância na jornada de desenvolvimento de líderes ágeis. Começando pela busca por aprendizado significativo (S), é crucial não apenas absorver informações, mas compreender sua relevância prática em situações do mundo real. A transferibilidade (T) garante que as competências adquiridas sejam aplicáveis no ambiente de trabalho, sendo facilmente transpostas para o dia a dia dos colaboradores. A aplicabilidade (A) enfatiza a transformação de conceitos em ações concretas, essenciais para a implementação de mudanças positivas no ambiente corporativo. Por fim, a repetibilidade (R) destaca a importância de incorporar o aprendizado de forma consistente, construindo uma cultura organizacional de aprendizado contínuo.

A eficácia máxima do aprendizado só é alcançada quando se transforma em ações concretas no cotidiano dos colaboradores, promovendo um ambiente de alta performance e resultados impactantes. Portanto, a Metodologia STAR não apenas "molda" líderes para o presente, mas os guia em uma jornada prática e significativa, traduzindo o aprendizado em resultados tangíveis para o sucesso individual e organizacional. Esse foco no desenvolvimento contínuo e na aplicabilidade prática do aprendizado é essencial para a evolução das organizações na era da agilidade.

A busca por aprendizado significativo (S), alicerçada no primeiro pilar da Metodologia STAR, está intrinsecamente conectada ao conceito de *learning agility*. Não se trata apenas de absorver conhecimento, mas de cultivar a capacidade de adaptar e aplicar esse conhecimento em diferentes contextos. A agilidade no aprendizado destaca-se como uma habilidade vital em um mundo corporativo em constante evolução, onde a adaptabilidade é a moeda de troca para o sucesso.

A transferibilidade (T) na STAR e o *learning agility* convergem na ideia de que as competências adquiridas devem ser mais do que meros adornos intelectuais; devem ser ferramentas prontas para serem utilizadas no dia a dia. A habilidade de transferir conhecimento de forma ágil e eficaz é a essência da adaptabilidade que define líderes verdadeiramente ágeis.

O terceiro pilar da Metodologia STAR — a aplicabilidade (A) encontra seu aliado na busca por *learning agility*. Ambos convergem na ideia de que o aprendizado só atinge seu potencial máximo quando é transformado em ações concretas. Aqui, não estamos apenas falando de teorias e conceitos bonitos; estamos falando da habilidade de liderança sendo manifestada em decisões, comportamentos e práticas diárias.

Investir em programas de aprendizagem e desenvolvimento que destacam a aplicabilidade prática do conhecimento não é apenas uma estratégia eficaz; é um imperativo para organizações que aspiram à excelência. Transformar conceitos em ações concretas não só impulsiona o desempenho individual, mas também catalisa mudanças positivas em todo o tecido corporativo.

A repetibilidade (R) — último pilar da Metodologia STAR — encontra um eco vibrante na necessidade contemporânea de promover uma cultura de aprendizado contínuo nas organizações. A repetição consistente do aprendizado é a espinha dorsal de uma transformação duradoura. Não se trata apenas de aprender uma vez, mas de internalizar e aplicar continuamente, construindo uma cultura organizacional que abraça a mudança como uma constante.

A verdadeira magia acontece quando a Metodologia STAR, o *learning agility* e os programas de aprendizagem convergem. A aplicação prática e repetida da aprendizagem não apenas molda líderes para o presente, mas os equipa para liderar organizações rumo ao futuro. O investimento consciente em programas que alinham esses elementos não só traz transformações individuais, mas reverbera em resultados tangíveis, impulsionando equipes e organizações a níveis inimagináveis de desempenho e inovação.

Assim, a confluência entre a Metodologia STAR, o *learning agility* e a busca por aprendizagem transformadora não é apenas uma estratégia; é um manifesto para a evolução na era da agilidade. A jornada rumo à excelência ágil está apenas começando, e a Metodologia STAR se revela como a bússola confiável nesse trajeto desafiador.

Conclusão: elevando a liderança na era da agilidade

A síntese dos estudos de Ferry e Korn (2014) e Burke (2010; 2014) claramente delineiam os pilares essenciais do *learning agility*. Essa competência não se limita à teoria, manifestando-se como uma abordagem prática e valiosa para líderes. A busca ativa por feedback, a disposição para correr riscos, a colaboração eficaz e a experimentação são elementos tangíveis que capacitam líderes a se adaptarem rapidamente e a prosperarem em ambientes desafiadores.

Figura 1 Líder em processo de aprendizagem

Fonte: Freepik

No cerne da liderança na era da agilidade está a capacidade de se manter flexível diante da mudança, agir com rapidez e aprender continuamente com novas experiências. A Metodologia STAR surge como uma resposta direta a esse desafio, oferecendo uma estrutura robusta que não apenas ensina teorias, mas também as traduz em práticas significativas para o dia a dia corporativo.

Ao alinhar-se com os princípios do *learning agility*, a Metodologia STAR orienta os líderes a internalizarem e aplicarem os conceitos aprendidos, permitindo-lhes transcender as limitações de uma gestão tradicional. Cada módulo de aprendizado, meticulosamente elaborado, não só busca a compreensão teórica, mas também promove uma transformação ativa desses conhecimentos em ações concretas e impactantes.

Consequentemente, ao adotar e aprimorar o *learning agility* por meio da Metodologia STAR, as organizações estão investindo não apenas no desenvolvimento de líderes, mas na construção de um ambiente corporativo mais adaptável, responsivo e capaz de prosperar na complexidade e incerteza constantes.

Portanto, elevar a liderança na era da agilidade requer uma abordagem integrada que valorize a aprendizagem contínua, a aplicação prática do conhecimento e a disposição para se adaptar rapidamente. Os líderes que abraçam o *learning agility* e se engajam na jornada proposta pela Metodologia STAR estão mais bem posicionados — não apenas para liderar suas equipes, mas também para impulsionar o sucesso e a inovação em um mundo empresarial em constante evolução.

Referências Bibliográficas

BURKE, W. W. The landscape of learning agility: enhancing individual and team performance. In.: **Industrial and Organizational Psychology**, 2014. Cambridge: Cambridge University Press, 2014, v. 7, n. 1, p. 106-111.

_____ **Organization change:** theory and practice. Nova York: Sage Publications, 2010.

FERRY, R.; KORN, B.; The Korn Ferry leadership architect™ global competency framework. Disponível em: https://www.kornferry.com/. Acesso em: 30 mai. 2014.

Bibliografia

NONAKA, I.; TAKEUCHI, H. **The knowledge-creating company:** how japanese companies create the dynamics of innovation. Oxford: Oxford University Press, 1995.

SENGE, P. M. **The fifth discipline:** the art and practice of the learning organization.

Sites

Acesse: https://www.forbes.com.br/dicionario-vuca/ – Leitura: VUCA: Entendendo o Mundo Volátil, Incerto, Complexo e Ambíguo. (2021).

Acesse: www.startse.com/dicionario-bani – Leitura: BANI: Entendendo o Mundo Frágil, Ansioso, Não Linear e Incompreensível.

Vídeos Sugeridos

A ERA da Agilidade: Adaptação e Aprendizagem Contínua. Canal XYZ no YouTube. https://www.youtube.com/watch?v=exemplo.

ÍNDICE

D

E

F

G

H

I